KB168195

김철과 한국의 사회민주주의

김철과 한국의 사회민주주의

이만열 외 지음

해냄

일러두기

1. 이 책은 단행본은 『 』로, 시·논문·발표문 등은 「 」로, 잡지 및 신문 등 정기간행물은 《 》로 표기했다.
2. 외국 인명, 지명 등의 외래어 표기는 국립국어원 외래어표기법을 따르되, 특정 인물의 고유한 표현이나 관용적으로 통용되는 표현의 경우 이를 따랐다.
3. 이 책의 2부는 『당산 김철 전집(堂山金哲全集)』(2000) 각 권에 수록된 해제들을 별도로 엮은 것으로, 출간 시점과의 시차로 인해 혼선이 생길 수 있는 일부 표현은 현재 시점에 맞게 수정하였다.

신음

김철

자유의 밤이 없는 밤이다.
무한히 죽고 싶은 구속의 위협 아래
신이 만든 인간의 뼈와 뼈가 부서진다.
짓밟는 밤의, 없는 밤의 그 목적을 생각하며
허무의 법이 담긴 신문을 읽는 풀잎이여.
빈과 부의 차이 끝에 군림하는 법에 떨며
불타는 내일과의 파혼을 의식하며
새끼처럼 비틀리는 살아 있는 풀잎이여
어제까지 있었던, 내일을 위한 밤이 없다, 가슴이 없다.
실험의 밤의 생소한 눈보라에 휩싸여
흐느껴 울던 인간의 꿈과 꿈이
참사랑의 높은 언덕에서 굴러 떨어지고 있다.
다 자란 세계의 커다란 꿈의 머리가 깨어진다.
우연히 만난 겨울의 나라와 봄의 자기(自己) 사이에

꿈을 베는 칼날과 없는 밤이 숨어 있다.

두렵고, 두려운 오늘이 숨어 있다, 법이 숨어 있다.

거친, 무질서의 보복의 손가락에

힘없이 시달리고 여윌 풀잎이여.

첫날밤을 기다리던 질서의 풀잎이여, 법 속의 풀잎이여

부자유의 밤이 있는 밤이다.

무한히 살고 싶은 구속의 위협 아래

신이 만든 인간의

혼과 혼이 흩어진다.

다 자란 세계의 커다란 꿈의, 아아, 머리가,

머리가 깨어진다.

—《사상계》, 1969년 3월호 발표

＊ 1969년, 박정희 군사정권이 자유의 숨통을 옥죄며 유신 독재체제로 치닫던 암울한
시절, 김철은 자유의 '신음'을 시로 형상화한다.

혼돈과 위기의 시대, 김철의 삶과 사상을 돌아보다

군사독재 시대 한국의 사회민주주의를 이끌었던 당산(堂山) 김철 선생은 1994년 8월 11일 68세의 나이로 파란 많은 생애를 마쳤다. 올해로 선생이 사망한 지도 어언 30년이 되었다. 당산 선생 서거 30주년을 맞아 우리는 그간 당산 김철 선생의 생애와 사상을 다룬 주요 논문, 발제문, 논평의 글들을 모아 책으로 펴내기로 하였다. 무엇보다도 지금 한국 사회가 처한 가없는 혼돈과 거대한 위기를 타개하고 미래의 전망을 모색하는 데 선생의 삶과 사상이 큰 영감과 교훈을 줄 수 있다고 생각하기 때문이다.

『김철과 한국의 사회민주주의』는 2000년 『당산 김철 전집(堂山金哲全集)』 출간 이후 발표된 당산 선생에 대한 다각적인 평가를 담은 글들을 한데 모아놓은 것이다. 제1부는 〈당산 김철 선생 서거 20주년 기념 학술 심포지엄〉에서 발표된 논문들을 중심으로 하면서 최근에 나온 박사학위논문을 바탕으로 작성된 글 등을 포함하여 이루어졌고, 제2부는 『당산 김철 전집』에 수록된 해제들을 묶어놓은 것이다. 제1부가 전집 발간 이후 시간적 거리를 갖고 한층 학문적인 관점에서 쓰인 글들이라면, 제2부는 『당산 김철 전집』에 대한 최초의 평가를 담은 글들이라고 할 수 있다.

  제1부는 시의성과 객관성의 관점에서 김철 사상을 다각적으로 분석한 학문적 글들을 모았다. 신광영 중앙대 명예교수는 오늘날 김철 사상이 갖는 현재적 의미를 민주적 사회주의, 세계화 시대의 민족주의, 혁신정당론이라는 세 핵심 개념으로 정리하고 있으며, 이만열 전 국사편찬위원장은 '김철의 생애와 사상'을 한국 현대사의 역사적 지평을 배경으로 전기적·정치적 맥락에서 통시적으로 개관하고 있다. 강수돌 고려대 명예교수가 김철의 경제사상과 노동사상을 상세하고 정치하게 분석하고 있다면, 윤기종 한국중립화추진시민연대 공동 대표는 김철의 정치사상을 '민족적 사회민주주의'라는 독특한 개념으로 포착하고 있다. 나아가 신필균 사무금융우분투재단 이사장은 김철의 활발한 국제적 활동을 '사회주의인터내셔널(SI)'과의 관계를 중심으로 상세히 소개하고 있고, 홍을표 전 가천대 교수는 김철의 한반도 통일론을 '사회민주주의와 민족 통일'이라는 거시적 지평에서 치밀하게 분석하고 있다. 스웨덴의 유력 일간지 《다겐스 뉘헤테르(Dagens Nyheter)》의 기자 에바 헤른벡의 글은 당시 김철의 국제적 위상과 인간적 면모를 엿보게 하는 뛰어난 정치적 스케치이다.

제2부는 총 5권으로 이루어진『당산 김철 전집』의 각 권에 붙인 해제들을 엮은 것이다. 이 해제들은 첫째, 당산 김철 사상에 대한 '최초의' 논평이라는 점에서, 둘째, 사계의 최고 권위자들의 평가라는 점에서, 그리고 셋째, 당산 선생의 삶을 비교적 지근거리에서 지켜보았던 시대적 증인의 발언이라는 점에서 특별한 의미를 지닌다. 우리가 전집의 해제를 따로 엮어내야겠다고 생각한 이유도 바로 이 해제가 당산 김철에 대한 최초의, 전문적, 증언적 가치를 지닌 글들이기 때문이다.『당산 김철 전집』제1권 '민족의 현실과 사회민주주의'의 해제에서 경제학자인 임종철 전 서울대 교수는 '투철한 사회주의자 김철'의 초상을 다양한 예시를 통해 실감나게 그리고 있고, 제2권 '일본 정치와 사회주의운동'에 대한 해제에서 권위 있는 일본 연구자인 지명관전 한림대 일본학연구소 소장은 김철을 국내 일본 연구의 '선구자'로 평가하고 있다. 제3권 '일기'에 대한 해제에서 역사학자인 이만열 전 국사편찬위원장은 김철이 2년여에 걸쳐 쓴 일기에 대해 '유신체제 말기 한 사회민주주의자의 육필 증언'이라고 그 시대적 의미를 부여하고 있다. 제4권 '한국 사회민주주의의 정초'에 대한 해제에서 사회학자인 한완상 전 상지대 총장은 김철을 '민족적 사회민주주의자'로 규정하면서 그의 정치적, 시대적 공과를 균형 있게 평가하고 있고, 제5권 '당 관계 문헌'에 대한 해제에서 정치학자인 양호민 전 한림대 석좌교수는 주로 김철이 집필한 당 관련 문건들을 '군사독재하 한국 사회민주주의의 도전과 시련의 기록'이라고 그 정치적 의미를 강조하고 있다.

나는 당산 선생 만년에 이런저런 일로 자주 뵌 적이 있고, 그의 사후에는 당산김철전집간행위원회 위원장을 맡은 인연으로 그의 삶과 사상을 누구보다도 깊이 들여다볼 기회를 가졌다. 당산 김철은 생전에 대중에게 제대로 이해받지 못한 정치가였다. 그는 어떤 저널리스트의 말처럼 "한 세대쯤 앞서 이 땅에 온 선구자"였다. 1960년대부터 1990년대까지 통일사회당, 사회당, 사회민주당을 이끌며 엄혹한 군사독재에 맞서 한국 사회민주주의 운동을 주도했던 그는 "사회주의는 민주주의를 통해 실현되고, 민주주의는 사회주의를 통해 완성된다"는 믿음을 평생 굽히지 않았던 정치인이었다. 그의 생애는 민족주의자로서 민족 통일운동에 앞장섰고, 민주주의자로서 독재정권에 맞서 싸웠으며, 사회주의자로서 노동 대중의 권익 옹호와 사회정의의 구현에 힘쓰며 일관된 삶을 살아왔다고 요약할 수 있다.

당산 선생은 운동의 단계마다 자신의 사상을 글로 정리하여 사회민주주의 사상가로서의 면모를 보인 분이다. 그 사상적 맥락은 대한민국 임시정부의 이념을 삼균주의로 체계화한 조소앙과 해방 전후의 여운형, 해방 이후 조봉암을 거쳐 그에게까지 이른다고 평가되기도 한다. 그런 사상적 맥락은 일제 강점과 민족 분단, 군부독재의 엄혹한 상황 속에서 호된 시련과 좌절을 겪었다. 그런 상황에서도 그는 한국의 사회민주주의 운동을 국제사회주의 운동과 연대시켰다. 따라서 그는 사회주의라는 관점에서는 제2세대에 속하지만, 국제사회주의와의 관계에서는, 그리고 사회주의와 공산주의를 분화된 개념으로 보았던 점에서는 제1세대에 속한 선각자였다.

당산 김철 선생은 당대에는 크게 조명받지 못했다. 그러나 그가 군부독재 시절 온갖 고초를 겪으면서 주장했던 '민주화', '자주화', '사회화'는 이제 국민 대다수의 지지를 받는 보편적 가치로 자리잡았다. 민주주의의 훼손, 외세에 대한 굴종, 경제 양극화의 어두운 그림자가 날로 짙어지는 오늘날 김철의 생애와 사상은 우리에게 더욱더 많은 영감과 용기를 불어넣어주리라 확신한다. 부디 이 책이 당산 선생의 사상과 그가 주장했던 사회민주주의적 의제가 우리 사회의 당면 과제로 수렴되는 계기가 되기를 기원한다.

2024년 8월 1일
전 국사편찬위원회 위원장
이만열

차례

제1부 김철의 사회민주주의 사상과 실천

제2부 시대적 증인이 바라본 김철

1977년 도쿄 SI 지도자 회의에 참석한 김철. 그의 오른쪽이 빌리 브란트 의장, 왼쪽이 프랑수아 미테랑 프랑스 대통령.

제1부

김철의 사회민주주의 사상과 실천

1

김철 사상의 현재적 의미

신광영(중앙대학교 명예교수)

1. 머리말

사회와 역사의 변화는 한 개인이나 집단이 원하는 바대로 이루어 지지는 않는다. 우리는 특정한 시기에 역사적으로 주어진 제약이라 는 한계 내에서 사회와 역사의 변화가 이루어진다는 점을 잘 이해하 고 있다. 그러나 실제로 제약이 무엇인지 객관적으로 인식하기 어려 우며, 제약이 있다고 할지라도 인간의 주체적인 의지와 노력에 의해 서 사회와 역사가 어느 정도 원하는 바대로 변하는 것도 사실이다. 그리하여 때로는 주어진 제약에 대해 무모할 정도의 도전이 제약 자 체를 변화시켜 더 큰 변화의 물꼬를 만들어내는 경우도 역사에서 자주 목격하게 된다. 1960년대 말 서구의 학생운동, 1980년대 말 동유럽 정치 변혁 운동도 역사적으로 주어진 제약에 대한 집단적인 도전과 저항을 통해서 역사의 물줄기를 바꾸는 계기가 된 대표적인 사례들이었다.

1953년 한국전쟁이 끝난 이후 대한민국에서 전개된 혁신정당 운동도 냉전체제와 군사독재라는 국제정치와 국내정치적 제약 속에서 민주적 사회주의의 이념을 실현하기 위하여 온갖 고난을 겪으며 전개된 도전과 저항이었다. 1970년대와 1980년대 군사독재 정권의 지속적인 탄압과 낮은 대중적 인식이라는 제약하에서도 혁신정당 운동은 소수의 선구적 지식인과 정치집단에 의해서 유지되었다. 아직도 그러한 고난의 씨앗이 열매를 맺은 단계라고 볼 수는 없지만, 당시 소수의 선구적인 개인과 집단들의 노력이 헛되지 않아서 가까운 미래에 한국 사회에서도 새로운 정치 변화의 물꼬를 만들어내는 계기가 생길 수도 있다. 아직도 현실적인 정치적 조건에서 그리 낙관적인 상황은 아니지만, 완전히 불가능한 것도 아니다. 더 암울한 조건 속에서도 변화를 일구어내기 위한 처절한 노력이 있었고, 그것을 아는 것 자체가 새로운 가능성을 만들어낼 수 있는 사회정치적 기반이 될 수 있기 때문이다.

이제 20세기 중반에 형성된 지구적 차원의 냉전체제는 사라졌다. 아직도 한반도는 냉전의 그늘과 낡은 이념대립에서 벗어나지 못한 채, 남북분단과 정치적 불구 상태에 머물러 있다. 이러한 때에 전후 한국 혁신정당 운동의 중심에 섰던 당산 김철의 사상을 다시 살펴봄으로써, 혁신정당 운동과 이념이 잊혀진 과거의 일이 아니라, 현재를 통해서 재현될 수 있고 그리하여 앞으로도 그 맥을 이어갈 수 있도록 하는 '힘과 지혜'가 될 수 있다는 점을 확인할 수 있을 것이다.

더구나 아직도 진보운동이 제자리를 잡지 못하고 부침을 거듭하고 있는 정치 현실을 고려한다면, 진보운동의 대선배인 정치인 김철의 사상이 지니는 현재적 의미를 다시 되돌아보는 것은 21세기 한국 진보운동에 대한 성찰과 반성의 계기를 제공할 수 있다. 김철 사상은 김철 개인의 소유물이 아니다. 그것은 그 시대와 역사가 반영되어있는 당대 한국 사회의 소유물이다. 그리고 그것은 21세기 새로운 미래를 모색하는 데 필요한 정신적 자양분이 되어야 한다. 그런 의미에서 '김철 사상의 현재적 의미'를 탐구하는 것은 김철의 사상이 지니는 '미래적 의미'를 탐구하는 것과 크게 다르지 않다. 구체적으로 한국 사회의 미래를 모색하는 것은 이제 가치 있는 우리의 사상적 전통 가운데 하나가 될 수 있는 김철의 '민주적 사회주의'가 지니는 지적, 정치적 전통을 재검토함으로써 가능할 수 있다. 세계화 시대 혹은 정보화 시대에 절실하게 필요한 것은 인간과 사회의 문제에 대한 보다 근원적인 성찰이다. 바로 이러한 근원적 성찰은 김철 사상의 현재적 의미를 다시 검토함으로써 가능할 수 있을 것이다.

이 글에서는 김철 사상의 현재적 의미를 네 가지 점에서 논의하고자 한다. 하나는 1980년대 말과 1990년대 초 소련을 중심으로 하는 동유럽 국가사회주의의 몰락과 관련하여 민주적 사회주의 노선이 지니는 의미에 대한 것이다. 김철은 초지일관 동유럽 국가사회주의의 모순에 관해서 문제를 제기하였고, 국가사회주의를 진정한 사회주의가 아닌 정치적 독재체제로 규정하였다. 둘째는 주변부 자본주의 체제로서 한국 사회가 지니고 있는 특수한 성격과 사회민주주의 이념에 관한 것이다. 이 논의는 제3세계 사회주의 일반과 관련된 논의로서 김철은 민주적 사회주의 관점에서 이 문제를 다루고 있다. 단적으로 김철은 남북으로 분단된 한국의 현실에서 민족문제를 사회주의적 관점에서 고려하여, 민주적 사회주의를 통일 한국의 이념으로 제시하고 있다. 셋째로 역사적 필연으로서의 민주적 사회주의를 다룬다. 미국식 자본주의와 소련식 공산주의 모두 민주적 사회주의를 통해서 극복될 수 있다는 점을 강조하여, 새로운 사회구성체가 도래할 것을 예측하고 있다. 넷째로 혁신정당의 문제를 다룬다. 김철의 혁신정당 조직과 활동에 관한 논의는 오늘날 지리멸렬된 한국의 혁신정당 운동에도 함의하는 바가 크다.

2. 국가사회주의 문제

해방 후 김철은 사회민주주의 이념을 내세우는 정당 활동을 주도하였다. 당의 명칭은 통일사회당, 사회당, 사회민주당이라는 이름으로 여러 차례 바뀌었지만, 이들 정당들은 공통적으로 서구 자본주의와 동구 공산주의에 대한 비판과 이에 대한 대안으로 민주적 사회주의를 내세웠다. 동구의 공산주의가 프랑스혁명 이후에 등장하여 마르크스에 의해서 체계화된 사회주의 이념과 운동에서 시작된 것이었지만, "인간의 존엄을 부정하고 민주주의를 유린하며 독재정치를 함으로써 명백히 사회주의의 전통을 배반"하였다는 것이 김철의 소련식

공산주의 체제에 대한 평가였다.[1]

소련과 북한을 포함한 동구권 국가사회주의에 대한 이러한 비판은 김철의 저작에서 일관되게 나타나고 있다. 이러한 점에서 김철의 민주적 사회주의는 전제적인 정치체제인 북한을 배격하고 있다는 점을 분명히 하고 있었다.

동구권 공산주의에 대한 김철의 인식은 서구 사회민주주의자들뿐만 아니라 신좌파들이 공유하고 있는 소련식 국가사회주의에 대한 인식과 정확히 일치한다. 프롤레타리아트 독재를 내세우며, 일인 독재체제로 귀착된 동구 공산주의의 문제는 다수인 프롤레타리아트가 정치적으로 소외되고 지배를 당하는 비민주적인 정치체제에 있다는 것이다. 스탈린주의와 파시즘의 공통점은 정치적으로 전제적인 통치에 기반을 두고 있으며, 시민적 자유가 인정되지 않는다는 점에 있다. 김철은 "공산주의는 사회주의의 민주적 전통을 저버린 것이기 때문에 정치적 자유를 짓밟는 공산주의를 사회주의로 인정하지 않는 것이 민주적 사회주의의 입장"임을 분명히 밝히고 있다.[2]

김철은 사회주의는 민주주의의 최고 단계에 해당하기 때문에, 민주주의가 없는 사회주의는 허구라는 견해를 갖고 있었다. 그는 "자유 없이는 사회주의는 있을 수 없다. 사회주의는 민주주의를 통해서만 달성되고, 민주주의는 사회주의를 통해서만 완전히 실현된다"고 주장했다.[3] 그는 정치적 민주주의가 결국 시민적 자유의 문제와 직결되어 있기 때문에 시민적 자유를 부정하는 공산주의는 사회주의가 아니며, 정치적 차원에서 사회주의가 민주주의의 최고의 단계라고 인식하였다. 여기에서 정치적 민주주의란 진정한 의미의 '자유민주주의'를 지칭한다. 경쟁적 선거제도, 언론의 자유, 사상의 자유 등 자유권적 기본권이 보장되는 정치체제가 사회주의에서도 절대적으로 필요하다는 점을 역설하고 있다. 김철은 1970년대 소련의 흐루쇼프의 스탈린주의에 대한 비판이나 폴란드, 헝가리, 동독 등지의 민족주의적 운동은 모두 근본적으로 "인민들의 자유에 대한 열망이 솟아 나왔던 것"이라고 보았다.[4]

김철이 직시하고 있는 국가사회주의의 또 다른 문제는 국가사회주의권에서 선진 공산국가와 후진 공산국가 사이에 존재하는 불균등 발전으로 인하여 선진 공산국가가 후진 공산국가를 지배하는 지배-종속 관계가 형성되어 간다는 점이다.[5] 국가 내의 평등뿐만 아니라 국가 간 평등이 중요한 문제이고, 국가 간 불평등이 자본주의권뿐만 아니라 공산주의권에서도 존재하며, 이러한 문제를 해결하기 위한 시도가 나타날 것이라고 그는 진단하고 있다. 그리하여 김철은 1968년 8월 21일 바르샤바 동맹군의 체코슬로바키아 침공은 체코슬로바키아 인민들의 주권을 침해한 제국주의적 행동이며, 이것은 미국의 베트남 전쟁 개입이나 히틀러의 체코슬로바키아 침공과 똑같은 차원의 만행이라고 규탄하였다.[6]

국가사회주의의 문제는 정치적 차원의 문제였을 뿐만 아니라 경제적 차원의 문제를 포함하였다. 국가사회주의는 시민적 자유를 정치적으로 억압하고, 개인들의 일상을 감시하는 전제주의 체제였을 뿐만 아니라, 경제적으로 지속가능하지 않은 체제였다. 1989년 동구권 국가들의 몰락으로 가시화된 계획경제체제의 문제는 "인민 대중의 필요를 충족시킬 수 없는 '부족의 경제' 체제"라는 점에 있었다. 헝가리 경제학자 야노스 코르나이[7)]가 분석한 것처럼, 동구 국가사회주의 체제의 경제문제는 근본적으로 생산의 기본 단위인 기업조직의 특징이라고 볼 수 있는 "연성 예산 제약형(soft budget constraint) 기업"[8)]에서 유래했다.[9)] 연성 예산 제약형 기업은 내재적으로 존재하는 예산 제약이 약해서 기업이 내부의 혁신을 통해서 성장하기보다는 외부적인 행위자의 지원과 개입에 의해서 작동하는 기업을 지칭한다. 국가사회주의하에서는 기업 경영자가 내부적인 혁신을 통한 생산 증대를 도모하여 예산 제약을 극복하려 하지 않고, 경제계획을 담당하는 중앙계획 담당자와의 교섭을 통해서 기업활동의 어려움을 해결하고자 한다. 이러한 활동이 장기적으로 이루어지면서 기업 생산 활동이 침체를 겪고, 결과적으로 인민의 필요를 충족시키지 못하는 낮은 생산성이 보편화되었다. 그 결과, 만성적으로 인민의 필요를 충족시키지 못하는 '부족의 경제'가 형성되었다.

김철은 국가사회주의 문제를 주로 정치적 차원에서 보았기 때문에, 국가사회주의의 위기도 정치적 억압에 대한 반발과 저항에서 유래할 것으로 기대하였다. 중국, 북한과 알바니아에서 "오늘날까지 스탈린주의적 전제를 지탱하여 올 수 있었다는 것은 아직은 인민들의 보편적 반발이 스탈린주의적 전제의 계속을 불가능하게 할 만큼 줄기찬 것이 못 되기 때문"이라고 보았다. 그러나 그는 "마침내 막을 수 없는 반발의 밀물은 오고야 말 것"이라고 진단하고 있다.[10)] 이러한 정치적 해석은 인민의 반발이 정치적 억압과 전제적 지배로 인하여 필연적으로 나타날 것이라고 본 것이고, 반발은 근대화의 수준과 상응하는 민도와 상관관계를 맺고 있어서, 알바니아보다 중국에서, 중국에서보다 북한에서 먼저 인민 봉기가 일어날 것이라고 기대하기도 했다.

김철의 예측대로 북한에서 먼저 인민 봉기가 일어나지는 않았지만, 1989년 6월 알바니아보다는 중국 천안문에서 먼저 대중 봉기가 발생했다. 그리고 1989~1991년 동구권 국가사회주의는 인민의 봉기에 의해서 내부적으로 붕괴되었다. 동구권 국가사회주의 몰락은 정치적이면서 동시에 경제적인 원인을 지니고 있다. 정치 논리가 경제를 지배하면서, 인민의 경제적인 삶이 크게 퇴보되는 결과를 가져왔다. 생산 차원에서 혁신이 이루어지지 못하고 대신에 정치적인 연줄과 영향력을 이용하여 기업경영이 이루어지면서, 생산력의 향상이 이루어지지 못했다. 정치와 경제가 통합된 정경일치 체제가 형성되면서, 경제적 위기는 곧바로 정치적 위기로 전환되었다. 1989~1991년 동구 국가사회주의의 몰락은 만성적인 부족의 경제에 기초한 경제적 위기가 정치적으로 전환된 결과였다. 몇 차례에 걸친 개혁 시도에도 불구하고, 체제 위기가 심화되면서 동구권 국가사회주의 국가들이 단기간에 연속적으로 무너지는 역사적 사건이 발생한 것이다.

3. 한국 민주사회주의의 모색

민주사회주의는 유럽의 산물이다. 프랑스혁명과 더불어 등장한 사회주의사상은 카를 마르크스(Karl Marx)에 의해서 독일의 관념철학과 영국의 정치경제학과 융합되어서 과학적 사회주의라는 이름으로 새롭게 탄생했다. 사회주의 이념은 유럽 좌파 운동의 주된 이념이었지만, 민주주의의 확대와 노동자와 여성들의 참정권 보장이 이루어지면서, 유럽 여러 나라에서 좌파 정당 운동으로 발전하였다. 그리고 선거 경쟁에 참여하면서 노동자계급의 혁명을 내세웠던 좌파 정당들은 혁명 노선을 포기하고, 선거를 통한 집권과 정책을 통한 점진적 개혁을 내세우는 '의회주의의 길'과 '선거 사회주의의 길'을 택했다.[11]

그러나 20세기 초 비유럽 지역이나 자본주의적 산업화가 이루어지지 않은 후진국 사회들에서 나타난 사회주의운동과 혁명 노선에 관한 유럽 좌파들의 논의는 레닌의 제국주의론에 기초하고 있었다. 레닌은 왜 러시아에서 사회주의 혁명이 필연적인가를 논의하기 위하여 제국주의가 서구 자본주의의 발달단계에서 최고의 단계이며, 제국주의 단계의 자본주의에 대한 저항은 제국주의 내에서가 아니라 제국주의의 '약한 고리'인 주변부 자본주의 사회에서 일어난다는 주장을 했다.[12] 제국주의 시대의 사회주의혁명은 제국주의 중심부가 아니라 제국주의 국가의 지배를 받는 주변부 식민지에서 발생한다는 주장이었다.

김철은 레닌주의를 거부하였다. 그 당시 제3세계 사회주의운동에서 영향력을 행사하였던 레닌주의를 왜 거부하였을까? 이러한 질문과 관련하여, 비유럽권 특히 제3세계에서 전개되고 있는 사회주의운동에 대해서 김철이 어떠한 이론적 인식을 가지고 있었는가 하는 점을 살펴보는 것이 필요하다. 왜냐하면 한국에서 레닌주의 대신에 민주사회주의가 가능한가에 대한 답을 가지고 있어야 할 것이고, 그리고 그것이 가능하다면 민주사회주의는 레닌주의와 어떤 점에서 다른가 하는 점을 분명히 제시해야 했기 때문이다. 그리고 그것은 자본주의와 공산주의에 대한 개인적인 비판의 차원을 넘어서 한국 사회의 변화를 모색하는 사회주의자로서 국제적인 비전과 강령의 형태를 제시했어야 했다.

김철은 한편으로 민주사회주의가 보편적인 이념인 동시에, 다른 한편으로는 구체적인 역사성을 지닌 이념이기 때문에 민주사회주의의 내용은 역사적 상황에 따라서 구체화되어야 한다는 점을 강조했다. 그는 민주적 사회주의를 실현하려는 이상 자체는 보편적인 이념이지만, 그것을 구체적으로 실천하는 방식은 나라마다 처한 역사적·정치적 조건에 따라서 다를 수밖에 없다는 점을 인정하고, 남의 것을 모방하거나 이식하는 것만으로는 민주적 사회주의가 실현될 수 없다는 점을 인식하고 있었다. 그는 '아랍 사회주의', '아프리카 사회주의', '아시아 사회주의', '라틴아메리카 사회주의' 등 민주적 사회주의 입장에서 후진성을 극복하고 외국과의 종속적 관계를 거부하는 다양한 사회주의를 인정[13]한 것이다.[14] 또한 그는 비유럽 국가들이 대체로 후진국들이며, 이들 후진국들에서는 민주적 사회주의가 민주주의와 분리될 수 없음을 강조하였다.[15] 국제사회주의 운동이 내세우고 있는 '국제주의'에 반대되는 '민족주의'가 아니라 식민지에서 독립한 제3세계 사회주의가 지니고 있는 역사성, 즉 제국주의로부터의 자주독립에 기초한 민족주의를 내세웠다. 민족주의는 민주적 사회주의와 양립할 수 있다는 점을 강조하였다.

한국과 관련하여서도 김철은 민주사회주의는 민족주의적인 속성을 지닐 수밖에 없다고 보았다. 그는 "사회주의는 어디까지나 민족적 주체성의 확립을 전제로 하고 민주주의를 확산시킴으로써 추구되는 것이다"라고 주장하여, '민족 민주 사회주의'를 제창하고 있다.[16] 이런 점에서 김철은 자신의 표현대로 "민족적·민주적 사회주의자"라고 불릴 수 있을 것이다.[17] 그러한 관점은 그가 초안한 통일사회당의 이념에서도 잘 나타나 있다. 1970년 통일사회당의 이념은 「떳떳한 민족으로 살자」라는 글에서 5대 과업으로 제시되었다. 5대 과업은 자유, 반부패, 평등의 추구, 대외예속의 배제, 민족 통일 태세의 전진으로 구성되어 있다.[18] 평등의 추구 이외에 나머지는 모두 그 당시 한국의 정치적·경제적 현실을 반영한 것이었다. 자유는 독재권력에 의해서 박탈당한 정치적 자유를 회복하는 것과 관련되어 있고, 반부패는 관료, 정치인과 재벌의 결탁에 기초한 부패 권력의 문제이며, 대외예속 배제는 대미 종속과 대일 종속에서 벗어나지 못한 당시의 경제 현실에 관한 문제이며, 민족 통일은 북한으로부터 안전보장을 확보하고 사회개혁을 통하여 남한에 바람직하고 굳건한 사회를 건설하여 통일에 대비하는 것과 관련된 문제라고 보았다. 이러한 과업은 민주사회주의를 추구하는 전 세계 정치집단의 보편적인 과제는 아니었고, 그 당시 한국 사회가 직면하고 있었던 특수한 과제들이었다.

이미 이러한 견해는 1966년 김철의 「민주적 사회주의, 반공과 '점진적 개혁'의 길」에서도 유사하게 제시되었다.[19] 그 글에서 김철은 한국의 민주적 사회주의가 해결해야 할 다섯 가지 당면 과제를 제시하면서 한국의 특수한 상황을 고려한 민주적 사회주의의 과제를 논의하고 있다. 그 가운데 첫 번째로 강조하고 있는 과제는 민족 자주의 문제였다. "대외적으로 제휴할 때 국제관계에 있어서 이미 국가이익이 침해될 염려가 없는 유럽 선진국들 사이 같으면 민족주의가 특별히 강조되지 않을 터이나, 우리의 경우 이러한 제휴를 할 때에도 항상 제국주의와 식민주의를 문제 삼지 않으면 안 될 이유가 있다"는 점을 강조하고 있다. 또한 두 번째로 제시하고 있는 민주주의 문제도 부당한 정치적 구속을 당하고 있어서 부정부패에 대한 고발도, 정부 정책에 대한 비판도, 매판자본에 대한 규탄도, 생활권에 대한 요구도 할 수 없는 국민의 주권을 회복하기 위한 과제라는 차원에서 다루고 있다.

김철은 민족 자주의 문제는 민족 통일의 문제와 직결된 문제라고 보면서, 냉전체제하에서 유일하게 분단국가로 남아 있는 한국의 경우, 통일 문제는 다른 지역의 민주적 사회주의가 직면하지 않은 한국 고유의 문제라고 인식하였다. 그는 소련과 중국에 의존하고 있는 북한 공산당과 미국과 일본에 의존하고 있는 남한의 보수당은 모두 자주 통일 세력이 될 수 없으며, "민족 대중의 스스로의 권리를 주장하기 위한 단결체로서의 혁신정당인 통일사회당만이 남북을 통한 단하나의 민족 정당이요, 자주 통일을 주도할 세력"이라는 점을 강조하였다.[20] 후진국에서 민주사회주의는 곧 민족주의이며, 한국 민주사회주의도 민족적 민주사회주의라는 점을 강조하였다. 김철은 한국에서 민주사회주의의 이념은 한마디로 "떳떳한 민족으로 살자"는 말로 요약했다.[21] 그 의미는 "한 사람 한 사람이 (…) 억눌림도 가난도 없는 복지를 누리고, 민족국가가 국제사회에서 그 떳떳한 구성원으로서의 역할을 다한다"는 것이다.

오늘날 세계화 시대에 김철의 주장은 그 의미가 더욱 뚜렷하게 부각되고 있다. 40여 년 전 김철의 주장이 21세기를 살고 있는 한국인들에게 그 의미를 다시 되돌아보게 한다. 정치적 자유와 경제적 평등 그리고 민족적 자주를 외친 민주사회주의자 김철의 주장은 아직도 제대로 실현되지 않았다. 국제사회의 떳떳한 구성원이 될 수 있는 길은 바로 김철이 염원했던 꿈의 실현을 통해서 가능할 것이다. 이것은 민주사회주의의 이념을 넘어서 21세기를 살고 있는 우리 모두의 과제로 남아 있다. 이러한 점에서 김철의 '민주적 사회주의'는 보편적인 이념으로서 아직도 실현되지 못한 정치적 과제라는 의미를 지니고 있다.

4. 역사적 필연으로서의 민주적 사회주의

민주적 사회주의에 관한 김철의 논의는 정치적으로는 진정한 의미의 '자유민주주의' 요소와 경제적으로는 혼합경제 요소를 주된 내용으로 한다. 민주사회주의는 서구 자본주의와 동구 공산주의가 지니고 있는 문제를 동시에 극복하는 대안인 '제3의 길'이라고 볼 수 있다. 물론 이것은 '사회민주주의'를 주된 내용으로 하고 있지만, 좀 더 적극적으로 국가의 경제 개입을 내세우고 있다는 점에서 유럽의 사회민주주의와 차이를 보인다.

김철의 자본주의론은 자본주의의 긍정적인 점과 부정적인 점에 대한 정확한 인식에 기초하고 있다. 그는 자본주의가 사유재산에 기초하여 이윤추구를 제1의 원리로 하고 있기 때문에 과학과 기술의 발전과 더불어 생산력의 비약적인 발전이 이루어질 수 있었다는 점을 인정한다. 자본주의 시장경제에서 "이윤의 추구가 경제활동을 자극하는 적극적인 작용을 하는 측면이 있고, 사기업에만 관심을 가지는 외국자본이 있고, 사기업과의 경쟁이 공기업 경영의 경직화를 면하게 되는 역할을 할 수도 있는 만큼 자본주의적 합리적 요소의 건전한 발전은 장려되어야 할 것이다"라고 주장하였다.[22]

그러나 그는 자본주의의 부정적인 측면에 대해서도 신랄하게 비판을 가하고 있다. 그는 자본주의 체제에서 이윤추구와 자본축적은 노동자의 착취와 독점자본의 발전을 가져왔다고 분석하였다. 그리고 독점자본이 국가의 힘을 빌려 제국주의적 침략을 자행하여 19세기와 20세기 중엽까지 제3세계에서 식민지지배가 자행되었다고 보고 있다. 또한 식민지지배로부터 독립을 이룬 이후에도 독립국의 경제를 종속적인 경제로 만들려는 독점자본의 시도가 지속되고 있다는 점도 지적하고 있다. 나아가 후진국 기업가들이 근대화를 위하여 외국 독점자본을 끌어들여 경제적인 이익을 극대화하려는 매판적 성향을 가지고 있다는 점도 지적하고 있다. 그러므로 선진국 자본주의뿐만 아니라 후진국 자본주의의 경우에도 독점자본의 횡포를 막고 노동자 대중의 인권을 보호하기 위하여 국가의 개입이 필요하며, 자유방임적 자본주의에 대한 규제와 수정이 불가피하다는 점을 강조하였다.

그러나 그는 동구권 공산주의와 같은 사회체제에 대해서는 더욱더 부정적인 태도를 보였다. 소련과 같은 공산주의는 국가권력에 의해서 강요된 평등을 내세우고 있기 때문에, 정치적으로 독재 형태를 취하고 있어서 인민들의 의식수준이 높아지면 유지되기 힘든 체제라고 판단하였다. 이러한 점은 중국도 마찬가지라고 보아, 중국에서도 "상당한 수준까지 공업화가 달성된 뒤에는 다음 세대가 자유를 향한 길을 걷게 될 것"이라고 예측하고 있다.[23] 이러한 관점에서 김철은 20세기 소련식 국가사회주의가 결코 자본주의의 대안이 될 수 없으며, 마르크스의 사회주의 이론에도 반하는 전제주의 체제에 불과하다고 보았다.

김철의 민주사회주의는 자본주의적 시장경제도 아니고, 완전한 국가 통제하의 계획경제도 아닌 혼합경제를 핵심적인 내용으로 하고 있다. 무규범적인 시장 대신에 국가의 개입에 의한 시장규제의 필요성은 이미 대공항 이후 서구 자본주의 사회에서 널리 받아들여졌다. 이는 케인스주의 경제 개입과 복지국가 형태의 분배 개입으로 나타났다. 김철이 제시하고 있는 계획경제의 내용은 서구 케인스주의를 넘는 국가의 경제 개입을 포함하고 있다. 그는 유효수요의 관리 차원을 넘어서 국민경제의 자원을 효율적으로 관리하고 투자의 우선순위를 국가가 정하는 등 수요뿐만 아니라 공급에서도 계획경제가 실시되어야 한다는 점을 내세웠다. 그는 자유시장경제에서 이루어지는 무분별한 투자 대신에 경제계획을 통한 계획적 투자가 자본축적에 더 효율적이라고 믿었다. "사회주의적 요소는 제한된 자본을 국민경제적 요청의 우선순위에 의한 계획에 따라 투자하게 할 뿐만 아니라 의욕적이며 고매한 국민적 협력을 얻어 국민 전체의 내일의 복지를 약속하는 경제계획의 수행을 뒷받침할 수 있는 자본의 축적도 극대화할 것"이라고 주장하였다.[24]

더구나 후진국인 한국의 경우, 자유시장경제는 매판자본의 독점적인 이익추구만을 촉진시킬 것이기 때문에, 계획경제에 의한 국가 개입이 불가피하다고 보고 있다. 김철은 "오늘날 우리나라는 전형적인 자유경제의 자본주의 체계로서 국민경제의 요청에 응하여 나갈 수 있는 조건이 없다. 우리 현실의 제 조건은 자본주의적 요소와 사회주의적 요소를 함께 계획경제에 포함하는 혼합경제 체제를 요구한다"고 주장하였다.[25] 우리의 현실은 사기업이 주로 투기와 정경유착을 통해서 쉽게 자본을 축적하는 데 익숙해 있기 때문에 정부의 계획에 의해서 경제를 운영하는 사회주의적 방식을 택하지 않으면 안 된다는 것이다.

　종합적으로 김철이 말하는 민주적 사회주의 체제는 정치적 민주주의와 시장경제 그리고 계획경제가 공존하는 혼합경제를 주축으로 하고 있다. 이것은 서구 사회민주주의 모델에 가까운 것이며, 특히 스웨덴 사회민주주의 모델에 가까운 것이다. 더욱이 김철이 스웨덴 사회민주주의 모델에 대해서 큰 관심을 가지고 있었다는 점을 고려하면, 이러한 인식은 그 당시 한국 사회가 나가야 할 "제3의 길"이었던 셈이다. 그리고 김철은 1970년대 스웨덴에서 쟁점이 되었던 '임금노동자 기금안'을 사적소유의 병폐를 제거하기 위해 노조와 사민당이 제시한 대안으로 정확하게 인식하고 있었기 때문에[26] 이러한 견해를 확고하게 견지하였다.[27] 시장이 지배하는 한 자유는 형식적인 수준에 머물고, 정치적 민주주의도 실현할 수 없으며, 시장경제의 기능을 국가가 완전하게 제거하는 경우에도 자유는 사라지고 민주주의도 존재할 수 없다는 점에서 시장경제와 계획경제의 공존을 가장 이상적인 경제모형으로 인식하고 있었다.

　그러나 민주적 사회주의의 길은 국민적 합의를 이루기 위한 시간이 필요하며, 이러한 역사적 변화는 시간문제라고 보았다. 즉, 노동계급과 중간층의 계급 타협이 민주적 사회주의 실현 과정에서 중요한 과제이며, 이는 시간이 걸리는 문제라고 인식하였다.

> "오늘날 대체로 복지국가에 접근하여 가는 선진 자본주의 제국에
> 서는 이미 국내적으로는 공산주의 세력을 겁낼 조건은 없어졌고 민
> 주적인 정치과정을 통한 국민 대중의 의사가 바라는 바에 따라 자
> 본주의에 대한 제한이 확대되고 사회보장이 충실하며 소득의 평균
> 화가 진행되고 있으며 광범한 민주적 사회주의 세력이 사회주의 사
> 회의 실현을 지향하여 나가는 터지만, 고도의 경제적 발전에 수반되
> 는 새 중간층의 증가는 이들과 노동자들과의 약간의 이해의 상위를
> 결과하여 아직까지 중간층이 사회주의에의 전진을 바라지 않는 데
> 서는 중간층을 포함한 국민 대중이 일치하여 자본주의의 폐기를 결
> 의하게 되기에는 상당한 시간을 요할 것이다."[28]

김철은 장기적인 역사적 관점에서 민주적 사회주의가 실현될 것이
라고 확신했고, 또한 이러한 역사적 전개는 선진국뿐만 아니라 후진
국에서도 동일하게 관철될 것이라고 보았다. 그는 민주적 사회주의가
남한의 권위주의적 자본주의와 북한의 국가사회주의 체제를 넘어서
는 대안이라는 점에서도 정치적으로나 경제적으로 남한과 북한의 모
순을 극복하는 새로운 길이라는 점을 분명히 하고 있다. 세계적인 흐
름과 한국적 현실에서 공통적으로 기대되는 것은 민주적 사회주의의
실현이라고 보았다. 1966년에 쓴 「민주적 사회주의」라는 글에서 그는
소련을 포함한 유럽의 공산주의는 이미 민족주의화, 민주화의 방향
으로 변하고 있고, 민주적 사회주의운동이 부재한 미국에서조차 서

서히 민주적 사회주의의 방향으로 움직이고 있다고 주장하면서, 민주사회주의가 장기적인 관점에서 민족문제를 해결하기 위한 노선이 되어야 한다고 보았다.[29]

　김철은 민주사회주의 논의와 관련하여 후진국 사회주의 국가들에서는 민주주의 정치가 제대로 발전하지 못하고, 사회주의를 지향하는 정당에 의한 일당 지배체제가 발견된다는 사실도 직시하고 있다. '추격발전'을 내세워 급속한 산업화를 추구하는 후진국 사회주의자가 독재 권력을 스스로 정당화하고 그리하여 부패하게 되는 경우가 많다는 점을 그는 통찰하고 있다. 이러한 문제에 대해서 그는 이러한 현상의 근저에는 "극소수의 지적 수준이 높고 능력이 있는 엘리트들의 포부와 거의 전 인민의 무지하고 뒤떨어진 의식 사이의 엄청난 거리"가 있다고 보고, 이들 가운데 카리스마를 지닌 지도자의 경우 독재 권력으로 나가기 쉽다는 점을 경고하였다.[30] 정치적 민주주의가 민주사회주의의 필요조건이며, "민주주의가 없으면, 사회주의도 없다"는 김철의 주장은 민족을 내세워, 국가를 내세워, 경제개발을 내세워, 혹은 사회주의를 내세워 독재 권력을 행사하는 모든 권위주의 체제는 사회주의와 아무런 관계가 없다는 점을 강조하고 있다.

5. 혁신정당의 문제

　한국의 혁신정당 운동은 오랜 군사독재 기간 동안 강화된 반공이데올로기로 인하여 크게 위축되었다. 혁신정당 운동에 대한 독재정권의 직접적인 탄압뿐만 아니라 일반 대중에 확산된 반공이데올로기로 인하여 민주적 사회주의조차도 북한 공산주의와 동일시되었다. 그 결과, 한국 사회는 오랫동안 혁신정치 운동이 제대로 뿌리를 내리지 못하는 정치적 불모지가 되었다.

진보정당 활동으로 대표되는 이념 정당의 문제는 김철의 표현을 빌리면 '혁신정당의 문제'이다. 그리고 한국에서 '혁신정당'은 구체적으로 민주적 사회주의 정당을 가리킨다.[31] 이러한 인식은 권력을 장악하고 있는 정당이 보수정당이고, 그러한 정당에 대한 대안적인 정당은 레닌주의에 기초한 동구권 공산당이 아니라 민주주의와 사회주의 이념을 결합시킨 서구 좌파 정당 형태의 민주적 사회주의 정당이라고 본 것이다.

역대 권위주의 정권은 혁신정당 운동을 공산주의운동과 동일시하여, 반공법과 국가보안법을 적용하여 혁신정당 운동을 탄압하였다. 군사정권은 혁신정당이 북한 정권에 대한 명백한 비판과 반대를 함에도 불구하고, 이들이 북한 공산주의를 찬양한다는 이유로 민주적 사회주의자들에 대한 체포와 구금을 일삼았다. 김철은 민주적 사회주의운동이 공산주의운동과 분명하게 달랐음에도 불구하고 이 운동을 탄압한 이유를 보수세력의 두려움 때문이라고 보았다. 김철은 "보수세력은 그들과 정당한 불만에 가득 찬 대중 사이의 '엄청난 괴리'를 느끼고 있는 까닭에 대중의 절박한 제 요구를 제기할 혁신정당이 등장하여 보수세력이 지닌 허점을 찌르게 될 것을 두려워하는 것 같다"고 판단하였다.[32]

또한 김철은 한국 사회에서 사회주의 세력이 정치적으로 진출하지 못하는 이유를 선거제도에서도 찾고 있다. 소선거구제하에서 거대정당의 지역 대표성 독점이 이루어지기 때문에, 다양한 진보적 요구가 배제된다고 보았다. 그는 만약 스칸디나비아나 남유럽에서 제도화한 비례대표제나, 독일에서 실시되고 있는 소선거구제와 비례대표제를 혼합한 선거제도가 한국에 도입되는 경우, 민주적 사회주의가 지향하는 정당이 국회에 영향력 있는 정치세력으로 쉽게 진출할 수 있을 것이라고 보았다.[33]

이러한 견해는 아직까지도 논란이 되고 있는 선거제도 개혁을 둘러싼 논의에서 반복적으로 등장하는 문제 제기이기도 하다. 유권자들의 다양한 이해가 정치적으로 대변되지 못하는 소선거구제의 문제가 이미 40여 년 전 김철에 의해서 제기되었던 것이다.

김철은 혁신정당이 존재해야 하는 당위성을 정치개혁과 관련하여 세 가지 점에서 논하고 있다. 첫째는 국민 대중의 정당한 정치적 요구를 정치에 반영시키기 위해서 혁신정당이 필요하다는 것이다. 김철은 오랫동안 독재정권하에서 대중의 목소리는 언제나 외면당했고 배제되었기 때문에, 대중의 요구를 정치에 반영시킬 수 있는 정당은 혁신정당밖에 없다고 본 것이다. 국민 대중이 주권을 행사하지 못하는 권위주의 정치체제하에서 대중정당은 주권 회복과 마찬가지의 의미를 지닌다. 권력자, 재벌, 기업의 이해와 노동자와 농민의 이해가 같지 않기 때문에 노동자와 농민의 요구를 정치적으로 대변할 정당이 필요하다고 본 것이다. 김철은 혁신정당이 출현해야 대중의 자발적인 참여를 통한 사회발전이 이루어질 수 있다는 점을 다음과 같이 강조하였다.

"대중의 요구가 이 정당을 통하여 정치에 반영됨으로써 어려운 국
민경제의 여건 속에서나마 대중의 생활문제가 진지하게 다루어지
고 다수의 희생에 의한 소수의 특권이 차츰 행세하기 어렵게 되어
갈 때에, 비로소 대중은 내일에 대한 희망을 품고 건설적 의욕을 지
녀 분기할 수도 있게 될 것이다."[34]

둘째, 김철은 혁신정당의 존재가 한국 정치에 근본적인 변화의 바
람을 불러일으키는 계기가 될 수 있다고 보았다. "정치적 야심을 가
진 사람들의 개인적 또는 소집단적 이해 때문에 정책적 상위가 없는
서너 정당들이 병립하는 동안은 정당은 정상적인 국민의 정치적 의
사 형성에 기여하는 대신에, 붕당적 집단으로서 서로 권력의 쟁탈 자
체를 목적으로 하여 싸우게 되는 결과 국민 속에 깊이 뿌리를 박을
수 없으며 따라서 민주 체제를 뒷받침하는 강력한 기반이 될 수도 없
을 것은 명백한 일이라고 하겠다."[35] 그리하여 혁신정당의 활성화는
사사로운 정책에 물든 기존의 보수정당들에게 위협이 될 것이며, 그
결과 보수정당들도 정쟁에서 벗어나 대중에게 다가가려는 노력을 보
일 것이라고 기대했다.[36] 건전한 정당 체제의 발전을 위해서도 혁신
정당이 큰 기여를 할 수 있다는 점을 강조한 것이다.

셋째, 민주적 사회주의를 내세우는 혁신정당은 북한의 대중에게
자유를 억압하는 전제정치로서의 공산주의가 아니라 자유와 민주를
내세우며, 또한 남한 자본주의와는 다른 체제를 제시함으로써 북한
주민들에게 새로운 소망과 기대를 불어넣어줄 수 있기 때문에 민족
통일을 위한 포석이 될 것이라는 점이다. 김철은 독일 사민당의 예를

들면서 혁신정당이 통일에 미치는 영향을 다음과 같이 말했다. "독일의 경우에는 이미 동독의 대중이 그들을 지배하여 온 울브리히트의 공산당에 대해서가 아니라 브란트의 서독 사회민주당에 마음이 쏠리고 있다는 것은 비밀이 아니다. 남한에서 혁신정당이 유력한 세력으로 자리를 잡게 될 때에는 그것은 이처럼 북한의 '억눌린 대중에의 자력'이 될 수 있을뿐더러 또한 국제적으로는 남한의 북한에 대한 '실질적인 정치적 우위'를 인정받는 길이 될 수 있다."[37]

혁신정당의 발전을 위해서 무엇이 필요하고 또 어떻게 해야 하는가? 이러한 질문에 답하기 위해서 김철은 여러 가지를 논의하고 있다. 먼저, 정치적 차원에서 권위주의 정권의 혁신정당에 대한 탄압이다. 당시 군사정권은 정보기관과 경찰을 동원하여 혁신정당 활동에 대한 탄압을 지속적으로 해왔다. 또 혁신정당 활동에 대한 언론의 왜곡을 언급하고 있다. 한국 언론의 문제는 아주 오래된 문제이며, 이미 40여 년 전 언론이 "조작된 나쁜 평판"을 무책임하게 때로 고의적으로 만들어내고 있다는 점을 김철은 지적하고 있다. 예를 들어, 1965년 《사상계》에 게재한 「혁신정당은 가능한가, 대중의 요구를 반영한 정치 노선은?」이라는 논문에서 "혁신정당의 간부들이 검거될 때 피의자가 용공적 의도를 품고 움직인 일이 전혀 없고 나중에 혐의가 없다는 것이 판명되고 마는 사건이라도 처음에는 공산당과 결탁하여 무슨 큰 음모나 한 것처럼 사실을 왜곡, 과장, 날조하는 수법으로 흔히 당국자가 과장하게 발표하여 신문이나 라디오에서 보도하게 된다. (…) 그리하여 고의적인 악선전이 되풀이되는 가운데 워낙 공산주의에 대한 경계가 예민한 우리 사회의 공기를 어느덧 혁신정당이라고 하면 용공적이라는 연상이 떠오를 정도에 이르게 만들어놓은 것이다"라고 하여 한국 언론의 체질화된 매카시즘을 비판하고 있다.[38]

나아가 김철은 혁신정당 운동을 하는 민주사회주의 진영은 어떠한 태도를 견지해야 할 것인가와 관련하여 세 가지 단계를 제시하고 있다. 먼저, 첫 번째 단계에서 혁신정당은 최소 강령주의를 내세워야 한다는 점을 강조한다. 폐쇄적 분파성 때문에 군소정당으로 갈려 서로 갈등하는 상황을 타파하고, 내용이 없는 슬로건만 외치던 운동을 지양하고, 민주적 사회주의의 노선을 견지한 사람이면 누구나 참여할 수 있는 대중적 혁신정당을 지향해야 한다는 것이다.[39] 바로 초기 통일사회당이야말로 이러한 지향을 가진 정당이었는데, 박정희 군사정권에 의해서 해체되어 그 후 혁신정당 운동이 형극의 길을 가지 않을 수 없었던 점을 김철은 매우 안타깝게 여겼다.

두 번째 단계는 대중의 지지기반을 구축하는 단계로서 민주사회주의의 이념을 선전하고 서구 민주사회주의 정당들의 현실을 국민들에게 알리는 선전 작업과 민주사회주의 이념을 한국적 현실에 맞게 구체적인 정책으로 구현하는 연구 작업을 포함한다. 대중이 지니고 있는 사회주의에 관한 잘못된 인식을 타파하기 위하여 민주사회주의의 내용을 적극적으로 홍보하는 것도 중요하다고 본 것이다. 김철은 다음과 같은 예를 들어 이를 설명하고 있다.

"반공이 제일선인 이 나라에서는 민주적 사회주의를 주장하여서는 안 된다는 사람이 있으면 동독 지역 안의 고도(孤島)와도 같은 서베를린에서 서독 사회민주당은 유권자의 70퍼센트에 가까운 압도적인 지지를 받아 여러 해 동안 시정을 담당하고 있다는 사실을 가르쳐주고, 또 혁신정당에는 북쪽의 간첩이 침투하기 쉽다고 우기는 사람이 있으면, 간첩은 사찰의 대상이 되는 곳보다는 권력의 그늘에 숨는 일이 많다는 것도 일러주어야 한다."[40]

또한 김철은 사회주의정당 운동이 연구에 의해서 뒷받침되어야 한다는 점도 강조하고 있다. 그는 구체적으로 당 노선의 선전, 연구를 통해서 보수정당과 혁신정당의 정책을 구체적으로 주민 앞에 제시하고, "선진 제국의 민주사회주의 정당들의 경험에서도 배우고 또 후진국으로서 의욕적인 비약을 모색하고 있는 나라들에서의 여러 가지 사례도 검토하면서 민족 스스로의 철학을 발굴하고 우리 사회의 특수한 철학을 발굴하여 민주적 사회주의를 어떻게 우리 사회의 특수한 제 조건에 적용시켜 토착화할 수 있겠는가 하는 과제를 풀어야 한다"고 역설하였다.[41]

마지막으로 국민운동 단계로서 혁신정당이 국민운동을 주도하여, 집권만이 목적이 아니라 외교적 실패와 부정부패에 대한 비판, 민족통일 과업의 성취, 대중 생활권 옹호 등을 주도하여 운동을 조직화하는 단계이다. 대중정당으로서의 혁신정당은 권력 획득만이 목적이 아니라 사회의 진보를 위해서 활동하는 전 국민적인 운동의 주체로서 역할을 담당해야 한다는 것이다. 그 근본에는 민주사회주의 정치운동이 정치를 바꿀 수 있을 뿐만 아니라 사회도 바꿀 수 있다는 믿음이 놓여 있다. 이것은 한마디로 민주주의에 대한 믿음과 동시에 시장자본주의의 변화도 민주주의 정치를 통해서 가능하다는 사회민주주

의적 이념이라고 부를 수 있을 것이다.[42)]

6. 맺음말

김철이 예측했던 바대로 1989~1991년 지구적 차원의 냉전체제는 붕괴되었다. 아직도 한반도에는 냉전체제의 유산이 그대로 남아 있지만, 20세기 중반에 형성된 지구적 차원의 냉전체제는 사라졌다. 그러나 세계화가 냉전 이후의 새로운 사회변화를 만들고 있지만, 아직도 선진국과 후진국의 격차는 줄어들고 있지 않고, 오히려 그 격차가 커지고 있다. 또한 세계화는 '20 대 80 사회' 혹은 '10 대 90 사회'로 불리는 극단적인 수준의 사회 불평등을 촉진시키고 있다. 금융자본과 초국적 기업에 의해서 지배되는 세계경제는 공동의 번영과 부의 증진을 가져오기보다는 사회 양극화와 빈곤 심화를 낳고 있다.

2008년 미국의 금융위기에서 시작된 전 지구적인 경제위기로 혼란을 겪고 있지만, 한국의 사회체제는 큰 변화를 보이고 있지는 않다. 아직도 한국은 저출산 고령화로 인한 사회위기뿐만 아니라 '관피아', '모피아', '교피아', '군피아', '철피아' 등 정계, 관계, 재계 사이의 유착관계로 인한 부정부패와 그로 인한 만성적인 병폐로 개혁되지 않고 있다. 북한은 경제 파탄에 따른 대량 기아사태를 경험하였고, 1인 권위주의 체제가 크게 변화를 보이고 있지 않다. 분단 상태에서 남한과 북한은 해결해야 할 수많은 경제, 정치와 사회 문제들을 안고 있다.

이러한 상황에서 민주적 사회주의를 토대로 하는 김철의 사상은 갈 길을 잃은 남한과 북한에 여러 가지 함의를 준다. 먼저, 민주적 사회주의는 남과 북이 보여주는 정치적 차원의 민주주의 결핍과 경제적 차원의 부족의 경제(북한), 사회 양극화(남한) 등의 문제를 해결하는 대안적인 논의가 될 수 있다. 정치적 자유, 경제적 평등, 민족적 자주를 내세운 김철의 민주적 사회주의는 남한의 전근대적인 족벌 경영 체제와 북한의 전근대적인 전제적 독재를 동시에 극복할 수 있게 해주는 대안이 될 수 있다. 특히 통일을 이루어야 하는 현실에서 통일 이후의 사회모델에 대한 논의는 두 사회가 지닌 문제와 한계를 극복할 수 있는 바람직한 사회모델을 필요로 한다. 통일보다 더 중요한 문제는 "통일 이후 한국 사회는 어떤 사회가 되어야 하는가?" 하는 문제일 것이다. 이미 유럽에서 실험된 민주적 사회주의 모형은 가장 현실적이고 또 바람직하다는 점에서 김철의 민주사회주의 논의는 통일을 준비해야 하는 한국 사회에 많은 시사점을 준다.

다른 하나는 세계화 시대 민족주의 문제이다. 김철의 민주사회주의 논의는 세계화라는 용어가 등장하기 이전에 이루어졌다. 그럼에도 불구하고, 김철이 내세우는 민주사회주의가 열린 민족주의를 토대로 하고 있다는 점에서 세계화 시대 중요한 의미를 지닌다. 김철은 지구 전체가 문화적·경제적 상호의존성이 높아지고 있지만, 현실적으로 강대국들이 국제주의를 내세울 때, 후진국들의 희생을 강요하게 되는 경우가 많기 때문에, 국가나 개인은 상호의존과 번영이라는 국제주의의 "부질없는 환상"에서 벗어나야 한다고 하였다. 그러나 그가 폐쇄적인 민족주의나 고립주의를 주장한 것은 결코 아니었다. 그가 강조한 열린 민족주의는 민족적·국가적 이익을 배타적으로 추구하는 차원을 넘어서 선진국과 후진국이 공동으로 억압, 착취, 빈곤 등 인류가 직면하고 있는 문제들을 해결하기 위해 연대하는 국제주의와 일맥상통한다. 그는 국가적 이익을 넘어서 국제적인 이익이 우선해야 진정한 국제주의를 실현시킬 수 있고, 진정한 국제주의를 위해서 노력할 필요가 있으며, 그가 관여했던 사회주의인터내셔널(SI)[43]은 이러한 형태의 국제주의를 현실에서 보여주고 있다고 보았다.

마지막으로 현재 한국의 정치발전과 관련하여 김철의 혁신정당론은 한국 정치의 고질병에 대한 진단과 처방을 제시하고 있다. 김철 자신이 성공적으로 실현하지는 못했지만, 이념 부재 정당들 사이의 사적인 대립만이 존재하는 붕당적 형태의 정당체제를 개혁할 필요성과 대중의 요구와 이익이 정치적으로 대표될 수 있는 선거제도 개혁의 당위성이 이미 60년대 김철에 의해서 제기되었다. 기득권을 유지하려는 기존 보수정당들의 당리당략적 태도 때문에 비례대표제는 아직도 제대로 실현되지 못하고 있다. 선거구 개편에 관한 논의가 주기적으로 대두되고 있지만, 다양한 국민의 의견과 이해를 정치적으로 대변하는 정치적 대표성 확보를 위한 논의는 제대로 이루어지지 못했다. 김철의 오래된 비례대표 선거제도 주장은 한국에서는 아직도 실현되지 않은 미완의 과제로 남아 있다.

김철의 사상은 식민지 시대와 권위주의 시대를 몸소 겪은 진보적 지식인이자 정치인의 고민과 투쟁을 담고 있다. 냉전체제하에서 등장한 남한의 군사독재와 북한의 전제정치를 경험하였고, 서유럽과 동유럽의 대립적인 사회체제 간의 경쟁을 목도하면서, 그리고 보편적인 자유와 평등의 확대를 위한 정치적 실천을 주도하면서, 진보적 정치인 김철의 사상은 형성되었다. 그럼으로 김철의 사상은 개인의 것이 아니라 현대 한국 진보적 정치운동의 역사적 유산이다. 한국의 진보 운동이 역량을 축적해 가고, 정치적 영향력을 확대하기 위해서는 이러한 유산을 제대로 활용할 필요가 있다. 김철의 사상은 박정희에 의해서 둘러쳐진 한반도 남쪽의 울타리를 훨씬 뛰어넘는 국제적인 민주적 사회주의 사상이었으며, 동시에 한국의 특수성을 반영하고 있는 민족적인 사상이었다.

2

당산 김철의 생애와 혁신운동

이만열(전 국사편찬위원회 위원장)

1. 머리말

1971년 대통령선거, 한 의외의 인물이 생소한 정당의 이름을 걸고 대통령후보에 나선 적이 있었다. 그는 통일사회당 위원장이며 대통령 후보인 김철(金哲)이었다. 사회주의사상에 관심 있는 일부를 제외한 대부분의 국민들은, 그의 사상 전개의 도도함과 분명한 노선 추구에도 불구하고, 그가 배경으로 한 정당에 대해서만큼 그의 이름에 대해서도 낯설어했다. 통일사회당은 그를 대통령후보로 내세우면서, 국민들에게 김철을 다음과 같은 내용으로 소개했다.

김철 위원장은, "민족주의자로서 주권의 신장과 민족자주 통일운동에 앞장서고 있고, 민주주의자로서 반민주적인 권력의 억압에 줄기차게 항쟁해 왔으며, 사회주의자로서 근로대중의 권익 옹호와 사회정의 구현에 힘써왔으며, 어떤 상황에서나 좌절하지 않고 민족의 향방을 제시한 선구자였으며, 공사 간의 모든 생활에 정직하고 성실한 자세를 견지해 왔다"는 것이다.

이승만 정권 이래 군사정권에 이르기까지 독재와 분단으로 인한 이중적인 질곡이 짓누르던 시절, 우리 사회는 사상적 폐쇄성이 극단화하여 '사회주의'와 '공산주의'를 혼동하였고, '진보'나 '혁신'이라는 용어와 '좌파'라는 말이 곧 '빨갱이'로 오인되고 또 오인되도록 유도해 왔었다. 이런 시기에 민족주체성과 민족 통일을 전제로 한 민족주의와 민주주의를 고창하면서 인권과 자유·평등을 기초로 한 민주적 사회주의를 바르게 알리고 실천한다는 것은 대단히 어려운 일이었다. 사회주의란 용어가 공산주의와 어떻게 구분되는지, 그 개념조차 분명히 알려지지 않은 우리 사회의 단선적 사상 동향은 사회주의에 대한 기피 현상까지 불러왔다.

해방 후, 이승만 정권 이래 계속되는 군사정권하에서 민족주체성과 민주주의를 기반으로, 이 땅 위에 민주사회주의(혹은 사회민주주의)를 소신으로 하여 그 실현에 평생을 경주한 이가 있으니, 그가 곧 김철이다. 그는 사회주의라는 관점에서 보면 제2세대에 속하면서, 국제사회주의와의 관계에서 본다면 사회주의 1세대에 속한다고 할 수 있는 인물이다. 그는 사회주의와 공산주의를 분화된 개념으로 보았던 점에서는 제1세대에 속한 선각자라고 할 수 있을 것이다.

김철은 그가 생존 당시에 남긴 인터뷰 이외에는 아직까지 타인으로부터 평가를 받은 적이 없는 미답의 인물이라고 할 수 있다. 2000년 그가 직접 남긴 많은 글을 모아『당산 김철 전집(堂山金哲全集)』을 간행하게 됨에 따라 그의 글과 사상이 소개되었다. 이 전집에 붙여진 해제들이 선생에 대한 최초의 평가라고 할 수 있다. 이 글도 그의 전집을 근거로 하여 그의 생애와 사상을 재구성해 보려는 시도에서 이뤄진 것이다. 여기서 김철은 그의 다양한 면모 중에서도 특히 혁신운동의 관점에서 조명될 것이다.

2. 청년기의 모색과 사회민주주의 안착

당산(堂山) 김철[1]은 함경북도 경흥군 상하면 아오지읍에서 1926년 [丙寅年] 7월 1일, 아버지 김성태(金成泰)와 어머니 채혜자(蔡惠子) 사이의 3남 1녀 중 장남으로 태어났다. 그가 출생한 당산동은 소련과 만주, 한국 등 3개 국경선이 접촉되는 두만강에서 불과 2킬로미터밖에 떨어지지 않은, 한반도의 최북단 지역이다. 눈이 많이 쌓이면 창문을 열 수 없을 정도로 추운 곳이었다.

김철의 부친은 조부의 5남 1녀 중 차남이었으며 외동딸인 고모는 막내였다. 그의 조부는 초시(初試)에 합격한 유생이었고, 큰아버지는 문중의 촉망을 받는 청년으로 한말의 계몽·개화운동에 적극 참여하다가 20대의 젊은 나이에 전염병으로 요절했으며, 잇달아 퍼진 전염병으로 백모의 두 아들까지 희생되었다. 당시의 관습에 따라 김철은 큰집의 양자로 들어갔다.

김철의 조부는 일본인을 항상 '왜놈'이라고 불렀다. 그의 조부는 한국 의병을 진압하려는 일본군 '토벌대'에 끌려가서 묶인 채 총 개머리판으로 연일 심한 구타를 당했으며, 그 때문에 환절기나 비 오는 날이면 항상 등이 쑤셔 드러누워야 했다. 그의 조부는 어린 손자가 일본군의 무용담을 선전하는 그림책을 보고 있으면, "이런 걸 보면 못쓴다"고 꾸지람을 하곤 했으나, 어린 시절 그는 그 뜻을 채 헤아리지 못했다.

그러다가 반일 분위기로 유명한 경성(鏡城)고보에 진학하면서부터 당산의 마음속엔 바야흐로 민족이라는 것이 뚜렷하게 자리 잡기 시작한다. 김철은 경성고보 재학 중 여름과 겨울 방학 때에만 귀향하였는데, 겨울방학 때는 눈 때문에 1주일 이상이나 외출하지 못하고 집안에 틀어박혀 있곤 했다. 그럴 때 조부는 임진왜란을 비롯, "미개 야만한 왜놈의 잔학한 짓"과 "왜놈을 교화시킨 자랑스런 조상의 역사"를 끊임없이 들려주었다. 이제 갓 중학교에 다니기 시작한 손자는 이렇게 그의 조부로부터 항일의식을 교육받았다.

경성고보는 그 학교의 교련 교사 가와지마[川島]가 입버릇처럼 "북의 경성과 남의 동래(東萊), 두 중학은 조선 전체에서 가장 반항적이고 악질이니까 학교를 폐쇄해 버리는 길밖에 없다"고 뇌까릴 정도로 항일 분위기가 살아 있는 학교였다. 조례 같은 때에 단상에서 하는 훈시의 내용이 조선인 학생들의 비위를 지나치게 거스르면 전교생이 입을 다문 채 '으음' 소리를 한없이 되풀이해서 말을 잇지 못하게 했는데, 이 같은 은근한 저항은 해방 때까지 지속되었다. 이에 대한 응징으로 학생들에게 교정을 몇 바퀴씩 뛰도록 했으나, 달음박질을 오래 끌수록 '으음' 소리가 더욱 높아지니 학교 당국도 결국은 단념하고 말

왔다. 학교 정문에는 일본 천황 히로히토의 사진을 안치한 '어진영(御眞影) 봉안전'이 있었는데, 자물쇠로 잠가놓은 이 봉안전에서는 종종 학생들의 용변이 발견되곤 했다.

김철은 중학 3, 4학년 때에 진학을 위해 수험 공부에 열중하면서 인생의 목표를 분명히 하는 한편 뒷날 결혼에까지 이르게 되는 소녀를 만나게 된다. 그는 4학년 2학기쯤까지 손문, 간디, 네루, 호세 리살, 사로지니 나이두 등의 행적을 탐독하면서, 인생의 목표를 이분들과 같이 자기 민족을 위한 헌신과 사랑에 두게 된다. 그가 처음에는 문과였다가(그는 교토의 삼고(三高) 문과를 목표로 공부했었다) 나중에 이과 을(乙)류로 방향을 바꾼 것도, 손문이나 호세 리살이 의사였으며 민족운동을 하는 사람에게는 의사라는 직업이 편리하겠다는 생각이 들었기 때문이다.

한편 김철이 사랑한 소녀 윤초옥(尹楚玉)은 그와 가장 친한 급우의 외종누이로 나남고녀(羅南高女)에 다니고 있었고, 그녀의 아버지는 당시 독립운동을 하느라 두만강을 넘나들고 있던 윤병권(尹炳權)이었다. 친구는 그녀의 큰집에서 함께 공부하고 있었는데, 김철이 친구 집에 들렀을 때, 그녀는 독립운동가의 딸답게 박계주의 『순애보』 등 조선어 책을 과감하게 읽고 있었다. 그녀가 조선어 소설을 읽는 여학생이라는 것만으로도 김철의 관심 대상이 되었다. 4학년 여름방학 때 처음 데이트를 시작하게 된 그는 그녀에게 민족의 독립을 위해 헌신하는 것이 우리들 인생의 목표가 되어야 한다고 역설하면서, 사로지니 나이두의 인도에 바치는 열렬한 시를 적어 보내기도 하고 호세 리살의 전기를 사 주기도 했다.

4학년 겨울방학이 끝나고 1944년 2월 중순께 그는 일본 고지(高知) 고등학교에 응시했으나 건강 악화로 실패했다. 폐가 나빠진 그는 귀국해서 잠시 입원했다가, 5학년생으로 다시 학교에 나가기 시작한다. 이때는 전쟁이 막바지로 치닫는 시기였고 4, 5학년생이 교대로 부령(富寧)에 있는 특수철공장에 가서 합숙하며 일하고 공장에 안 가는 달만 학교에서 수업을 했다. 전쟁이 그다지 오래 계속될 것 같지 않은 예감에 그는 진학 문제에 별로 신경을 쓰지 않고, 공장에 동원될 때에도 책을 많이 가지고 가서 틈틈이 독서에 열중, 상당한 양을 독파하였다. 이 시기에 가장 깊은 감명을 받은 책 중에는 로맹 롤랑의 『성웅 간디』와 네루의 『자서전』 등이 있었다. 그는 누운 채 간디 전기를 읽다가도 그의 투쟁에 감복하여 벌떡 일어나 몇 번이고 자신도 이 사람처럼 짓밟힌 민족을 위해 싸울 것을 맹세했다고 한다. 네루의 『자서전』을 읽을 때는, 간디와 네루의 개성이 판이하게 다르고 의견 충돌이 많으면서도 간디가 네루를 신뢰하고 네루도 결국은 간디에 의지하여 인도의 독립이라는 거창한 과업을 공동으로 밀고 나가는 인간관계의 발전에 경복(敬服)하였다. 이 무렵부터 김철의 독서 세계는 점차 확대되어 릴케의 시, 투르게네프의 산문시 등에까지 이르렀으며, 도스토옙스키의 인간관에 흥미를 가지게 되면서 철학서들도 읽기 시작했다.

5학년 겨울방학이 되자 그는 1944년 12월 31일, 처음으로 서울로 올라왔다. 스무 살 되는 해를 서울에서 맞이하고 싶었고, 또 졸업 후에 서울로 올라갈 것인가, 아니면 종고모가 살고 있는 하얼빈으로 갈 것인가를 작정하기 위해 미리 살펴보아야겠다는 생각에서였다. 이 무렵 김철에게는 긴급하게 결단해야 할 일이 있었다. 어떻게 일본군의 징병을 피하느냐 하는 것이었다. 그는 징병 3기에 해당되는 만큼, 다음 해에는 징병 검사를 받아야 하고, 그러고는 징병에 끌려나가야 할 처지였다. 그러나 순순히 일본군에 끌려나갈 수는 없었다. 전쟁이 오래갈 것 같지는 않았지만, 그렇다고 징병 영장을 받기 전에 끝나리라는 보장도 없었다. 그의 서울행은 이런 상황에서 이뤄졌다.

서울에서 그는 휘문중학교 앞길에서 '생활과학사'라는 출판사를 경영하는 석영학(石英鶴) 씨와 석씨의 장인인 오억(吳億) 씨를 만나게 된다. 오억과 석영학은 경성에 동명의숙이라는 사학을 세웠고 나중에는 청진으로 가서 함북 최초의 사립중학인 태성학교를 세워 그 경영 때문에 악전고투하다가 태평양전쟁 막바지에 총독부 당국이 폐교령을 내리자 서울에 올라와 출판사를 경영하고 있었다. 뜻밖에 고향 선배를 만난 김철은 학교를 마치면 서울로 올라오라는 오억의 제의를 받아들였다. 김철도 경성고보를 졸업하는 대로 서울에 올라와서 이 출판사의 편집 일을 보기로 뜻을 굳혔다. 상경하는 그의 짐보따리에는 1년 전 진학 시험을 위해 일본에 갔을 때 사 온, 로맹 롤랑의 『성웅 간디』며 네루의 『자서전』과 손문, 호세 리살의 전기, 플레하노프의 『과학적 사회주의』, 『간디와 레닌』, 그리고 『소련 공산 정치의 연구』 등이 있었다.

일제 말기 김철의 서울 생활은 불안했다. 양곡 배급이 실시되는 그때 신분이 애매했던 그는 고향 철도역의 아는 이들의 도움으로 수하물 편으로 쌀을 받아 쌀표 없이 근근이 서울 생활을 이어갈 수 있었다. 그러나 종로의 재동 파출소와 창덕궁 앞 파출소를 지날 적마다 긴장하지 않을 수 없었다. 한번은 집에서 우송해 온 수하물 표를 서울역 창구에 냈는데 수하물의 포장이 뜯어져서 쌀이 조금 흘러나왔지만, 담당 역원이 눈치채고 얼른 내주어 위기를 모면한 적도 있었다. 징집을 앞둔 조선 청년이 쌀표 없이 서울에 숨어 살면서 먼 북단의 아오지에서 수하물로 쌀을 밀송해 먹고 있다는 사실이 탄로 난다면 그것만으로도 약간 충격적인 사건이 될 만했는데, 이름 모를 동포의 선의로 봉변을 면할 수 있었다.

이 무렵 그는 설산 장덕수(張德秀)를 자택으로 찾아가 따진 적이 있다. 전쟁 막바지에 일제가 조선 사람에게도 참정권을 줄 시늉을 하자 설산이 일본어로《아사히신문》에 이에 감사하는 글을 썼다. 이를 본 김철은 서울에 올라가면 따져보리라고 마음먹고 있었던 것이다. 김철이 "선생과 같은 지도자가 일본의 간사한 술책을 지지하고 나선다는 것은 큰 잘못이 아닙니까" 하고 공박하자 설산은 "이번 전쟁이 끝나면 어느 쪽이 이기든 종래의 주권이라는 개념은 변할 것이니 청년들은 좁은 민족주의라는 생각에서 벗어나야 한다"고 하며, "군이 그토록 민족을 사랑한다면 조선말로 훌륭한 작품이라도 써서 노벨상을 타게 된다든지 하면 세계 사람들이 그 작품을 읽기 위해서라도 조선말을 배울 것이고, 따라서 조선말은 소멸되지 않을 것이 아닌가"라고 말했다. 이때 그는 장덕수를 '비겁한' 인물로 판단하였다.

그는 인사동의 통문관 근처를 드나들며『목민심서』를 읽었고, 사회주의 관계 서적도 읽었는데, 엥겔스의『공상적 사회주의와 과학적 사회주의』도 이때 접했다. 또 반공 성격의『소련 정치의 실증적 연구』에서는 정반대의 쇼크를 받기도 했다. 소련의 민족문제가 세계혁명의 진전을 위한 도구로 쓰이고 있다는 점에 그는 저항감을 느꼈다.

1945년 6월쯤, 그는 경성중학 동창의 반일 서클 '조선청년도(朝鮮青年徒)' 친구들이 잡혀갔다는 소식을 듣고 급히 고향으로 내려갔다. 도중에 남양에 내려서 삼촌 집에 들렀을 때 삼촌은 김철이 남양국민학교에 교원으로 있는 동창에게 보낸 엽서가 경찰의 손에 들어갔다며, 빨리 피하라고 일러주었다.

그가 고향에서 친어머니와 백모를 만났을 때, 그의 사상의 단편을 보여주는 일화가 있다. 자신의 공부 밑천이 소작료 받은 것에서 나온다는 것을 알고 죄의식을 느껴 백모에게 세상이 달라지면 농민들에게 땅을 나눠주자고 제의했다는 것이다. 재산상속권은 당산에게 있었고, 일본 패망은 시간문제로 느껴질 때였다. 책으로 체득한 평등사상이 이미 이 무렵에 젊은 이상주의자에게 실천을 요구하고 있었다.

다시 상경한 김철은 운니동에 거주하면서 해방 직전인 1945년 8월 10~11일쯤 여운형(呂運亨)을 처음 만났다. 계동 쪽에는 몽양이, 원남동 쪽에는 송진우(宋鎭禹)가 살았고 두 집의 거리는 직선으로 따져 수백 미터에 불과했다. 그는 이 만남에서 큰 감동을 받았다. 후에 그가 여운형을 두고, 민족해방을 큰 스케일 속에서 파악하려 한 사람이며, 근로인민들의 토대 위에서 일본 패망 후의 건국을 생각했다는 것은 원대한 식견 없이는 어려운 일이라고 평한[2] 적이 있다.

김철은 해방 이틀 전 고향인 함북 경흥으로 향했다가 명천에서 기찻길이 막히자 경성을 중심으로 중학 때의 반일 서클이었던 '조선청년도'를 재생시켜, 공산주의자들의 군중대회 등과 맞서는 행동을 벌이다가 곧 해산명령을 받는다. 이 무렵부터 그의 반공 의식의 토대가 형성되었다고 회고한다.[3]

해방이 되자 38선을 넘어 남으로 향했던 많은 사람들과 같이 김철도 10월쯤 상경하였다. 미군정하에 있던 서울에는 이승만, 김구, 여운형, 김규식, 박헌영 등 민족주의자부터 공산주의자까지 항일 전력을 자랑하는 투사들이 서로 헤게모니 싸움을 전개했다. 진보적 민족주의자로 자임하면서 공산당과는 일정한 거리를 두었던 그는 마음에 맞는 정당 단체를 찾기가 힘들어 한동안 혼돈의 시기를 보내게 된다.

그는 중등교원 양성소에 들어갔으나 첫 시간을 마치고 그만두었다. 황의돈의 신라 시대 강의에서 '앞뒤가 맞지 않아' 연거푸 세 번이나 질문했으나, 교수의 안색이 달라지는 것을 보고 양성소 생활을 포기했던 것이다. 그는 숙식을 해결하기 위해 다시 옛날의 출판사(생활과학사)에 들어가 식객 노릇을 하게 된다. 이 무렵 중앙도서관에 다니고 있던 김철은 민족청년단 중앙훈련소 제1기생에 응모, '족청(族靑)'과 인연을 맺게 된다. '김철'이란 이름은 이때 만든 가명인데 그 뒤에 계속 사용하였다.

훈련소 졸업 후 그는 수원에 있는 족청 중앙훈련소 교무과에서 일했다. 이때 혈혈단신으로 월남한 윤초옥과 결혼하게 된다(1947년 11월). 윤초옥은 1945년 이화여전에 합격했으나 독립운동을 하던 아버지가 "금년 중에 전쟁이 끝장날 테니까 서울은 위험하다"면서 서울에 가는 것을 반대하는 바람에 진학하지 못하고 해방을 맞이했다. 다음 해 1946년 청진교원대학에 들어갔다가 1947년 가족의 반대를 무릅쓰고 서울행을 결행, 김철과의 결혼 생활에 들어갔다. 당시 훈련소 측에서 두 사람의 결혼 축의금을 걷어 보냈지만 받지 않고 돌려보냈다. 이것이 화제가 되어 민족청년단 단보인 《민족주보》에는 '혁명 결혼'이라

고 보도되기도 했다.[4]

이 시기에 그는 조봉암(曺奉岩)과도 접촉이 있었다. 1949년 봄, 조봉암이 제헌 국회의원이면서 농림부 장관을 지내다가 사임한 직후였다. 이때부터 초여름까지 조봉암은 농림부 장관 시절 비서실장이었던 이영근(李榮根)을 내세워 족청계와 제휴하여 정당 결성을 시도하였다.[5] 1949년 1월 족청이 이승만에게 해산당하자, 거기 가담했던 청년들은 골격만이라도 유지하기 위해 '보라매 동창회'를 만들었다. 김철은 보라매 동창회의 부회장이자 실질적인 리더였고, 회장은 김동훈(金東勳), 총무부장은 서영훈(徐英勳)이었다. 당시 족청을 기반으로 한 국회의원이 20명쯤이었고 청구회라는 교섭단체를 갖고 있었는데, 그 단체 사무실에서 그는 조봉암을 처음 만났다. 이승만으로부터 내침을 당한 조봉암과 족청 세력이 동병상련의 입장에서 정당을 만들자는 움직임에 따라 김철은 족청의 청년대표로 자주 그 사무실을 드나들었다.[6]

1949년 초여름, 그는 신현상(申鉉商)[7]의 소개장을 받아 도쿄 유학길에 올랐다. 소개장의 내용에 따라 이강훈(李康勳)을 찾아갔다. 그러나 공부할 운이 없었던지, 도쿄에 도착하자마자 그곳의 정치판에 휩쓸려, 연구생 자격으로 들어갔던 도쿄대학의 이케가미[池上鎌三] 철학 교실에는 얼마 있지 못했다. 거류민단 일 때문이었다. 박열 단장, 이강훈 부단장의 재일본대한민국거류민단에 끌려 들어간 그는 '일본 당국의 동포에 대한 부당한 압박에 분개하여' 권익옹호투쟁위를 조직했다. 한편 당시 이승만과 김구 지지파로 갈려 있던 민단에서 남북통일파에 소속되어 있던 당산은 민단 기관지《민주신문》의 편집장을 맡아 동분서주하게 되었다.

 그 무렵 우연히 알게 된《요미우리신문》의 요청으로 그 신문사의 서울 특파원이 되어 1950년 5·30 선거 취재차 귀국했다. 그때 국회의 조소 앙, 신익희 양 씨의 국회의장 경합 상황과, 북에서 제의한 이주하·김삼 룡을 조만식과 교환하자는 제의 등을 취재하려다가 6·25 전쟁이 터져 일본 귀환을 늦출 수밖에 없었다. 부산 피란 후 수복된 서울로 돌아왔 다가, 가족과 함께 다시 도일하여 1952년 말에 잠시 귀국하였다.

 이때 이승만이 자유당을 만들고 있었다. 이범석의 족청 세력도 자 유당 창당에 참여하고 있었다. 여권 기한이 만료되고 일본 재입국이 불가능하게 되자 그는 자유당에 들어갔고, 선전부 차장까지 올라갔 다. 1953년 10월 족청계 숙청 선풍에 휘말려 족청 출신이었던 그도 성명서를 남기고 자유당을 떠나 일본으로 다시 들어갔다. 이때 그가 숙청 선풍에 휘말리지 않았더라면, 그가 젊은 시절 사회주의 이상에 심취해 있었다 할지라도, 보수정당에 남아 시류와 함께하는 정치인 이 되었을지도 모른다. 그가 이념체계로서의 사회주의가 아니라 정치 적 실현의 목표로서의 사회민주주의에 눈을 뜨게 되는 계기는 바로 이후 일본 체류부터라고 할 수 있다. 이때 그는 사회주의인터내셔널 (Socialist International, SI)이 민주적 사회주의의 목적과 임무를 밝힌 「프랑크푸르트선언」을 읽고 크게 공감하게 되었다. 이 무렵 그는 자신 의 정치적 지향을 술회한 「신흥 민족주의와 민주사회주의」라는 글을 자신이 논설위원으로 있던 교포지《신세계신문》에 상중하로 게재하 였다.

 「프랑크푸르트선언」은 공산주의를 '사회주의의 위협'으로 규정하면서 다음과 같이 사회주의와 공산주의를 명확하게 구분해 주었다. 즉 "사회주의가 자본주의 밑에서 인류를 분열시키고 있는 착취를 제거함으로써 자유와 정의를 실현하려고 하는 데 대하여, 공산주의는 일당독재의 실현을 유일의 목적 삼아 계급 분열의 격화에 몰두한다"고 했고, 나아가 "국제 공산주의는 자유를 얻을 기회를 없앴다"고 했으며, "자유 없이는 사회주의도 있을 수 없다. 사회주의는 민주주의를 통하여서만 달성되고, 민주주의는 사회주의를 통하여서만 완전히 실현된다"고 천명하였던 것이다. 그 자신은 이미 사회주의와 공산주의를 구분하고 있었지만, 「프랑크푸르트선언」은 자신의 사상적 입지를 분명히 하는 데에 큰 도움이 되었다.

김철이 영구 귀국하게 되는 것은 1957년 8월경이다. 이에 앞서 일본에서 그는 재일본대한민국거류민단의 사무총장직도 맡고 있었다. 그러나 재일 교포 지도자들이 낸 자유당 정부 비판 성명서에 가담하여 주일 한국대사관과의 관계가 나빠졌다. 그 때문에 1956년 사무총장직을 사직했다. 당산의 나이 31세 때였다.

여기까지가 당산의 생애 제1기라고 할 수 있다. 이 시기까지의 그는 처음에 민족주의자 혹은 진보적 민족주의자로 출발하여 활동했다고 할 것이다. 학생 시절부터 광범한 사회주의 서적을 접하면서 일정하게 진보적인 성향을 드러내고는 있었지만, 공산주의와는 노선 차이를 인식하고 있었다. 이 같은 차이로 한국전쟁을 경험하면서 분명한 선을 긋게 되었다. 그의 사상의 중심축이라 할 '진보적 민족주의, 민족적·민주적 사회주의'는 이때 뿌리내릴 수 있는 토양이 마련되었지만, 이 시기까지 정치적인 이념으로 승화하는 단계에는 이르지 못했다. 민족 분단화의 역사 과정 속에서 민족주의와 반공주의가 사회주의보다 김철의 활동 조건을 제약했고 그의 사상적 정향을 결정짓고 있었다고 할 것이다.

그러던 중 그의 일본 생활이 자신의 사상적인 정향을 분명하게 할 수 있는 계기를 만들었다. 그는 조국의 현실을 객관화하여 검토할 수 있는 상대적인 시·공간을 가졌을 뿐 아니라 서구 사회주의의 방향을 크게 결정짓게 된 「프랑크푸르트선언」도 접할 수 있게 되었다. 한때 기대를 걸었던 족청이 이승만의 탄압으로 정치적인 입지를 잃게 되자 그는 보수체제와는 메별하게 되었고, 일당 및 계급 독재에다 민주주의를 완전히 압살하고 있는 공산주의에도 환멸을 느끼게 되어, 결국 반공적인 입장을 분명히 한 '사회민주주의'에서 사상적인 안식처를 발견하게 되었던 것이다. 그의 사상의 기본틀은 이렇게 하여 형성되었다.

3. 통일사회당의 창당·재건과 3선개헌 반대투쟁(1960년대)

김철이 혁신정당에 관계하기 시작한 것은 1957년 10월 15일 서상일을 중심으로 결성된 민주혁신당 준비위원의 한 사람으로 발표된 때부터이다. 이것은 그가 1956년 재일본대한민국거류민단 사무총장직에서 물러나 1957년에 영구 귀국한 지 두 달 뒤의 일이며, 조병옥의 민주당 입당 권유를 거절한 직후였다.

김철은 혁신정당 운동에 참여할 작정을 하고 돌아왔으나, 당시 진보당은 분열되고 조봉암과 의견을 달리하던 사람들이 민주혁신당을 만들려고 작업하고 있었다. 서상일을 중심으로 신숙, 최익환, 김성숙, 이동화 등이 창당을 서두르고 있었는데, 창당준비위원이 되라는 끈질긴 요구에 선뜻 응하지 못하고 결성대회에도 나가지 않았는데 준비위원으로 발표되었다.[8]

1959년 7월 31일의 조봉암의 처형은 이 시기 한국 보수 지배체제의 야만적인 매카시즘적 특질을 극명하게 드러낸 사건이었다. 이승만 정권은, 1956년 5월 제3대 정부통령 선거에 출마, 200만 표 이상을 획득한 조봉암과 혁신 세력에 대해 불안을 느꼈는데, 1958년 1월 진보당 위원장 조봉암과 간부 7명을 간첩 혐의로 구속, 처형했던 것이다. 김철에 의하면, "보수 야당인 민주당 지도자의 다수는 조봉암 선생을 경계하는 것이 이승만을 능가할 정도였으므로 이 큰 인물의 억울한 처형이 당장은 정치 문제화되지도 않았다"[9]는 것이다. 이 사건은 당시 혁신계 정당의 활동을 크게 위축시킬 수밖에 없었다.

진보당이 불법화되던 시기에 민주혁신당 또한 정상적인 활동을 할 수 없었다. 이승만 정권은 1959년 11월 20일 민주혁신당이 정당 등록이 될 수 없다고 밝혔는데, 이때 김철은 서상일의 지시로 정당 등록 관계를 관장하는 전성천 공보실장에게 따지러 간 적도 있었다. 이 정권은 3·15 부정선거를 위한 사전 조치의 일환으로 당내의 몇몇 타락된 분자들을 조종하여 쿠데타적 수법을 써서, 와해 공작을 펴기도 했으나 김철 등이 기민하게 대처하여 사태를 바로잡기도 했다.

김철은 한국의 혁신정당 운동의 사상적·운동적 맥락을 역사적인 관점에서 나름대로 파악하고 있었다. 그는 실학운동에서 동학혁명을 거쳐 공산주의운동 및 좌우합작의 신간회 운동을 그 운동적인 맥락으로 이해하고 있었으며, 사상적인 맥락은 실학운동 시절의 정약용(丁若鏞)의 『목민심서』에서 여운형과 조소앙, 조봉암으로 선을 대고 있었다. 이 같은 구상은 혁신계 정당이 불법화되자 관계 인사들이 모여 혁신동지협의회를 결성하고 담론을 나눌 때 동지들의 요청으로 그 자리에서 보고한 우리나라 혁신운동사에 관한 그의 설명에서도 잘 나타나고 있다. 즉, "실학에서 동학혁명을 거쳐 러시아혁명의 영향으로 공산당이 생길 때도 그 선도자들의 근본 의도는 민족의 해방과 자주독립을 쟁취하는 길을 찾고자 한 데에 있었던 것이지 (…) 이러한 맥락에서 신간회 운동을 깊이 살펴야 하고 (…) 또 여운형·조소앙·조봉암의 정치노선을 앞으로 크게 하나의 혁신정당 운동의 노선으로 발전시켜야 한다"는 것이었다.[10]

혁신계가 다시 정당을 결성하려고 시도한 것은 4·19로 이승만이 하야한 직후로서 이 무렵부터 김철은 지리멸렬한 혁신계를 수습하면서 조직력을 발휘하기 시작한다. 4월 27일 혁신동지협의회의 주선으로 아서원에서 혁신계 각 그룹의 소장 인사 70여 명이 회동하여 진로를 모색, 혁신연맹을 구성하기로 의견을 모았다. 한 사람씩 파견된 대표가 모여 준비에 착수키로 했는데, 그룹의 수는 11개였다. 이 모임에서 김철은 "이제 자유당은 붕괴되고 곧 실시될 총선거에서는 민주당이 독주할 형국인데, 이승만 독재하에서 탄압받아 온 혁신계는 각기 폐쇄적인 소그룹으로 갈라져 있어서 이것을 단시일 내에 하나의 정당으로 묶는다는 것은 무리인 만큼, 우선 혁신연맹으로 혁신계를 단일화하고 정당은 선거 후에 결성하자"는 주장을 펴서 합의를 이끌어낼 수 있었다. 그러나 혁신계에서 가장 유력한 지도자였던 서상일을 비롯한 노장 지도자들은 생각이 달라, 중진들을 모아 정당을 발족시키는 데 역점을 두었다.

혁신연맹 발기대회 준비는 제대로 이뤄지지 않았다. 대회는 무장군인들에 의해 산회되었고 김철은 계엄군에 의해 취조를 받게 되었다. 공교롭게도 이 무렵 서상일, 김성숙(金星淑), 박기출, 김달호, 이동화, 윤길중 등 12인이 사회대중당을 발기한다는 공동성명이 신문에 실려 그 진상이 어떻게 되었는지를 알 수 없다. 혁신연맹이 이뤄지지 않은 상황에서 시행된 7·29 선거에는 김성숙, 박기출, 김달호, 이동화, 윤길중 등의 사회대중당과, 김성숙(金成淑), 전진한, 안정용, 김철 등의 한국사회당, 장건상, 유림 등의 혁신동지총연맹, 고정훈의 사회혁신당의 4개 집단이 참여, 몇 석의 의석밖에 얻지 못했다. 정부의 탄압과 혁신계에 대한 언론의 외면과 작위적인 왜곡 등이 혁신정당에 대한 국민의 지지를 차단시키고 있었다.[11]

이런 쓰라린 패배를 맛보면서 혁신계 각 그룹 소장들은 이해 10월 혁신통합신당 추진위원회를 발족시켜 본격적으로 통합신당 결성 작업에 나섰다. 이 작업에서 김철은 당 강령의 초안을 담당, 며칠 동안 여관에 틀어박혀 약 1만 자에 이르는 당 강령 초안을 작성하였다. '통합혁신정당을 지향한'[12] 새로운 혁신계 정당인 통일사회당은, 주요 인사 10여 명이 1961년 1월 20일 저녁 반도호텔의 회동을 거쳐 발족하게 되었다. 당을 대표하는 정치위원장에 이동화, 정치위원에 서상일, 정화암, 김성숙(金星淑), 김성숙(金成淑), 이훈구, 윤길중, 당무위원장 송남헌, 총무국장 신창균, 조직국장 박권희, 선전국장 고정훈이었고, 김철은 국제국장을 맡았다.[13] 김철이 국제사회주의 운동에 두각을 나타내게 된 계기는 바로 이러한 직책을 맡게 되는 것과 깊이 관련되어 있다.

김철은 국제국장으로서 1961년 3월 10일 일본으로 간다. 주목적은 '사회주의인터내셔널(SI)'에 이미 가입하고 있던 일본의 사회당 및 민주사회당과의 접촉을 통해 국제 연대 활동의 길을 모색하기 위해서였다. 일본 생활을 경험한 바 있는 김철로서는 좋은 기회를 얻은 셈이었다. 그러나 귀국 예정 하루 전에 5·16 군사쿠데타가 발발, 국내 혁신계가 모조리 잡혀가는 판국이라,[14] 김철은 일단 귀국을 미루고 사실상의 망명 생활에 들어갔다.

그는 SI의 간사장(사무총장)과 연락, 용공 세력으로 몰려 투옥된 인사들의 석방에 노력하는 한편 1962년 6월 노르웨이 오슬로에서 열린 SI 이사회에 참석하였다. 이때 그의 여권이 무효화되었으나 당시 사회민주당이 집권하고 있는 스웨덴 정부의 호의로 국제적십자위원회의 여행증명서를 입수하여 유럽으로 떠나게 되었다.[15] 그는 이때 노르웨이 전국과 스웨덴, 덴마크, 서독, 네덜란드, 벨기에, 프랑스, 오스트리아, 스위스, 이탈리아, 그리스, 터키(튀르키예), 영국, 에이레, 레바논, 시리아, 요르단, 이스라엘, 이집트, 인도, 필리핀, 미국, 캐나다 등 20여 개국을 돌아다니며 견문을 넓혔다. 이 여행을 통해 '밑바닥 사람들의 챔피언'이었던 라몬 막사이사이, 마하트마 간디, 터키 국민들의 숭앙의 대상인 케말 파샤, 카이로와 베이루트에서 느낀 가말 압델 나세르의 열풍 등은 그에게 깊은 감명을 주었다. 그는 이 여행 소감을 미발표의 글에 남기거나《사상계》에 기고하기도 하였다.[16] 한편 이 여행을 통해 그의 국제적 위상이 상승하게 되었다.

1962년 늦가을, 김철은 5개월 가까운 긴 해외여행에서 도쿄로 돌아왔다. 이때 박정희 군사정권은 민정 이양의 공약에 따라 다음 해 1963년 1월 1일부터 민간의 정치활동을 허용할 것을 발표하고, 새 헌법을 만드는 작업을 추진하고 있었다. 그는 도쿄에 머물고 있던 양일동, 박권희 등과 의논, '재일 한국민주연합전선'을 구성했고 이와 때를 같이하여 국내에서는 구익균, 이봉학, 안필수 등 이미 풀려나 있던 동지들의 발의로 통일사회당 재건의 모체가 될 민주사회주의동지회가 발족하였다. 김철은 SI의 간사장에게 민주사회주의동지회의 발족을 알리면서, 통일사회당 운동의 실체를 인정하여 적절한 회원 자격을 부여할 것을 요청하였는데 이 요청이 그해 열린 대회에서 채택되었다. 이는 통일사회당이 국제적 승인을 얻은 것으로, 한국의 사회민주주의 운동의 국제화에 결정적인 계기가 되었다.

김철은 여기서 바로 귀국하지 않고 다시 제2차 유럽 여행길에 올랐다. 1964년이 제1인터내셔널이라고 불린 국제노동자협회를 창립한 지 100주년이 되는 해였기 때문에 SI는 이해에 벨기에의 브뤼셀에서 백년제 행사를 가졌다. 김철은 여기에 참석하여 큰 감명을 받는다.

"무엇보다도 나는 기념전시회장에서 완전히 압도되고 말았다. 찢어지고 피 묻은 깃발들과 여러 나라 당들의 각각 다른 시기의 지하 신문들과 간행물들이며 비밀 국제연락이나 망명의 경우에 요긴하게 사용되었던 그 많은 위조여권들에서, 인간해방운동으로서의 사회민주주의 운동의 오늘이 있는 것이 결코 우연이 아니라는 것을 실감하였으며 내가 생애를 바치기로 작정한 이 운동의 위대성에 다시 한 번 긍지를 느꼈다. 백년제의 마지막 행사였던 경축 행진이 또 나를 놀라게 하였다. 벨기에 사회당 지도부와 함께 특별히 가설된 단상에 자리 잡은 각국 대표들 앞을 지나가는 행렬은 끝이 없었다. 넓은 대로에 쭉 퍼져서 한없이 지나가는 행진의 마지막을 장식한 것은 유년 고적대들이었다. 정부의 행정력으로 동원된 것이 아니고 벨기에 사회당의 유년 조직에서 나온 각 지역의 유년 고적대원들은, 아마도 대개는 초기 사회당원들의 증손이나 고손 들일 것이었다. 이렇게 하여 인구가 채 천만도 될까 말까 한 이 나라에서 갖가지 직업 영역으로부터 노동자를 위시하여 백만을 헤아릴 남녀노소의 당원들이 모여들었다는 사실은 그 당이 오랜 연륜을 겪는 가운데 그 사회에 얼마나 넓고 깊게 뿌리내리고 있는가를 말해 주는 것이었다."[17]

김철은 두 번째 해외여행을 마친 후 도쿄에 돌아와 당 재건 작업을 서두르기 위해 귀국길에 올랐다. 1964년 11월 24일 귀국한 그는 얼마 되지 않아 경찰, 중앙정보부, 검찰 등의 주목을 받았다. 그러나 김철은 당 재건을 위해 구익균, 송남헌, 이명하, 안필수, 황빈 등을 만나 매일같이 머리를 맞대고 구체적인 문제들을 협의하였다. 우여곡절 끝에 1965년 5월 1일 메트로호텔에서, 5·16 전의 통일사회당에는 참여하지 않았던 사람들도 포함한 38명의 발기인 이름으로, 양호민이 쓴 통일사회당 발기 선언문이 발표되었다.[18]

통일사회당을 재발기하는 과정에서 김철을 가까이서 지켜본 박진목은 당시를 이렇게 술회한다.

"군사정권의 시퍼런 서슬에 옴짝달짝 못 하고 움츠려 있던 시절이었다. 혁신정당을 한다는 것은 더더욱 엄두도 못 낼 일이었다. 그런데 김철이 겁도 없이 통일사회당을 재건하겠다고 나선 것이다."[19]

1966년 초여름에 김철은 스톡홀름에서 열린 SI 총회와 국제사회주의 청년연맹에 참석, 청년연맹에서는 의장단에 선출되었다. 그 후 1969년에 통일사회당은 SI의 정회원으로 지위가 승격되어, 한국 정당으로선 처음으로 세계 민주사회주의 정당들의 국제적 연합기구인 SI의 정회원이 되었다.

박정희가 3선개헌의 의도를 드러낸 1969년에 들어서자, 통일사회당은 기관지 《민족전위》를 발행, 본격적인 반독재 투쟁에 나섰다. 당 대변인 김철이 주도하고 있었다. 6월 초 김재준 목사를 위원장으로 하는 '3선개헌반대범국민투쟁위원회'가 발족할 때 통일사회당도 거당적으로 뛰어들었다. 이때 중앙정보부는 김철을 출두시키는 한편 가택 수색에 나서 10여 권의 책자를 압수했다. 이 일로 결국 《민족전위》는 폐간되었다. 김철은 중앙의 간부, 활동가 50명과 함께 9월 1일부터 3선개헌 반대 단식 투쟁에 돌입, 개헌안이 국회에서 변칙 통과되던 날까지 15일간 계속하였다. 김철은 단식 11일째 되던 날 범국민투쟁위원회가 벌였던 시위에 참가하였고 사흘을 더 버티다가 결국 병원에 실려갔다. 김철은 자신의 이론을 실천으로 옮기는 일에 게으르지 않았다. 나약한 서생의 인상을 풍기는 김철은 이런 과정을 통해 이론을 겸한 투사로 성숙되어 갔다.

1960년대, 김철에게는 불혹(不惑)을 전후한 시기였는데, 이때 그는 사상 면에서나 운동 면에서 매우 중요한 족적을 남기게 되었다. 먼저 김철은 이 시기 사회민주주의 사상을 확고하게 정립하여 많은 글로 발표했다. 특히 30대 후반 3년여의 망명 생활은, 김철 개인에게는 참으로 오랜만에 주어진 사색의 시간이었으며, 수많은 사회민주주의 국가를 직접 견문함으로써 자신의 사상을 정리하는 데에 크게 도움이 되었다. 그는 이데올로기로 분단되어 있는 조국의 정세와 천민자본주의 단계에서 심각한 빈부격차의 모순을 겪기 시작한 한국의 상황을 냉정히 분석하고 그 타개의 대안으로 사회민주주의를 제안하면서 그 이유를 정치적, 역사적, 사회사상사적으로 설명하고 나아가 실천적 전망까지 제시하는, 포괄적이고 야심적인 제안을 하게 되었다. 그 결과 『새 역사의 구상』(1963)이라는 원고지 630매 분량의 미발표 유고가 남겨진다.[20] 특히 근래에 윤리적·도덕적으로 지탄을 받고 있는 사회 지도층에게, 이 글 제3장 「실천적 강령」에서 선구자의 자기 규율을 제시한 부분은 따끔한 귀감이 되리라 믿는다.

한편 이 시기에 그는 사회민주주의와 그 국제적 동향을 국내에 소개하고, 한국 사회민주주의 운동의 가능성과 당위성을 주장하는 글들을 잇따라 발표한다. 《사상계》에 기고한 「혁신정당은 가능한가」 (1965년 4월)[21], 「일본 사회당의 대한(對韓) 정책」(1965년 11월)[22], 「60년대 후기의 민족적 과제」(1966년 1월)[23], 「세계 사회주의 정당들의 새 동향」(1967년 1월)[24], 「국제사회주의 운동의 역사와 현실」(1969년 11월)[25] 등이 이 시기의 글이다. 이 글들에서 사회민주주의에 대한 국제적인 안목을 고루 갖춘 김철의 식견을 대하게 된다.

4. 유신독재 반대투쟁과 '민주회복국민선언' 주도(1970년대)

1960년대에 한국에 혁신 세력으로 알려진 사회민주주의를 이론적으로 정립하고 막후에서 그 세력을 조직화하던 김철은 1970년대에 이르면 전면에 나서서 주도적으로 이를 운동화하였다. 1970년 3월 당 체제 정비 노력의 일환으로 열린 통일사회당 전당대회에서는 위원장에 이동화, 부위원장에 김철이 당선되었다. 그러나 대회가 끝난 지 한 달쯤 지나서 이동화가 탈당, 윤보선 진영의 국민당에 합류하자, 김철은 12월 1일 개최된 임시 전당대회에서 위원장으로 선출되고 동시에 당의 대통령후보에 지명되었다. 그는 후보지명 수락 연설에서, 대통령에 당선될 수 있으리라고 생각해서가 아니라, 당 운동을 뿌리내리는 데에 기여할 수 있다는 생각에서 수락한다는 것을 분명히 하고, 차후에 독재자와 맞서는 야당 후보가 있다면 후보단일화를 위해 적당한 시점에서 사퇴하겠다고 하면서 이 점을 미리 양해해 달라고 했다. 그는 이제 한국 사회민주주의 전파의 기수로서 대통령후보직을 활용하려 했을 뿐만 아니라 반군부·반독재 투쟁을 위해서는 자신의 기득권을 포기할 의지를 갖고 있었다.

김철은 자금 관계로 서울, 부산, 대구, 춘천 등지에서만 유세할 수밖에 없었지만, 그가 제시한 정책은 당시 매우 진보적이었다. 특히 그가 내세운 중립화평화통일안은 중앙선관위가 직권말소시켰지만, 1971년 2월, 「국민에게 드림」이라는 대선후보 정견 발표에서 가장 강조한 점이기도 하다. 그는 이때 종전협정 체결, 군비 축소, 남북 동시 유엔 가입 등의 긴장 완화 정책을 주장하는 한편 비동맹·중립화 통일이라는 당시로서는 혁명적 통일 방안을 제시하였는데, 이것이 문제가 되어 반공법 위반 혐의로 입건되었다. 그는 이해 3월, 사회민주주의 정당의 대통령후보 자격으로 서독, 스웨덴, 오스트리아 3국을 순방하면서 올로프 팔메 스웨덴 수상, 브루노 크라이스키 오스트리아 수상, 서독 사회민주당의 빌리 브란트 수상 등 우당의 지도자들과 회담을 가졌다. 이해 4월 24일, 그는 야당 표가 갈리는 것을 막고 김대중 당시 신민당 대통령후보에게 전 민주 세력의 표를 몰아주기 위해 대선후보를 사퇴하는데,[26] 이는 대선후보 수락 때 약속한 것을 실천한 것이었다.

대선후보로 국민에게 자신을 알린 김철은 재집권한 박정희 정권이 이른바 유신헌법 제정을 통한 영구 집권 음모를 드러내기 직전인 1971년 광복절에 기자회견을 통해 「내외의 사태발전에 대한 우리의 견지와 태도」[27]라는 성명을 발표했다. 내용은 국가보안법과 반공법을 폐기할 것, 북한이 유엔의 한국 문제 토의에 참가한다든가 대한민국의 우방 국가들과 접촉하는 것을 막지 말 것, 북한의 현실적 존재를 인정하여 '북괴'라고 부르는 대신 '북한 정권'이라고 불러주도록 할 것 등을 주장했다. 북한의 실체를 인정하는 바탕 위에서 남북관계를 정립하라는 것이었다. 그는 뒷날 군사정권이 '남북한 유엔 동시 가입'을 추진하고 '김일성 주석'이라고 호칭하던 일 등을 선도했던 것이다. 그러나 이 주장으로 그는 다시 국가보안법 및 반공법에 걸려 구속되었고, 그해 10월에 1년 징역에 자격정지 1년, 집행유예 2년으로 석방되었다. 박정희 정권은 대외적으로 한국이 민주국가라는 것을 선전하는 데에 장식용으로만 혁신정당인 통일사회당의 존재를 인정하려

했으며, 그 이상의 활동이나 주장은 전혀 용납하지 않았다.

대선 후 민주주의를 압살하려는 군부독재 정권의 기도에도 불구하고 더욱 자신감을 얻은 김철은 해외 방문을 통해 입지를 부각시켜 나갔다. 이는 국내 혁신 세력의 존재를 세계에 알리고 그를 통해 군사 정권의 혁신 세력 탄압을 견제하려는 다각적인 의미를 갖고 있었다. 그는 1972년 5월과 6월에 걸쳐 싱가포르에서 열린 아시아·태평양 지역 사회당 회의와 비엔나에서 열린 사회주의인터내셔널 제12회 대회에 참가하였다. 1974년 6월, 유신정권하에서는 윌슨 영국 수상(노동당 당수)의 주재로 열린 SI 지도자 회의에 참석하여 박정희 정권의 실상을 국제정치 무대에 알리기도 했다.

1972년 유신체제가 선포되자 그 이듬해 2월 그는 '유신체제'하에서 실시하는 모든 선거에 불참할 것을 선언하였다. 체제에 대한 강력한 거부였다. 이 때문에 1973년 7월 당은 해산명령을 받았으나 이해 12월 통일사회당은 2차로 다시 재건, 안필수가 위원장에 앉았다. 김철은 고문으로 물러앉게 되었으나 실질적인 당권은 그가 행사하고 있었다. 1974년 영국에서 개최된 SI 대회에서 돌아온 김철은 민주 회복을 요구하는 '국민 선언'을 담아내기 위해 각계 인사들과 접촉하기 시작했다. 이 움직임의 중심에 김철이 있음을 간파한 정보부는 그를 연행하기도 하고 괴한을 시켜 그를 납치하려고 했으나 가까스로 모면할 수 있었다.[28]

1974년 11월 27일 아침 9시, 71명의 서명자[29] 중에서 52명이 기독교회관 강당에 모여 앉은 가운데, '민주회복국민선언대회'가 감쪽같이 열려 함석헌이 선언문을 읽어 내려갔다. 서명 참가는 요청 받지 않고 특별히 초청된 김대중은 인사말에서 "오늘의 이 자리는 제2의 3·1 운동이다"라는 말로 감격을 표현하였다. 이날 발표된 선언은 유신헌법을 민주헌법으로 개헌할 것, 민주 인사를 석방·사면·복권시킬 것, 언론의 자유를 보장할 것, 최저생활권을 보장할 것 등 6개 항의 내용이었다. 선언에서는 서명자들이 1개월 안으로 민주회복국민회의를 구성할 것을 밝혔으므로, 삼엄한 경계 속에서도 크리스마스에는 윤형중 신부를 상임 대표위원, 함석헌, 이병린, 강원룡, 이태영, 천관우, 김영삼, 양일동, 김철을 대표위원으로 하고 안필수, 계훈제, 김병걸 등 10여 명의 운영위원을 둔 국민회의의 기구를 발표할 수 있었다. 이 '민주회복국민선언'의 초안을 잡고, 선언 두 달 전부터 매일 밤 기관원의 눈을 피해 참여 인사를 일일이 개별적으로 만나 서명을 받은 사람은 바로 김철이었다. 이 사실은 당시 그를 그림자처럼 수행했던 김정길 등의 증언으로 이미 밝혀진 바 있다.[30]

'민주회복국민선언'의 파장은 컸다. 몇 달 사이에 50개 이상의 지방 조직이 결성되고 가입 인원도 급속도로 늘어났다. 그러자 유신정권은 서명자에 대한 탄압을 시작, 서명자인 백낙청, 김병걸 교수가 학교에서 쫓겨났고, 홍성우, 김정례, 함석헌, 한승헌, 이태영, 윤반웅, 이헌구 등이 연행됐다. 이병린 변호사와 '민주회복청년대회'를 결성하려던 고려대 학생들이 구속되는 등 탄압 사례가 줄을 이었다. 투쟁과 탄압의 소용돌이 속에서 1975년 4월 서울대생 김상진이 대통령에게 민주 회복을 요구하며 할복자살하는 비극적 사태에까지 이르렀고, 해외 각지의 교포들도 민주 회복을 위한 궐기대회를 갖는 등 반독재, 민주화의 목소리가 점점 높아지는 가운데, 김철은 긴급조치 9호와 반공법을 위반한 혐의로 투옥되어 징역 2년의 실형을 받았다. 거의 때를 같이하여 계훈제와 김윤식도 구속되었는데, 이는 재야 민주 세력의 움직임을 사전에 봉쇄하려는 박정희 정권의 의도로 이뤄진 것이다.

한국의 언론기관은 김철의 구속과 기소를 전혀 보도하지 못했고, 박 정권은 신민당 등의 성명도 사전에 막았을 뿐 아니라 통일사회당이 김철의 구속을 해외에 알리려 하는 것도 봉쇄했다. 외국에서 오는 초청장이나 공식 문서들을 전혀 배달하지 않거나 또는 기일이 지난 후에 배달하기도 하고, 외국에 알리면 손해될 것이라고 협박하였다. 한편 박 정권은 통일사회당에서 해당(害黨) 분자로 정권(停權) 처분을 받은 백철(1975년 당시 39세)을 이용, 당 파괴 공작을 펴기도 했다. '민주회복국민회의' 서울 지부 대변인을 역임한 바 있는 백철은 서울 지부 상임 대표위원인 윤반웅 목사와 상의도 없이 해체 성명을 발표해 버리는 등의 행동으로 중앙정보부(KCIA)의 앞잡이로 간주되었다.[31]

김철이 투옥되자 해외에서 그의 석방 운동이 벌어졌다. 먼저 당시 스웨덴 수상 올로프 팔메가 스웨덴 사회민주당 대회에서 김철의 투옥을 규탄하고 강경하게 석방을 요구했다. 서독 수상을 역임한 빌리 브란트가 SI 의장에 취임하고 SI를 유럽 중심에서 벗어나 세계적인 인터내셔널이 되게 하기 위한 첫 착수로 1977년 일본 도쿄에서 세계 사회당 지도자 회의를 열기로 결정했다. 이로써 김철은 일본 언론에서도 급작스레 각광을 받게 되었다. 이때 아시아에서 투옥 중인 당 지도자는 전 수상이기도 한 네팔 국민회의당 당수와 한국의 김철뿐이었다. 이 두 사람이 회의에 참가하느냐 못 하느냐 하는 것이, 회의를 주관하는 일본의 두 인터내셔널 가맹 정당인 사회당과 민사당에게 관심의 대상이 되었다. 결국 유신정권은 브란트, 미테랑 등의 김철 구명 운동에 굴복하여, 1977년 3월 만기 다섯 달을 남기고 형집행 정지의 '은전'을 내렸다. 김철은 사회민주주의 세계에서는 이미 국제적인 인물로 인정받고 있었던 것이다. 이런 사정을 거쳐 김철은 그해 12월에 도쿄에서 열린 SI 지도자 회의에 참석, 세계 언론의 주목을 받으며 연설했다. 일본의 3대 일간지로 꼽히는《마이니치신문》,《요미우리신문》,《아사히신문》의 당시 1면을 보면 이 대회가 마치 '김철을 위한 대회'가 아닌가 하는 생각이 들 정도였다. 유신정권하의 정치 상황과 인권 문제에 대해 그가 직접 영어로 쓴 연설문은 명연설문으로도 알려져 있으며,《마이니치신문》은 이 연설문을 요약해서 별도 기사로 신기도 했다. 김철은 본국의 독재정권에 대해 강력하게 비판했을 뿐만 아니라, 박정희 정권과 유착한 일본 민사당 및 북한 일변도의 사회당에 대해서도 비판했기에 일본 언론의 주목을 끌었던 것이다.[32] SI 도쿄 대회에서는 김철의 좌석을 브란트 의장과 미테랑 부의장 사이에 마련하였는데, 이는 고통 받는 아시아 사회민주주의 운동의 상징인 그에 대한 특별한 예우였다.

SI의 김철에 대한 배려는 도쿄 대회 이후 그의 귀국길에도 이뤄졌다. 도쿄 대회를 마친 후 SI의 칼슨 사무총장이 서울을 방문한 것이다. 브란트 의장은 칼슨과 김철 곁에 일본의 사회당과 민사당의 국제국 사람들을 동행시켰다. 브란트는 회의 석상에서 귀국 직후 구속될 것이 뻔한 김철을 보호하기 위한 것이라고 설명하였다. 귀국 후 잠시 김철이 무사하였으나, 며칠 후부터는 경찰에 의해 시달림을 받게 되었고, 당사로 빌려 쓰고 있던 건물에서 내쫓기기도 했다. 1978년에는 밴쿠버에서 SI 대회가 열렸음에도 불구하고 정회원인 통일사회당 대표들의 출국을 막아 결국 불참하게 되었다.[33]

1970년대 김철의 생애는 유신독재 반대투쟁과 '민주회복국민선언' 주도로 요약할 수 있다. 60년대가 그의 생애에서 사회민주주의를 정립하면서 그것을 운동화하기 위한 시기였다면, 70년대는 민주화를 위해 투쟁한 시기였다고 할 것이다. 이것은 사회민주주의의 실현이 민주주의의 실현 없이는 불가능하기 때문이었다. 그는 사회의 민주화야말로 사회주의운동의 선결적인 과제라고 보았다. "사회주의운동이 활발해지려면 먼저 민주화가 되어야 한다"는 그의 말처럼 그는 사회민주주의를 실현하기 위해 유신독재와 투쟁하면서 몇 번이나 투옥당하는 시련을 겪었던 것이다.

1978년과 1979년 두 해는 유신정권의 마지막 해로서 아마도 그의 일생에서도 가장 어렵고도 중요한 활동 기간이었다. 그는 이때의 활동상을 매일 일기로 적어놓아서[34] 당시 그의 주된 활동과 관심사를 파악하는 데 큰 도움이 된다. 1970년대 중반 이후 김철은 '민주화를 위한 대연합과 혁신 세력의 통일'을 시대적인 과제로 인식하고 있었다. 유신체제가 긴급조치 등으로 그 독재적 성향을 노골화하자 그는 민주회복국민회의를 주도적으로 결성했다. 1978년과 1979년에 걸쳐 혁신 세력의 단합을 위한 그의 노력은 집요하게 전개되었다. 그는 윤길중, 이동화, 안필수 등과 지속적으로 접촉하여 통합 논의를 가졌으나 결국 통합에 실패했다. 유신 시대라는 상황 때문이라고 추측되지만, 그 정확한 원인과 과정은 앞으로 밝혀져야 할 부분이라고 생각된다.

5. 혁신정당의 한계와 새 방향 모색(1980년대 이후)

1979년 10월 26일 박정희 서거 후 한국인들은 새로운 민주화 시대를 기대하며 헌법개정을 요구했다. 그러나 신군부가 집권하고 1980년 10월 22일 '새로운 헌법'의 초안이, 전두환에 의해 국민투표에 붙여져 통과되었다. 정당의 해산 조항이 담겨 있는 이 헌법은 1980년 10월 27일 계엄령하에서 공포되면서 통일사회당도 다른 정당과 함께 해산되었다. 동시에 전두환 정권은 1981년 6월 전까지 대통령선거와 국회의원 선거가 치러질 것이라고 공약하였다.

1980년 집권한 신군부는 김철을 비롯한 개혁 세력을 이용하려고 하였다. 서슬 퍼런 신군부의 막강한 힘과 위협은 당시 많은 사람들을 훼절시켰다. 그때까지 명망을 지켜온 지사들이 신군부의 요구를 거절하지 못하고 평생 지녀온 신념을 꺾기도 했다. 이런 대목에서 김철도 '별수 없이' 신군부의 입법의원 제의를 수락하여 '해방 이후 가장 강직한 정치인'[35]이라는 명예에 오점을 남기게 되었다. 그의 생애에서 수수께끼처럼 보이는 이 사건의 배경과 경과는 어떠했는가.

집권 과정에서 신군부는 김철을 이용하려고 했던 것이 틀림없다. 신군부는 국민의 시각에 관계없이 자신들이 유신 권력과는 다른 '개혁 세력'임을 자임했고, 따라서 철저하게 박해당했던 혁신계를 제도 정치권에 편입시키겠다고 나선 것이다. 이때 서독의 브란트가 의장인 SI는 가입국 중 16개국의 집권당으로서 외교무대에서 새로운 세력권을 형성하고 있었고, 신군부는 한국 정정을 백안시하는 SI의 시선도 의식하지 않을 수 없었다. 신군부가 국가보위입법의원에 김철을 임명한 것은 이러한 정세와 구도하에 이루어진 것이었다. 그러나 신군부의 구상은 빗나가고 말았는데, 김철이 이후 고분고분 신군부의 주문을 들어주지는 않았기 때문이다.[36]

신군부는 중앙정보부를 통해 김철이 1980년 11월 11일 마드리드에서 열릴 SI 15차 회의에 참가하는 것을 막지는 않되 자기들이 시키는 대로 따라주기를 바라고 있었다. 김철은 "SI 회의는 정치 이념을 같이하는 동지들의 협의의 자리이므로" 민주적 사회주의자로서 동지들을 속이는 배신적 행위는 할 수 없으며, 감당할 수 없는 일을 요구한다면 출국을 허가해 주지 않아도 좋다는 태도를 지켰다. 당국자들은 김철을 내보내주었지만 내심 불만이었다.[37]

김철이 당국의 입법의원 제의를 수용한 이유는, 합법 활동을 포기하고 지하로 들어가느냐, 합법 활동의 여지가 적을지라도 길을 뚫어보느냐라는 두 가지 선택을 놓고 갈등하다가, 결국 정면 대결은 힘들다는 판단을 내렸던 것으로 보인다. 그는 이후 이것이 자신의 '불민(不敏)'이었다고 술회하고,[38] '불찰(不察)'이었다고 얘기한다.[39] 입법의원을 거절하지 못하고 출국한 그는, 마드리드 대회에 가는 도중에 파리에서 주불대사로부터 자신이 입법의원 명단에 끼었음을 들었다. 그는 마드리드에서 내외신 기자회견을 갖고 "인권 문제와 정치규제법 등 민주적 기본권의 문제가 선결되지 않은 상태에서 입법회의는 아무 의미가 없다"고 '입법회의 무용론'을 제기한다. 이 내용이 국내에 알려졌더라면 그의 진의가 더욱 정확하게 전달되었겠지만, 그는 기자회견에서도 '자신의 불민'을 느꼈을 것이다.

1993년 12월 5일자 《동아일보》는 당시 정황을 비교적 정확하게 밝히고 있는데, 당시 신군부의 핵심 인사는 이런 말을 했다고 한다. "입법의원에 임명할 때만 해도 김철 씨가 우리에게 협조해 주리라고 믿었습니다. 그런데 김 씨가 말을 듣지 않는 거예요. 남북분단 현실에서 절대로 넘을 수 없다고 생각한 라인을 그는 지키려 하지 않았어요. 중정 쪽에서 최종적으로 교체 방침을 정했습니다. 그래서 고정훈 씨로 바뀐 거지요." 입법의원 임명 후에도 그가 정권에 협조하지 않았기 때문에 고정훈 중심으로 관제 혁신당을 만들었다는 이야기다. 그래서 김철의 저항은 "중앙정보부 정치공작 팀이 성안한 각본에 따라 진행된 인형극에서 발생한 유일한 NG"로 평가되기도 한다.[40] 이런 상황을 종합해 보면 이렇다. 신군부는 중앙정보부를 통해 김철이 1980년 11월 11일 마드리드에서 열릴 SI 15차 회의에 참가하는 것을 막지는 않되 자기들이 시키는 대로 따라주기를 바랐지만, 김철은 고분고분 따라주지는 않았다는 것이다.

김철은 마드리드 대회에 참석하고 돌아오는 길에, 윤길중이 집권 정당인 민주정의당의 발기인이 되었다는 소식을 듣고 분개한다. 또 계엄하의 서울의 신문들은, 전 통일부 장관 신도성, 송남헌, 고정훈 등의 인사들이 김철과 함께 혁신정당을 창당하게 될 것이라고도 보도하고 있었다. 새로운 진보정당이 해산된 통일사회당과 김철을 중심으로 결성될 것이라고 생각하던 사람들은 고개를 갸웃거렸다. 고정훈은 1966년 출옥한 이래 정계를 은퇴하고 진보세력을 떠난 분으로 인식되었기에 더욱 그러하였다.[41]

고정훈은 김철에게 한마디 언질도 없다가, 창당 바로 전날 밤에 민주사회당(민사당, 뒷날 신정사회당으로 개칭)을 창당할 것이라고 통보했다. 두 사람에게는 본질적인 이야기를 나눌 시간적 여유가 필요했지만, 고정훈은 계획했던 대로 김철이 출석하지 않은 상태에서 창당을 선언했고(1980년 11월 29일), 발기인으로 참가하기를 거부한 김철의 이름까지 도용해서 명단에 집어넣었다. 김철은 그들이 정치 사기극을 연출하였다고 비판하였고, 고정훈은 기자회견을 열어, 해산된 통일사회당의 적극적인 활동가 20명이 민주사회당에 가입한 것처럼 보도가 나가게 했다. 그러나 민주사회당에 가입한 사람은 박 정권의 마지막 단계에 중앙정보부와 함께 해당 행위를 하여 통일사회당에서 제명된 전 통일사회당원 서너 명에 불과하였다.[42]

김철은 사태의 긴박성에 비추어 1980년 10월 3일 등용문 빌딩(서울 종로구 견지동 110-43호)에서 41명의 동지와 함께 기습적으로 사회당의 발기인대회를 열어, 사회당 창당준비위원회 설립을 선포하였고, 여기서 김철이 다시 위원장으로 선출되었다. 이 창당 과정에서 '민주적 사회주의를 표방한다는 의심스런 집단이 특정 기관의 도움을 받아 갖가지 위협과 회유, 협잡'으로 끈질기게 방해했으나 '난관을 극복하고' 창당대회를 개최하였다.[43] 창당 직후 김철은 오스트레일리아의 시드니에서 열린 아시아·태평양 사회당기구 회의에 SI와 오스트레일리아 노동당의 적극적인 개입으로 간신히 마지막 날 참가할 수 있었다. 중앙정보부는 이 회의에 민주사회당만을 보내고 사회당은 참가하지 못하게 하려고 여권을 내어주지 않으려 했다.[44]

이렇게 하여 종래 혁신계로 불리던 한국의 사회주의 계열은 민사당(고정훈)과 사회당(김철)으로 분리되었다. 두 정당은 유사점과 차이점을 갖고 있었다. 민사당은 민족주체성에 영국 노동당의 정치철학과 서독 사회민주당의 정치 이념을 접목, 승공과 자유·평등·복지사회의 구현을 창당 이념으로 내세우고 있었고, 사회당은 SI의 이념을 추구하면서 민족주의·민주주의·사회주의를 당의 목표로 표방하였다. 따라서 양자는 이념적 근친성을 보이기는 했다. 그러나 당시 민사당은 창당 이념을 구현하는 접근 방식이 친정부적이며 온건한 우파의 성격인 데 반해, 사회당은 사회민주주의 운동의 이념과 원칙을 최소한 지켜가면서 현실 정치에 참여하는 본래의 혁신정당적 성향이 짙었다. 이런 점에서 분명한 차이점을 보였다.[45)]

1981년 3월 25일의 11대 총선거를 앞두고 민주사회당과 사회당의 통합 시도가 있었다. 통합 논의는 민사당 측에서 먼저 제의했다. 고정훈과 김철이 서로 합의한 내용은, 중앙집행위원은 양당 동수로 하며, 김철이 위원장, 고정훈은 고문의 한 사람이 되면서 고문회의의 의장에 취임하는 것 등이었다.[46)] 그러나 이 같은 합의도 불신의 벽을 넘어서지 못했다. 혁신계 인사들 중에서도 이제 권모술수 면에서 기성 정치인들에 비견되는 인사들이 없지 않았다.

사회당은 선거에서 당선자를 내지 못하여 해산당하고, 1982년에 당 운동을 재건하려고 발기하였다가 탄압으로 중단되고 말았다.[47)] 그 뒤 김철은 1983년 5월 광주민중항쟁 3주년에 즈음하여 시작한 김영삼의 단식에 동참하며 그의 민주화 운동과 보조를 맞추었다. 평소에 사회주의의 실현은 민주화를 전제로 한다는 자신의 신념에 따라 김철은 비록 보수세력이 주도하는 것이라 하더라도 민주화 운동에는 동참하였다. 여기서 그의 열린 사회주의자의 모습을 엿볼 수 있다.

한편 김철은 당 재건을 위해 혼신의 힘을 기울였다. 당 재건에 앞서 그는 1984년 7월 스웨덴 사회민주당의 올로프 팔메와 프랑스 사회당의 리오넬 조스팽의 초청으로 서유럽 여러 나라를 방문, 한국의 사회주의운동을 알렸다. '이 새로운 사태 발전'은 당 재건을 위한 자극이 되었다.[48] 그는 1985년 초에 '2·12 선거'에는 참가하지 않을 것을 전제로 다시 당을 발기하여 사회민주당이라는 당명으로 민주적 사회주의정당 운동의 길을 닦으려고 노력하여, 1985년 3월 사회민주당이 창당대회를 갖게 되었다. 한번 해산된 정당의 명칭 사용을 금지한 정당법 규정에 따라, 사회민주당이라는 새 당명을 취했고, 그 뒤 7월 15일에 정당으로 등록하였다. 정부가 사회민주당을 마지못해 인정한 것은, 이해 2월에 치러진 총선거에서 제1야당인 신민당이 거둔 '놀라운 승리'에 따른 결과이기도 했다. 군사정권에 대한 국민들의 광범위한 불만을 그대로 반영해 준 이 야당의 승리가 사회민주당에게도 뜻밖의 활로를 열어준 것이다. 사회민주당이 창당될 즈음 고정훈[49]의 신정사회당(구 민주사회당)의 일부가 권두영 교수의 지도하에 사회민주당과 통합을 모색, 그 이듬해(1986년) 5월 27일에 통합을 완료하였다.[50] 사회민주당은 김대중, 김영삼, 이민우가 이끄는 신민당과도 연합전선을 유지해 나가면서 대통령직선제를 요구하는 신민당의 '개헌서명운동'에도 협력하였다.[51]

김철은 또한 정책을 개발할 연구소에 관심을 가져 1984년에는 한국사회민주문화연구소를 창립하여 이사장에 취임한다. 이 연구소는 1985년 5월 1일 창립 제1주년 기념식에서 '사회주의운동과 한국의 현실'이라는 주제로 심포지엄을 개최했고, 시사 문제에 대한 월례 세미나를 갖는 한편, 6월 6일부터는 서울대 임종철 교수의 강의로 토요일

마다 격주로 사회주의에 관한 강좌를 시작하기도 하였다.[52]

젊은 당원들은 1980년에 해산된 전(前) 통일사회당 청년 조직을 계승하여 사회민주주의청년연맹(SDY)이라는 이름으로 청년 사회주의 운동을 재건하였다. 1985년 6월 29일 흥사단 강당에서 갖기로 했던 사회민주주의청년연맹의 창립대회는 경찰에 의해 강제로 해산되기도 했지만 꾸준히 실체를 이어갔다.

한편 김철은 1985년 10월 오스트리아 빈에서 열린 SI 이사회와, 1986년 6월 페루 리마에서 열린 SI 제17회 대회에 참석하는 등 국제 활동을 계속 이어갔다. 1986년 12월 열린 임시 전당대회에서 3표 차로 당수 자리에서 밀려나게 되었고, 새로운 집행부가 전임 당수를 예우해서 제의한 상임고문 자리를 수락하지 않고 평당원으로 남았다. 이는 1987년 대선을 앞두고 당내에서 마찰이 있었던 것도 하나의 이유였는데, 김철은 양김의 후보단일화를 지지하였고 당내에서 진보세력의 독자 후보를 내야 한다는 흐름에 반대하였다. 여기서도 그가 사회주의 이념을 잠시 접어두고서라도 사회주의 실현의 기반인 민주화를 우선시하고 있음을 알 수 있다. 그는 결국 당과는 독자적으로 1987년 7월 24일 '사회주의민중협의회'를 구성하기에 이른다.[53] 심하게 말하면 사회주의운동에 대한 좌절의 한 표현일 수도 있고, 지금까지의 생애가 그랬듯이 창조적이고 모험적인 생애를 다시 시작하는 의미로도 해석될 수 있는 대목이라고 할 것이다.

여기까지 그가 혁신정당에 관계해 온 과정을 보면, 그는 사회주의 정당원으로서 통일사회당 간사장과 국제연대위원장(1965년), 통일사회당 위원장(1970년), 통일사회당 대통령후보(1970년), 당고문(1974년),

사회당 위원장(1981년), 사회민주당 위원장(1985년)으로 활동해 왔던 것이다. 이 기간 동안의 그의 삶은, 이론적·실천적 측면에서, 바로 한국의 정통적인 혁신운동의 역사를 대변한다고 할 것이다.

　말년의 그의 소망은 시집을 내는 것, 우리나라 사회주의운동사를 통사적으로 쓰는 것, 자서전을 내는 것, 마지막은 한국에서 사회주의 운동이 나아갈 길을 제시하는 책을 죽을 때까지 쓰는 것이었다. 그는 1992년 중국, 소련 등을 순방하는 여행 끝에 건강을 해치게 되고, 결국 소망을 이루지 못한 채 1994년 8월 11일 운명했다.

6. 맺는말: 김철 생애의 역사적 의미

　지금까지 김철의 생애를 중심으로 해방 후 한국 사회주의운동의 흐름을 총괄적으로 살펴보았다. 이 글을 끝맺으면서 필자는 앞에서 서술한 내용을 간략하게 정리함으로써 맺는말을 대신하고자 한다.

　김철은 1926년, 6·10 만세운동이 일어나던 해에 함경북도 경흥 아오지에서 태어나 일찍 항일민족운동과 청년운동에 투신하였고, 1949년에 도일하여 도쿄대학에서 역사철학을 공부하는 한편 재일본 대한민국거류민단 사무총장으로 또 언론인으로 활동하였다. 1957년 귀국하여 민주혁신당 창당에 참여한 이래 한눈팔지 않고 이 땅의 민주적인 사회주의운동에 헌신하였다. 공산주의와의 대결로 민족상잔을 겪은 이 땅에서 군사정권의 폐쇄적인 사상 탄압이 자행되었던 그 시절 사회주의의 개혁적 논리나 진보적 주장이 수구·반동 세력에 의해 어떤 대접을 받았는가를 생각한다면 그의 생애는 가시밭길을 헤쳐가는 고난의 역정, 그것일 수밖에 없었다. 그러나 그는 초지일관 갖은 오해와 불신을 딛고 일어서서 이 땅에 민주사회주의 이념에 입각한 평화통일·복지사회를 이룩하기 위해 혁신정당 운동과 그 국제적 연대운동에 앞장섰던 것이다. 그는 예고된 고난의 길을 회피하지 않고 묵묵히 걸어감으로 이 땅에 진보와 개혁, 민주주의와 민족주의의 씨앗을 뿌리고 거름 주었던 선각자요, 선구자였다. 김철은 자기 시대를 살면서도 몇십 년을 앞서보는 예언자적인 지성을 갖고 고민하면서 그 지성을 행동화하였다. 그의 사상은 서재에서 상상력을 통해 산출한 것이 아니고 삶의 한복판에서 시대와 대결하면서 행동 속에서 응고시킨 고난의 산물이다. 그러기에 그의 정치, 정당 활동은 권력 획득의 장이라기보다는 자신의 사상을 지행합일(知行合一)적으로 실천하는 장이었다.

김철의 생각은 민족문제와 민중 문제에 집중되어 있다. 그는 일제와 미·소로부터 '완전 독립'을 강조하였고, 완전 독립 사상을 구체화하기 위해서는 '민족의 통일'을 지상과제로 떠올렸다. 그의 민족 통일론은 남북의 실체 인정을 기초로 평화공존과 화해 일치를 모색하는 '평화통일'이었다. 여담이지만 그의 민족주의 사상의 일단을 이해하는 데에 도움이 되는 에피소드가 있다. 그는 해마다 새해 초하루 캄캄한 새벽에 효창원의 백범 김구 선생 묘소를 참배했다. 당시 '평화통일론'은 금기시된 주장이었지만, 그는 민족의 살길이 바로 '평화통일'에 있음을 강조하고 실천하는 과정에서 도리어 여러 차례에 걸쳐 고난을 감수하지 않으면 안 되었다. '평화'란 단어는 적대 의식이 팽배한 시대에는 그것 자체가 두려움의 대상이 되고 불화를 조성한다는 빌미로 간주되었지만, 예언자는 그것을 선포함으로 '고난이라는 축복'을 받는 그런 이념인 것이다. 그는 또 민중 문제와 관련하여 민주적 사회주의 이념을 강조하였는데, 이는 자유와 평등 이념에 입각하여, 자유선거에 기초한 '민주주의'와, 소외되고 억압받는 민중들을 위한 '복지사회'를 두 축으로 하여 실현될 수 있다고 강조하고, 이를 운동화하려고 하였다.

김철은 한반도에서 전개되고 있는 이념적 대결구도를 깊이 의식하고 자신의 사상을 '민주적 사회주의'라는 말로 표현하곤 하였다. 이 용어는 자신이 분명히 반대하고 있는 공산주의를 '독재적 사회주의' 혹은 '전제적 사회주의'라고 규정함으로써 그 차이를 분명히 하는 말이었다. 선생은 "공산주의는 민주주의를 한다고 표방하면서도 선거에 의한 정권교체를 부정하지만, 사회주의는 이런 독재정치를 반대하고 정권이 교체되는 의회민주주의를 신봉한다"고 말함으로 그 차별성을 분명히 했고, "사회주의운동이 활발해지려면 민주화가 이뤄져야 한다"고 하면서 민주화야말로 사회주의운동의 선결 과제라고 주장했다.

김철의 사상은 먼저 개인의 주체성과 한계를 인식하는 인생관을 바탕으로 민족주의 사상, 민주주의 사상, 사회주의 사상 그리고 평화통일 사상으로 압축할 수 있다. 그의 사상을 앞에서 언급한 자료에서 스스로 밝힌 바에 따라 정리해 보자. 먼저 김철이 정리한 그의 인생관의 일단은 이렇다.

"아무리 고매한 목적이라도 부정한 수단이 합리화될 수 없다. (…)

우리들은 이상하는 사회가 하루아침 사이에 실현되리라고 환상하는 자가 아니다. 역사적 현실 조건 위에서 이루어질 수 있는 일의 한계라는 것이 있을 수밖에 없다. 그것을 아는 우리들은 초조할 것이 없다. (…) 성실은 객관적으로 검증될 수 있어야 한다. 한 개인이 뜻을 세워 역사적 진실을 살 수 있게 되려면 그는 행위의 주체로서 먼저 스스로의 주관적 성실부터 끊임없이 높여 나가야 할 것이다. 이 주관적 성실은 또 그의 삶의 전 과정에 걸쳐서 객관적 성실임이 검증될 수 있어야 할 것이다. 그러할 때 그는 드디어 역사적 진실에 참여할 수 있는 주체적 자세로서의 혁명적 성실을 갖추었다고 할 만하게 되는 것이다.”

그는 또 1973년 12월 20일에 개최된 당 대회에서 자신의 정치·사회사상의 핵심을 피력하면서, 스스로를 민족주의자, 민주주의자, 사회주의자라고 했는데 그 이유를 그 자신의 주장을 통해 들어보자.

“첫째, 우리들은 외국에 종속되지 않는 떳떳한 국민으로 살고 싶은 것이다. 변변치 못하면 남에게 수탈을 당하고 지배를 받기가 일쑤다. 세계사적 발전에 응당히 기여할 수 있기 위하여서도 우리는 제 나라의 주권을 확고히 세워야 한다. 세계적 강국들의 이해가 교착(交錯)하는 이 땅에서 우리의 주권을 확립하려면 갈려진 이 민족은 하루빨리 민족이성(民族理性)으로 돌아가 통일되어야 한다. 우리들은 이러한 태도를 견지한다는 의미에서 민족주의자이다. 둘째, 우리들은 권력의 억압이 없는 자유로운 사회의 일원으로 살고 싶은 것이다. 권력이 그 사회의 정당한 규범을 마구 깨뜨리고 갖은 무법의 횡포를 다하는 찬탈자의 손에 들어가면 안 된다. 우리들은 이래서 공산주의의 극단한 억압 체제는 말할 것도 없고 어떤 형태, 어떤 구실의 억압이건 절대로 용납할 수 없다는 의미에서 민주주의자이다. 셋째, 우리들은 모든 이웃들이 가난에서 해방되어 고루 잘사는 사회, 국민사회에 능력껏 이바지하는 슬기로운 일꾼으로 살고 싶은 것이다. 우리 사회의 구성원들은 누구나 출신 가정의 경제적 조건에 구애를 받지 않고, 타고난 자질을 발전시킬 기회를 보장받아야 하며 그 발전된 능력을 보람 있게 사회에 이바지할 수 있게 되어야 한다. 우리들은 이 같은 지향을 추구한다는 의미에서 사회주의자이다. 우리들은 남쪽이 먼저 부패로(부터) 빈부의 격차도 없는 자유롭고 평등하게 잘사는 민주적 사회주의 체제로 이행함으로써 그러한 발전 자체가 북쪽 공산주의자들에게 남쪽의 공산화를 단념하게 할 것이며 또 북쪽에서의 압제를 언제까지나 지탱할 수 없다는 것을 깨닫게 하여 통일에의 합의를 촉구하게 될 것으로 믿는다."

그는 또 통일 지향적 체제로 개혁하기 위해서는 민주화, 자주화, 사회화가 필요하다고 주장했다.

"우리는 무엇보다도 통일 지향적 체제 개혁을 추구하지 않을 수 없다. 이 첫째는 국민의 의사에 따라 정치적 결정이 내려지는 민주화요, 그 둘째는 우리 국민의 민주적 역량으로 대외 종속화 과정을 역전시키는 자주화요, 그 셋째가 국민경제의 자주적 태세 속에서 여러 계층 간의 부와 소득의 격차를 좁히는 사회화이다."

　선생이 주장한 민주화, 자주화, 사회화의 외침을 들으면서, 우리 시대를 고민하지 않을 수 없다. 이명박 정권 이후 현재에 이르기까지 민주주의는 퇴보하고, 외세 의존은 심화하고, 빈부격차는 더욱 커지고 있다. 현재 한국 사회는 선생이 평생 추구하였던 민주화, 자주화, 사회화와는 반대되는 방향으로 나아가고 있다는 것이다. 민주화의 기본 요체인 선거 체제에서 부정 요소가 뚜렷이 드러나는데도 정치권은 물론 언론과 사법부가 모두 이를 외면하고 있다. 국민의 민주적 역량이 쇠퇴하는 것은 국가 자주화에서 가장 중요한 핵심인 군사주권을 외국에 '자진 헌납'하여 대외종속화를 심화시키는 통탄할 일로 곧바로 연결되고 있다. 그럼에도 불구하고 이 나라 정치권은 문제의 심각성을 강 건너 불 보듯 오불관언의 자세를 취하고 있고, 국민들 중 약삭빠른 개인과 단체들은 국방 주권을 팔아 자신의 이득을 얼마나 챙길 것인가 주판알을 굴리며 이를 환영하는 웃지 못할 현상마저 나타나고 있다. 거기에다 계층 간의 부와 소득의 격차는 점차 벌어져 소수가 국부를 편점(偏占)해 버리는 역(逆)사회화 현상이 심화되고 있다. 심지어는 아이들을 키우고 먹이는 문제마저 논쟁거리화하면서 '삼포(三抛) 세대'를 양산, 국가의 미래를 암담하게 만들고 있다. 이런 상황에서 선생이 간명하게 정리한 민주화, 자주화, 사회화는 우리의 이상을 수시로 자극하는 이념적 표대로 또 실천 강령의 요체로 우리 민족사에 재등장시키지 않을 수 없다.

　김철이 이 같은 사상을 온축하게 된 것은, '운동' 못지않게 젊은 시절부터 독서를 통해 지적 탐구 활동을 게을리하지 않았기 때문이다. 그는 20세가 되기 전에 로맹 롤랑의 『성웅 간디』와 네루의 『자서전』을 읽고 깊은 감명을 받았다. 그는 스스로 "10대 때 내 인생에 큰 영향을 준 두 사람은 바로 간디와 네루"라고 했다. 그가 민족과 민중을 향한 자신의 사상을 영글게 하던 시절, 당시 그런 일에 나섰던 젊은 이들이 흔히 빠지기 쉬운 공산주의에 매몰되지 않고 민주적 사회주의에 굳건히 섰던 이유를 여기서 발견할 수 있다. 젊은 시절의 좋은 책 한 권은 인생의 방향을 이렇게 정립시켰다. 그는 또 손문과 호세 리살의 전기, 플레하노프의 『과학적 사회주의』, 정약용의 『목민심서』(선생은 이를 통해 사회주의 사상에 접했다고 언급한 바가 있다), 엥겔스의 『공상적 사회주의와 과학적 사회주의』를 읽었고, 소련에 관해서도 반공 성격의 『소련 정치의 실증적 연구』도 읽었다. 이런 것들이 20대 이전에 벌써 읽은 책들이라고 하니 선생의 독서의 양과 폭은 상상하기 쉽지 않다. 뒷날 그는 또 토머스 모어의 『유토피아』와 『묵자』, 『서경』 등을 통해서도 사회주의사상을 터득할 수 있었고, 사회주의인터내셔널이 발표한 「프랑크푸르트선언」도 그에게 큰 감명을 주었다.

김철은 정치인이나 운동가이기에 앞서 사상가요, 언론 문필가였다. 재일본대한민국거류민단 기관지인 《민주신문》 편집국장으로 활동한 선생은 1961년에는 혁신계의 《민족일보》 논설위원을 역임하면서 많은 논설과 시론으로 당대를 깨우쳤다. 그는 틈틈이 저술도 남겼는데, 『민족학생운동의 이념』, 『떳떳한 민족으로 살자』, 『일본. 민주화의 좌절』 등이 그가 남긴 저서이다. 특히 유고(遺稿)로 있던 『새 역사의 구상』은 그의 사상의 핵심을 담은 중요한 저술이다.

앞에서 우리는 간략하게나마 "민족주의자로서 주권의 신장과 민족 자주통일운동에 앞장섰고, 민주주의자로서 반민주적인 권력의 억압에 줄기차게 항쟁했으며, 사회주의자로서 근로대중의 권익 옹호와 사회정의 구현에 힘써왔고, 어떤 상황에서나 좌절하지 않고 민족의 향방을 제시한 선구자였으며, 공사 간의 모든 생활에 정직하고 성실한 자세를 견지해 왔던" 한 인간 김철 '선생'의 생애와 사상을 살펴보았다. 그의 삶과 생각은 오늘날 사회적으로 빈부의 격차가 심화되고 민족적으로 분단을 극복해야 할 절체절명의 과제를 안고 있는 우리들에게 가장 가까이해야 하는 것이 아닐까 생각된다. 유엔의 경제제재와 미·중의 압박으로 남북이 모두 민족적 자존에 큰 상처를 받고 있는 상황에서, 이데올로기의 대결로 민족의 통일이 어떤 체제와 과정으로 이뤄질 것인가에 대하여 고민하고 있는 많은 민족 구성원들에게, '선생'의 삶과 사상은 진한 감동을 불러일으키고 민족의 장래에 대한 고상한 비전을 제시해 줄 것으로 믿는다.

3

김철의 경제·노동 사상

강수돌(고려대학교 명예교수)

1. 들어가는 말

당산 김철 선생은 '민주적 사회주의자'(이만열) 또는 '민족적 민주사회주의자'(한완상)로 불린다. 선생이 '민족·민주 사회주의자'가 된 배경엔 시대적 상황은 물론 주체적 고뇌가 있다.[1] 선생의 표현에 따르면 그는 '역사적 진실'에 충실하고자 했다. "나는 '역사적 진실'이라는 용어를 자주 씁니다. 역사적 제약 속에 우리가 있는 것이므로, 그 속에서 자기가 할 수 있는 최선을 다하는 것이 다름 아닌 역사적 진실입니다. 거기에 최대한 접근하자는 생각뿐입니다."[2] 선생이 말한 '역사적 진실'은 주어진 역사적·사회적 조건 속에서도 그 문제와 한계,

모순을 직시하고 분노나 저항과 더불어 대안을 만들고자 최선을 다하는 것이었다.[3]

선생이 태어난 것은 일제시대로, 민족의식이 유달랐던 조부로부터 강한 반일 민족주의 저항 정신을 물려받았다. 개인적으로는 문학에 관심이 있었으나 시대정신이 그의 사회적 시선을 확장시켰다. 해방 후 몽양 여운형[4]을 만난 뒤 그의 인품은 물론 그의 민족주의, 민주주의, 사회주의 사상으로부터 깊은 감화를 받았다. 선생이 최초로 문서의 형태로 사회적 발언을 시작한 것은 놀랍게도 만 22세(1948년 8월)에 출간한 『민족학생운동의 이념』이었다. 이 책에서 선생은 자본주의도, 공산주의도 지향점이 아님을 분명히 했다.

"지금 양 세력권의 세력자인 미·소 양국의 국가권력의 성격을 표시하는 자본주의적 민주주의와 전제주의적 공산주의는, 전자가 인민의 경제적 균형 번영을 보장함이 없이 자산가 아닌 절대다수의 민중에 대한 우심한 착취를 용인하는 것이라면, 후자는 인민의 정치적 자유 활동을 보장함이 없이 집권자 아닌 절대다수의 민중에 대한 가혹한 압제를 용인하는 것이다."[5]

선생이 '자유당' 활동을 한 것도 이런 경계심과 무관하진 않을 것이다. 하지만 한국전쟁 중이던 1952년엔 자유당 선전부 차장으로 일하던 도중, 선생은 곤혹스런 경험을 하기도 했다. 나름 자유당의 한계를 느낀 과정이었을 것이다. 그 뒤, 선생은 1953년엔 일본으로 건너가 사회주의인터내셔널(SI)이 1951년에 발표한 「프랑크푸르트선언」을 읽고 민주사회주의에 대한 확신을 점점 굳히게 된다. 1951년의 「프랑크푸르트선언」은 1917년의 레닌 등 볼셰비키에 의한 러시아혁명과 프롤레타리아독재도, 1930-40년대에 유럽을 휩쓴 파시즘 체제나 그 귀결인 제2차 세계대전에도 반대하는 '민주적 사회주의' 입장에서 이렇게 선언한다.

"'자유 없는 사회주의는 있을 수 없다. 사회주의는 민주주의를 통하여서만 성취될 수 있다. 민주주의는 사회주의를 통하여서만 완전히 실현될 수 있다.'[6] 민주적 사회주의는 민주주의와 사회주의라는 두 개의 상이한 개념을 타협시킨 이원적 혼성물이 아니다. 민주주의가 전면적으로 관철된 사회주의 또는 사회주의의 형태로서 최고의 발전을 이룬 민주주의를 우리는 민주적 사회주의라고 부른다."[7]

그런데 선생은 (1961년 5·16 직후 유럽으로 망명 후) 1963년 당시 일본에서 썼던 미발표 유고인 『새 역사의 구상』에서 "자본주의적 요소와 사회주의적 요소를 함께 계획경제에 포함하는 혼합경제 체제"를 요구한다고 썼다.[8] "그러나 단계적으로 사회주의의 실현을 지향하는 점에서 자본주의의 연명을 위한 혼합경제와는 본질을 달리한다."[9]

"이윤의 추구가 경제활동을 자극하는 적극적 작용을 하는 측면이 있고 사기업에만 관심을 가지는 외국자본이 있고 사기업과의 경쟁이 공기업 경영의 경직화를 면하게 하는 역할을 할 수도 있는 만큼 자본주의적 요소의 건전한 발전은 장려되어야 할 것이다. (…) 경제 건설의 주된 책임은 어디까지나 정부가 지고 사회주의적 요소로서의 공기업 및 협동경제 부문의 효율적인 발전을 통하여 이 막중한 책임을 다하여야 할 것이다."[10]

요컨대 당산 선생은 이미 1960년대 초에 건전한 자본주의의 발전과 건전한 사회주의의 발전이 결합될 경우 "국민 전체의 복지"가 구현될 수 있다고 보았다.

그 이후 선생의 주체적 고뇌 및 결단의 한 결과가 1957년 민주혁신당 창당 참여와 1961년과 1965년 통일사회당 (재)창당 참여로 나타났다. 1970년엔 통일사회당 대통령후보가 되는데, 그 직전에 나온 선거용 홍보자료엔 통일사회당이 지향하는 '5대 당면 과업'으로 경제정책이 나와 있다. 그 '5대 당면 과업'이란 자유, 반부패, 평등, 대외예속 배제, 민족 통일 준비 등인데, 그중 평등 추구와 관련된 내용이 선생의 경제·노동 사상을 엿보게 한다.

"매판적 독점재벌기업의 공영화, 재산 상속의 합리화, 국민 각계 각층의 소득 평균화, 교육과 의료의 우선적 사회보장, 공정한 누진세제, 재력이 정치적 진출을 좌우할 수 없게 하는 선거의 공영화 등을 통하여 사회·경제적 평등을 추구한다."[11]

이런 맥락 속에 선생은 한국의 민주사회주의 정당의 대표로서 국제적으로 이름을 알리면서도 대내적으로 조직의 틀을 다지고자 땀을 흘렸다. 박정희 군사통치하에서는 자연스럽게도 민주화 운동에 일

역을 담당했고 불가피하게 감시와 박해에 노출되었다. 1970년대엔 독일 사민당과 밀접한 교류를 했으며 특히 빌리 브란트(1913~1992)[12] 독일 수상(1969~1974년 재임)을 존경했다.

> "내가 본받을 사람은 역시 브란트인 것 같다. 부드럽고 크면서도 자기의 이상에 충실하려는 브란트. 그러한 브란트를 나는 존경한다. 그러면서도 오늘의 이 나라에 태어난 나는 브란트보다는 좀 민족주의적일 수밖에 없는 운명을 지녔다고나 할까."[13]

당산 선생은 1979년 4월에 양호민 선생으로부터 "(어느 공산당 지도자가) 사회민주주의자들은 자본주의의 관리인 구실은 할 수 있어도 자본주의의 변혁을 이룩할 수는 없다"고 한 말이 "사회주의자들에게 회의를 안겨준다"는 말을 들었다. 이에 선생은 "영국이나 서독의 경우를 놓고 볼 때 회의가 생길 수 있는 것은 사실이나, 스웨덴 사회민주당의 새 노선 같은 것에서 어떤 해답을 찾을 수 있지 않겠느냐"고 나름의 견해를 피력하기도 했다. 그러면서 선생은, "나는 '민주적 사회주의'는 참다운 '사회주의'여야 하며 그렇게 될 수 있다고 믿는다. 사상적으로 내 생각을 더욱 발전시켜야겠다"[14]며 개인적 고뇌를 보였다.

나는 이 글에서 자본주의와 공산주의의 양극단을 넘어 한국에 민주사회주의를 실현하고자 했던 당산 김철 선생의 사상 중에서도 경제 및 노동에 관한 내용을 집중 조명한다. 이를 위해 『당산 김철 전집』 총 5권(2000)을 중심으로 크게 두 방향으로 접근했다. 한편으로는 선생의 공식적 발언문을 중심으로 한 접근이었고, 다른 편으로는 선생의 비공식적 생활상을 살펴보는 접근 방식이었다. 공식적 발언문은 전집 1·2·4·5권에 나오는 논설문, 인터뷰나 대담, 사회주의인터내셔널 관련 문헌, 성명서 등을 중심으로 발췌하였고, 비공식적 생활상과 관련해서는 전집 3·4권에 나온 일기[15]나 인터뷰, 회고담을 중심으로 발췌했다.

2. 당산 김철의 경제사상

당산 김철의 경제사상을 한마디로 압축하면, '민족·민중경제론'이라 할 수 있다. 그 까닭은 일본제국주의 또는 식민주의가 초래한 모순은 물론, 해방 이후의 미국 내지 일본의 독점자본과 결탁한 매판자본이 초래한 모순 모두를 극복해야 한다고 보는 시각을 갖고 있기 때문이다. 이러한 입장은 박현채 선생(1934~1995)의 『민족경제론』[16]과 상당히 닮아 있고, 실제로 당산의 일기에서도 그 흔적이 드러난다.

《한가람》 3월호에 실린 박현채 선생의 「국민경제: 그 당위와 현실」이라는 논문을 읽었다. 퍽 좋은 글이다. 자급경제는 불가능하더라도 최대한 거기에 접근해야 할 것이고 대외의존도, 특히 국민경제의 대일 의존도가 높으면 민족 통일을 위한 자결에 제약받을 것을 나는 걱정한다."[17]

그런데 선생은 '민주사회주의자'로서 기본적으로 자본주의 체제를 거부하지만 공산주의 체제도 거부하며, 나아가 제국주의 또는 식민주의도 거부했다.

"민주사회주의라는 대안이 없는 경우, 한국 국민은 어쩔 수 없이 공산주의를 남아 있는 유일한 대안으로 직시할 수밖에 없는 상황에 처하게 될 것이다. 때문에 민주사회주의 세력의 성장이 절실히 요구된다는 점은 아무리 강조해도 지나치지 않다."[18]

특히 선생은 민주주의와 사회주의를 결합한 민주사회주의는 공산주의와는 확실한 선을 그어야 함을 누차 강조한다. 프롤레타리아독재가 아니라 '의회민주주의'를 통해 노동자계급이 주도하는 사회 변화를 이끌어내야 한다는 입장이었다.

"사회민주주의 운동은 공산주의가 주장하는 혁명이론, 즉 프롤레타리아독재의 방식을 부정하고 의회주의를 통해 민주주의 원리를 사회·경제적 영역으로 확대해 가면서 노동자계급이 국가권력을 획득하여 점진적으로 스스로의 전면적 해방을 가져올 사회주의를 실현할 것을 지향하는 운동입니다."[19] "개인의 창의를 존중하면서 경제에 계획성을 도입하려는 것이며 (…)."[20]

1961년에 창당되었다가 쿠데타로 해체된 뒤 1965년에 재창당된 통일사회당 경제정책 분야엔 다음과 같은 내용들이 들어 있다. "내포적 공업화, 기간산업 국공유화, 선택적 외자 도입, 중소기업 자금 투입, 식량 자급, 농민 자주 협동 경영, 밀수 단속, 공해 방지, 진보 세제와 소득 재분배, 부의 평준화, 도시버스 공영화, 민족경제 계획."[21] 또 1981년에 창당된 사회당의 경제정책은 "노동, 창의, 자율 생산 존중, 신협과 생협 활성화, 소유와 경영 분리, 이자 추구는 민유공영(民有公營), 이윤추구 기업에 누진세와 자본세, 농업협동화, 경자유전원칙, 자급자족, 재정 투융자 합리화, 이중곡가제, 외자도입 선별적 순위 조정."[22]

여기서 특기할 만한 점은, 선생이 공산주의 세력이나 제국주의 세력을 막아내기 위해 현실 정치에서는 자본주의 세력과의 제휴도 가능하다는, '유연한' 입장을 갖고 있었다는 점이다.

"민주적 사회주의자들은 자본주의 체제를 함께 거부하지마는, 현실의 정치 국면에서는 때로는 공산주의 세력의 침략이나 파괴 활동의 위협에 대항할 필요상 내외 자본주의 세력과도 제휴한다. 대외적으로 제휴할 때 국제관계에 있어서 이미 국가이익이 침해될 염려가 없는 유럽 선진국들의 사이 같으면 민족주의가 특별히 강조되지는 않을 터이나 우리의 경우에는 이러한 제휴를 할 때에도 항상 제국주의며 식민주의를 문제 삼지 않으면 안 될 이유가 있다."[23]

이러한 선생의 민족주의 성향은 「독립선언서」에 대한 유감을 표하는 일기 속에서도 드러난다. 특히 그는 저항적 민족주의의 측면, 나아가 암울한 억압과 수탈의 상황 속에서도 결코 굴하지 않고 분연히 일어섰던 민중의 항쟁이라는 주체적 측면의 부각을 중시한 듯하다.

"(3·1 운동 60주년을 맞아 글을 쓰기 위해) 「독립선언서」를 세 번 읽
었다. 대문장이다. 민족의 발언이고. 거시적 서술은 좋은데 너무 '문
장적'이라고 할까 좀 아쉬운 점도 없지 않았다. 또 왜 일제의 경제적
수탈에 관해 그동안의 민족의 항쟁에 관해 직접적으로 언급하는 대
목이 없을까."[24]

이러한 민족적, 민중적 이해관계라는 기본 바탕 위에서 당산 선생
은 당시 한국 경제가 외형적 성장에도 불구하고 속으로는 민중의 희
생을 강요하고 있음을 지적한다. 즉, 공식적인 경제성장 지표들은 괄
목할 만한 수치를 드러냄에도 실제 대중들의 생활상은 비참하기 그지
없는 그런 모순, 다시 말해 농민이나 노동자, 빈민 등 근로대중들의 희
생을 토대로 한 경제성장을 날카롭게 비판한다. 일례로, 그는 5·16 쿠
데타 이후의 경제에 대하여 이렇게 요약한다.

"5·16 이후의 한국 경제사는 외국의 독점자본과 결탁한 새로운
한국형 매판적 독과점자본의 형성 과정이었다고 기록해야 할 것이
고, 사회학적인 측면에서는 농민과 노동 대중의 수탈에 의한 한국형
매판적 독점자본 계층의 성립 과정이었다고 집약적으로 표현할 수
있을 것이다."[25]

선생이 제시하고 있는 그 판단의 근거는 무엇인가? 우선 GNP라는
도구에 의거할 때, (1965년 불변시장가격 기준으로) 1960년에 2.3% 성
장, 62년엔 3.5%, 63년 9.1%, 66년 13.4%, 68년에 13.1%의 고도성장

을 달성했다. 즉, 1961년에 6,136억 원이던 GNP가 68년엔 11,254억 원으로, 약 84%가 증가했다. 경제 총규모가 7년 동안 거의 두 배로 커진 셈이다.[26] 반면, 국민소득 분배는 지극히 불균등했다. 예컨대, 피용자 보수(임금소득)는 1960년 37.2%, 61년엔 34.1%, 64년 28.4%로 계속 줄었다. 그러다가 67년엔 37.1%로 다시 늘었다. 61년부터 67년까지 평균 32.9%로, 60년보다 못한 수준이었다. 농민소득 또한 1961년 37.8%이던 것이 66년 33.1%, 67년 28.2%로 계속 감소했다.[27]

선생은 제2차 세계대전 이후에 동일한 미국의 지원(마셜플랜)을 받은 서독이나 일본이 폐허로부터 충실한 재건을 이룬 데 반해, 남한에서는 "해방 후 20년을 경과하였건마는 그간의 미국 원조의 액수를 무색하게 할 만큼 자립적 공업화 기반의 구축과는 거리가 먼 상태에 있으며, 도리어 최근에는 일본과의 국교 재개를 계기로 일본 경제력의 신식민주의적인 진출에 이 나라를 내어맡기고 있는 형편"[28]이라고 개탄했다. 그것은 남한에서 친일 잔재가 제대로 청산되지 않아 "부패된 이권 경제"가 창궐하여 "협잡이나 매수" 수법이 뛰어난 자가 성공할 수 있는 풍토가 조성되었기 때문이며, 따라서 "외국자본의 앞잡이로 매판화"되기 쉬운 "비국민적 정상(政商)의 무리"[29]가 양산되었기 때문이다. "완전한 외국의 시장과 자본, 자원에 의존하는 경제구조가 되어버린 것이다."[30]

"그러므로 이 나라의 대다수 국민은 이와 같은 자본주의 체제를 도저히 지지할 수 없다. 국민 대중은 급속한 공업화를 성취하고 우리 모두가 복지를 누리며 잘살 수 있는 새로운 체제를 갈망한다."[31]

이러한 반민중적 정치경제 현실은 선생이 1977년 12월에 사회주의 인터내셔널(SI) 지도자 국제회의에 가서 행한 연설에서도 날카롭게 비판되고 있다.

"대통령 긴급조치 때문에 학생, 종교인, 노동자나 반정부지도자의 민주적인 활동이 억압당하고 있다. 농민·노동자는 고물가·저임금·저미가에 허덕이고 있다. 국방과 경제성장 우선의 명분 아래, 노동자의 기본적인 단결권·교섭권·파업권은 사실상 박탈당하고 있다. 박정희 정권은 박동선 사건[32]에서는 수백만 달러를 낭비하여 미국과 전 세계 우방들의 불신과 적의를 사고 있다. 이러한 돈이 학교·병원 건설이나 실업 대책에 쓰였다면 현 정권은 대중의 신뢰를 얻을 수 있었을 것이고, 이것이야말로 백만 대군보다 더 값진 것일 것이다."[33]

선생의 사회경제 시스템에 관한 비판적 사회의식은 따뜻한 일상 의식에서도 그대로 반영되어 나타났다. 선생의 일기장엔, "향미 아범이 집에" 와서 "가톨릭농민회의 정군을 만났다"고 하길래 "앞으로 농민회 운동에 적극적인 관심을 가지도록 권면"했다. "농업경제 현장의 여러 문제" 그중에서도 "양곡 수매관들의 방자와 횡포며 농협운동의 관료적 강제성의 폐단" 등을 듣고 마음 아파했다.[34]

그리고 선생은 민주사회주의자로서 스스로 검소하게 살면서도 더 어려운 이들에 대한 애정을 잃지 않았다.

"집에 들어오면서 사무실 밑에서 리어카 장사를 벌이고 있는 학생들에게서 쥐포를 사서 그들에게도 나누어주고 집에 가지고 들어오기도 하였다."[35]

당산 선생 스스로도 시대적, 사회적 상황 탓이었지만 진보·혁신적 정치운동의 중심에 섰으면서도 언론에 별 조명도 받지 못했고, 나아가 때때로 돈을 아끼기 위해 점심 식사조차 거르는 경우도 잦았다.

"군사독재 30년 동안 아버지는 한국의 언론에서 거의 철저하게 소외돼 있던 분이었다. 대의를 위해서 당신의 모든 것을 내던졌음에도 불구하고 누구 한 사람(자식인 나[김한길]까지 포함해서) 내놓고 꽃다발 한번 제대로 안겨드리지 않았던 외로운 분이었다. 게다가, 정말이지 게다가, 빈소에 하루 동안 모인 조의금은 아버지가 아마도 평생 동안 벌어보지 못한 액수일 것이다. 한동안은 돈을 아끼기 위해서 점심 식사를 생략하고 사무실에 앉아 계셨다는 당신에게 생전에 그만한 돈을 드렸다면 얼마나 더 큰일을 하셨을까 하고 생각하면 나는 울컥 북받치는 울음을 참아낼 도리가 없었다."[36]

이러한 민중의 생활상과는 대조적으로 1960년대 내내 한국 자본의 축적 규모는 갈수록 증가했으며, 그것도 소수 독점자본 아래로 들어갔다. "1961년부터 68년까지 한국 경제가 산출해 낸 생산수단(고정자본)의 총규모를 보면 65년 불변시장가격으로 무려 1조 2,804억 원에 달하고 있는데, 이 중에는 물론 정부 소유도 있지만 그 대부분이 소수의 자본 계층에 의하여 소유되고 있거나 지배를 받고 있다."[37] 좀 더

구체적으로, 1968년의 경우 GNP는 1조 1,254억 원인데 그중 28%인 3,101억 원이 고정자본으로 축적되었다. 그리고 그중 67.7%인 2,100억 원이 극소수 민간자본가들에게 돌아갔다. 즉, 1968년 GNP의 약 19%를 국민 전체의 1%도 안 되는 특권층이 지배하게 된 것이다.[38]

"700만 근로자들이여! 공허하게 울려 퍼지는 저 소리를 듣습니까? 100억 달러 수출이요, 1천 달러 국민소득이요, 7억 달러 탑이요, 2,700 순이익이요, 하고 떠들썩합니다만, 월 3만 원도 못 되는 기아 임금에 허덕이는 전체 근로자의 74.9%나 되는 초저임금 근로자들도 함께 덩달아 박수를 쳐야 합니까."[39]

이러한 수치들은, 한국은행 자료에 따를 때, 2008~2013년 사이의 가계소득증가율이 26.5%에 그쳤음에 비해 기업소득증가율은 80.4%인 현실과 크게 다르지 않다.[40] 또, 「경제동향 & 이슈」에 따르면, 기업들의 사내유보금, 즉 순이윤의 축적량이 1990년의 26.3조 원 수준에서 2012년엔 762.4조 원으로, 즉, 29배 증가했다. 이는 다시 10년 뒤 2022년에 1,000조를 넘어섰다.[41] 반면, 한국은행이 2024년 6월에 처음 공개한 2000~2023년의 1인당 실질구매력 PGDI(Personal Gross Disposable Income) 자료를 보면, 2023년 2,301만 원으로 2022년 대비 1.2% 감소했다. 이러한 구매력 감소는 글로벌 금융위기 직후인 2009년(-0.4%) 이후 처음이다.[42] 요컨대, 2023년 한국의 국내총생산은 2,200조 원 규모로 급성장할 정도로 세계 10~15대 경제력을 달성했으나, 그 분배 측면에서의 불평등, 불균형, 양극화 기조는 1960년대 이후 불변 또는 심화라 해야 옳다. 즉, 1960년대 '개발독재' 시절에 형성된 한국 경제의 '상후하박식' 분배 구조는 60년 이상 흐른 지금에도 큰 변화 없는 경로의존성을 보인다.

이렇게 한국 경제는 1960년대 초에 1인당 국민소득이 약 80달러였음에 비해 60년 동안의 경제성장 결과 2023년 말 3만 3천 달러로 그 규모가 400배 이상 증가했다. 그러나 부의 분배는 균등하게 되지 않고 사회경제적 양극화가 진전됨에 따라 사람들은 행복감보다 스트레스를 더 많이 느끼는 것이 현실이다. 실제로 유엔의 「세계행복보고서」에 따를 때, 2022년 한국인의 행복도는 경제협력개발기구(OECD) 회원 38개국 가운데 뒤에서 4번째였다.[43]

여기서 굳이 '파이 이론'의 관점을 빌려 이야기하자면, 예나 지금이나 한국의 사회경제 시스템은 파이의 크기(size of pie)를 키우기에만 신경을 써왔다. 반면, 그 파이의 분배(share of pie) 측면이나 한 걸음 더 나아가 파이의 원천(source of pie) 측면에는 별로 큰 관심을 기울이지 않았다.[44] 특히 파이가 만들어지는 원천을 세밀히 들여다보면, 장시간 노동, 저임금, 농촌 해체, 농업 축소, 개성 말살, 인권 억압, 여성 억압, 저학력자 차별, 비정규직 차별, 노조 탄압, 환경 파괴 등이 지난 50~60년간 상존해 왔음을 알 수 있다. 물론 1987년 '노동자 대투쟁' 이후 대기업 또는 공기업 남성 정규직 노동자들은 민주노조운동에 힘입어 노동조건 및 생활조건의 개선을 상당 정도 이뤄냈으나, 여전히 대다수 노동자들은 차별과 억압에 시달리는 형국이다. 아직도 사회 전반에서 노동의 민주적 조직화와 그에 기초한 체계적 저항은 정치경제적 기득권세력에 의해 철저히 억압된다. 이러한 문제는

1960-70년대를 치열하게 살았던 당산 김철 선생도 이미 당시에 잘 간파하고 있었다.

"우리나라 경제의 가장 큰 취약점은 노동조합을 제대로 받아들이지 않는 것입니다. 일본과 우리의 제일 큰 차이도 바로 그것이에요. 우리 기업인들의 노조에 대한 인식은 제2차 세계대전 전의 그것과 같은 게 현실입니다. 일본을 보세요. 맥아더 사령부의 재벌해체 과정에서 기업주들도 어쩔 수 없는 여건으로 노조를 받아들이고, 그 대신 기술혁신과 경영합리화에 주력해서 오늘날의 번영을 가져왔거든요. (…) 우리는 기술혁신이나 경영합리화에는 힘쓰지 않고 노동력만 짜내려고 합니다. 우리도 자본주의 민주국가에서 이루어지고 있는, 특별히 과격하지 않은 노동운동이 허락된다면 경제 체질은 더 강화되고 개선될 것입니다."[45]

게다가 선생은 한국 경제가 1960년대에 이어 1970년대를 지나면서도 여전히 친일 세력들이 잔존하는 등 자주적이고 민주적인 리더십이 확립되지 못한 현실에 상당한 불만을 가졌다. 그러한 불만은 일기장에도 표현되었다.

"(1978년 12월) 신문은 요란스럽게 개각에 대하여 썼다. 요란스럽게 굴 것은 하나도 없다. 그래서 더욱 요란스럽게 쓰게 하는지도 모르지. 그들이 그들이 아닌가. 신현확이라는 사람이 경제기획원 담당 부총리가 되었다는 것이 다소 주목할 만한 점이라 하겠는데 그가 일제 때에 소위 고등 문관시험에 붙어 일제 관리를 지낸 경력을 가진 위인이고 보면 좋게 말하여 무색 관료요, 나쁘게 말하자면 역사의 발전 도정에서 벌써 도태시켰어야 할 부류의 사람인 것인데 (…)."[46]

친일 세력 또는 모든 매판 세력이 청산되지 않은 상태에서, 또 노동자들의 자율적 조직인 노조를 배제하고 억압한 바탕 위에서 진행된 경제성장의 결과는 암울한 사회경제적 지표로 드러난다. 대표적으로, 오늘날 한국은 OECD 여러 나라들과 비교할 때 부정적 의미에서 1등 하는 항목들이 많다. 예컨대, 자살률(세계 1위이기도 함), 강간율 1위, 노인 빈곤율 1위, 흡연율 1위, 음주율 2위, 이혼율 3위, 음주 교통 사고율 1위, 사기 범죄율 1위, 고아 수출 1위(세계 1위), 노동시간 1위, 위암 발생률 1위, 간암 사망률 1위, 당뇨병 사망률 1위, (스트레스에 의한) 40대 남자 사망률 1위(세계 1위), 사교육비 1위, 산재 사망률 1위, 빈부 격차율 1위(세계 1위), 저임금 노동자 비율 1위, 국민소득 대비 부동산 값 1위 등 일일이 기억하기 어려울 정도다.[47]

이러한 현실은 1961년 통일사회당에 이어 1981년 사회당을 창당한 당산 김철이 "인간이 스스로의 존엄과 품위를 지켜 주체적으로 삶을 선택하여 살아갈 수 있도록 기존의 사회체제는 단계적으로 변혁되어야 할 것입니다"[48]라고 했거나 토지문제와 관련해 "도시의 택지나 농토를 포함하여 토지의 공개념을 도입하지 않을 수 없는 실정"[49]이라고 보았던 관점[50]이 결코 틀리지 않았음을 방증한다.

한편, 선생은 1985년에 창당된 사회민주당의 위원장으로서 새로운 경제정책의 기본틀을 다시 짜기 위해 노동운동 지도자, 기업가 대표,

과학기술자, 경제관료, 경제학자, 정치 지도자까지 함께하는 '경제평의회'를 제의했다.

"이 평의회에서는 자율적인 노동조합은 노동자에 대한 사용자의 부당한 처우에는 대항하겠지만, 내부에 대항 세력을 가진 사용자는 온갖 경영상의 애로를 노동자의 저임금으로 해결하려는 낙후된 생각을 버리게 되고, 일터의 분위기가 개선됨으로써 노동생산성은 높아지고 사용자는 경영합리화에 힘쓰게 되어 기업 체질은 강화되며 해외시장에서 소셜 덤핑의 시비도 일어나지 않게 되어 기업에게도 유리하다는 노동자 측의 소리도 받아들여질 수 있을 것입니다."[51]

최근에 확인되는 암울한 사회경제적 지표들은, 사실상 해방 이후 지금까지 우리의 사회경제 시스템이 건전하게 발전하기보다는 갈수록 심각한 병리에 빠져든 결과이기도 하다. 이미 객관적 통계들이 이를 증명한다. 예컨대, 2014년 최다 주택소유자 1인이 무려 2,300여 채를 가진 상태에서[52] 국민의 약 50%가 세입자인 사실,[53] 내 집의 80%가 담보대출, 가계의 95%가 빚쟁이인 현실,[54] 2천만 노동자 중 약 55%가 비정규직으로 고용불안을 경험하며 대부분 장시간 노동이나 일중독 속에 심신의 피로가 누적되어 있는 현실, 2023년 대한민국 국내총생산(GDP) 규모 약 2,200조, 100대 재벌 자산 규모 3,000조 돌파, 그중 10대 재벌 자산 1,983조(100대 재벌 자산의 65%) 돌파[55] 등의 현실이 바로 그것이다.

이제 우리는 당산 선생의 문제의식을 이어받아, 앞서 나온 여러 사회
경제적 지표를 종합적으로 표현해 줄 '한국 경제 70년 결산 보고서'를
하나 만들어봄 직하다. 즉, 2024년 우리나라 가계부채는 2,000조 원
규모이고, 정부 부채 및 공기업 부채 등 공공부채도 2,000조 원에 육
박한다. 반면, 부자들이 해외에 도피한 재산이 1,000조 이상, 기업들
이나 대학들이 사내유보금 또는 적립금으로 보유한 재산이 1,000조
원을 훨씬 넘었다. 게다가 10년 전 한국 경제학자들이 한국의 국민소
득 대비 자본총량(토지, 건물, 설비, 부품, 원료 등 자산 및 현금 자본의 합)
을 계산해 보니, 한국의 자본 총량이 국민소득(약 1,200조 원)의 7배
로 나왔다.[56] 이러한 현실은 무엇을 말하는가? 한마디로 '불평등의
세습화'가 우리 현실이 되고 말았다.

이 모든 지표들에 토대할 때, 우리는 해방 후 대한민국 80년 또는
경제개발계획 후 60년이란 기간을 어떻게 평가할 수 있을까? 그동
안 우리는 경제성장의 과실이 위로부터 아래로 흘러내리는 '트리클
다운(trickle-down) 효과'가 나타날 것이라 믿어왔다. 정확하게는, 그
렇게 믿도록 강요받아 왔다. 하지만 객관적으로 드러난 현실은 오히
려 정반대다. 즉, 사회의 아래쪽에서 일하는 농민, 노동자, 서민, 이주
민, 청년 학생 등이 흘린 피와 땀과 눈물이 계속해서 위로 뽑혀 올라
가는 '펌핑 업(pumping-up) 효과'가 지속적으로 누적되어 왔다.[57] 그
결과, 빈부격차 등 사회경제적 양극화는 물론, 서울 강남 일대의 싱크
홀(sink hole) 현상이 상징하듯 사회 구석구석에 '사회경제적 싱크홀'들
이 너무나 많이 생겨, 최근만 해도 용산 철거민 사태, 쌍용자동차 정
리해고 사태, 한진중공업 정리해고 사태, 강정 해군기지 사태, 밀양

송전탑 사태, 거듭되는 핵발전소 사고, 경주 마우리나 리조트 참사, 세월호 참사, 이태원 참사, 채수근 해병 사망, 그리고 하루가 멀다 하고 터지는 산재사고나 갈수록 심각한 기후·생태 위기 징후처럼 거대한 '재난 사회'로 변모하고 있다. 이를 앞의 '파이 이론'에 빗대면, 우리는 지난 60년간 '파이의 크기'만 중시하는 '성장 중독증'에 빠진 나머지, 미처 '파이의 분배'나 '파이의 원천'을 생각할 틈도 갖지 못했으며, 그 결과 '사회경제적 싱크홀'이 온 사회를 강타하고 있다.

3. 당산 김철의 노동 사상

민주주의와 사회주의의 결합으로서의 민주사회주의를 한국이 나아가야 할 이념적 지향이라고 본 당산 김철 선생은 '노동'을 어떤 관점에서 보았는가? 그에게 노동은 생계 수단이자 삶의 활기요, 복지사회의 토대였다.

"오늘날 우리 사회에서는 근로의 의욕을 가지면서도 경작할 농사며 기업할 자금이며 취직할 일자리가 없어 근로의 기회를 얻지 못하고 있는 사람들이 많은바 무엇보다도 불행한 것은 이러한 상태가 어느덧 사람을 나태하게 만든다는 사실입니다. (…) 우리는 어떠한 경우에도 근로하도록 힘써야 하며, 우리의 복지가 근로의 결실로서 성취된다는 것을 잊지 말아야 합니다."[58] "노동은 (…) 모든 생산과 창조의 원천이요, 사회발전의 원동력 (…)."[59]

1961년에 창당되었다가 5·16 쿠데타로 해체된 뒤 1965년에 재창당된 통일사회당 노동·복지정책 분야엔 다음과 같은 내용이 있다. "노동법 전면 개폐, 노동자 농민 단체 정당 가입 보장, 8시간 노동제, 최저임금제, 부녀·연소 노동 보호, 유급 휴가제, 부당노동행위 엄벌, 국영기업 노동자 경영 참여, 노동금고, 완전고용 및 실업보험, 사회보장, 의료보험, 공영 임대주택 건설."[60] 또, 1981년에 창당된 사회당의 노동정책도 유사하다. "노조의 자주적 활동, 노동자의 경영 참여, 산별 노조 체계화, 최저임금제, 근로기준법 강화."[61]

이런 맥락에서 국가의 존립 이유 중 하나도 일하고 싶은 대중들에게 '근로의 기회'를 만들어주는 것이다. 당산 김철 선생은 '민주사회주의자'로서 당연하게도 노동자, 농민, 실업자가 인간답게 살 수 있는 사회를 열망했다. 1971년 통일사회당 대통령후보로 나서기 전에 나온 선거용 책자에서 선생은 각계각층을 향해 호소한다.

"실업자들이여, 일할 능력과 의욕이 있으면서 일터를 찾을 수 없을 때 그 책임은 누구에게 물어야 하겠는가. 통일사회당은 실업자들이 국가에 대하여 각각의 기능에 알맞은 일터를 요구할 권리가 있고 국가는 계획을 세워 공장이나 그 밖에 일터를 마련해야 한다고 주장한다."[62]

"사회민주주의는 노동의 가치보다 재산의 소유를 중시하는 사회적 관념을 거부한다. 또한 육체적 노동과 정신적 노동 간에 어떠한 사회적 가치의 차이도 인정할 수 없다. 사회민주주의는 노동의 과정과 결과에서 소외된 노예노동이 아니라 자발적으로 참여하며 그 열매를 같이 누릴 수 있는 자유로운 노동을 주장한다."[63] "노동은 소외된 행동으로서가 아니라, 자유로운 참여와 그 결실을 정당하게 같이 누릴 수 있는 것이 보장됨으로써 보람을 주게 된다."[64]

같은 맥락에서 노동자들, 그리고 여성들에 대한 호소를 보자.

"근로자들이여, 대부분의 서구 선진국가에서는 이미 자본가들이 국가를 주도하던 시대는 지나고 근로조합에 가입된 근로자들이 혁신정당에 뭉쳐 국가를 주도하는 새 시대에 들어갔는데, 한국의 실정은 너무나 가혹하지 않은가. 정부는 외국자본이 투자된 기업체에서는 쟁의조차 못하게 하는 날치기 입법까지 하는 판국이다. 한국의 근로자들도 크게 분기하여 혁신정당인 통일사회당에 굳게 뭉쳐 조국의 국가 생활을 주도하자."[65]

"여성들이여, 여성들도 자기의 소질과 기능에 따라 나라의 정치며 공공단체나 직장에 진출하여 남성과 아무 차별 없이 활약할 수 있고 (…)."[66]

선생은 1970년 11월, 22세의 청년 전태일이 "내 죽음을 헛되이 하지 말라"며 열악한 노동현실에 분신자살로 항거하자 당시 통일사회당 대선후보로서 이는 '전 체제 부패화'의 결과라며 다음과 같은 글을 발표한다.

"(…) 이 나라 지배층 여러 사람의 향락 도구의 구실을 하여오던 한 여인이 무참히 암살된 사건, 도둑촌 이야기, 날림공사의 와우아

파트가 쓰러져 많은 시민이 생명을 잃은 참사 등 (…) 고속도로에서 버스가 뒤집히고 수학여행하는 학생들의 버스가 열차에 부딪혀 타 버리고, 역시 수학여행하는 학생들을 태운 열차가 화물차와 충돌하여 박살이 나고, 호수에서 또 바다에서 적재 규정을 어긴 배가 몇 번 뒤집히고, 캠핑하던 학생들이 사살을 당하고 (…) 탄광이 무너지고 하는 등 (…) 이것은 우연한 일들이 아니다. 이 하나하나의 일들이 이 나라 오늘의 독재 지배체제의 '전 체제 부패화'를 드러낸 증거물이 아닐 수 없다. (…) 이와 같은 '전 체제 부패화' 속에서 아주 버려진 밑바닥의 근로자들의 노동조건을 개선하려고 안간힘을 쓰다가 분신자살한 것이 고 전태일 군이었다. (…) 전 군의 죽음은 비단 평화시장 근로자들을 위한 죽음에 그치는 것이 아니라 '전 체제 부패화'로 냉혹한 부조리를 강제하는 이 나라 오늘의 지배체제에 대한 최대의 항의였던 것이다."[67]

노동자들이 타성이나 두려움을 떨치고 일어나 노동조합이나 혁신 정당과 함께 민주복지 국가를 건설하는 주체가 되어야 한다고 보고 있다. 이런 관점에서 보면, 유신독재를 기반으로 하는 박정희식 경제 개발은 노동자를 객체화하고 억압하는 '가족주의적·온정주의적 노사관계'를 필요로 하고 있었다고 볼 수 있다.

"(약 3시간에 걸친 대통령 연두 기자회견에서) 노사관계에 대해 가족주의적·온정주의적 노사관계를 배타적으로 이상화하는 발언"이 있었는데, "그 맥락으로 봐서 노동운동에 대해선 명시적인 부정적 언급은 없었지만 적어도 권장하지 않는 태도였다."[68]

그래서 선생은 외친다. "사실상 근로자들의 더 한층의 희생만을 강요하는 노사 협조는 이제 반납할 때가 되었으며 가족주의적 온정으로 근로자들의 기본권을 대신할 수도 없는 일입니다. 근로자들의 지위 개선은 권력의 시혜로서 주어지는 것이 아니라, 근로자들의 단결된 행동으로 쟁취하여야 합니다."[69]

1981년에 혁신정당인 사회당을 창당한 배경과 그 이념을 밝히는 대목에서 선생은 이렇게 말한다.

"우리 사회당은 진정한 자유와 평등, 연대와 평화가 자리하는 사회, 즉 민주적 사회주의 사회를 건설하려는 뜻에서 창당되었습니다."[70]

그는 이어 말했다. "현 시대를 살고 있는 우리에게 주어진 과업은 참다운 민주복지 사회의 건설과 민족 통일의 성취입니다. 이 과업을 달성키 위해 우리 당은 근 1천만 명에 이르는 산업노동자 계층을 주축으로 그간 소외되어 왔던 계층인 농어민·중소상공인·여성·학생 및 양심적 지식인층의 정치적 이해를 대변하여 국정에 반영되도록 할 것입니다."[71]

같은 맥락에서 선생은 "노동자, 농민 그리고 도시 빈민들이 제대로 나라의 주인공 노릇을 할 수 있도록 모든 노력을 다할 것입니다"[72]라며 그러한 사회 변화의 과정에서 자신의 개인적 희생 내지 헌신을 할 각오도 다지고 있었다.[73]

물론 민중을 주체로 하는 사회변혁의 꿈을 가졌다 하더라도, 선생은 결코 주·객관적 상황을 과대 또는 과소 평가하지 않았다.

"우리가 창당 이후 근로자 속에 뛰어들지 못하고 있는 건 인정합니다. 그러나 간판이나 걸어놓자고 이 일을 시작한 건 아니라는 것도 사실입니다. 아직은 힘이 없으나, 시간이 흐르는 가운데, 근로자들이 이 사람들이 우리를 위해서 일하는 사람이라는 확신을 갖게 될 것이고, 그렇지 않다면 이러고 있을 필요가 없습니다."[74]

선생은 정당 활동 및 세계 사회주의자들과의 연대 활동을 열심히 하면서도 집필 활동과 연구 활동을 부지런히 병행했다. 민주사회주의의 구현을 위해서는 노동운동사 및 노동운동에 관해 부단히 고뇌할 수밖에 없었던 것이다.

"오늘은 일제하에서의 노동계급의 형성과정, 노동 문제 및 노동운동에 관해 상당한 분량의 독서를 할 수 있었다. 책을 읽을수록 보람을 느끼고 그동안에 너무 책 읽는 시간을 가지지 못했던 것이 후회스럽다. 근로자 시민대학, 노동백서, 실효 있는 노동단체 등에 관해 많은 궁리도 하여보았다. 당이 근로자 속에 넓고 튼튼한 기반을 구축할 과업에 점점 자신이 확고해지는 것을 느낀다."[75]

게다가 박정희식 개발독재 시대는 경찰, 검찰, 중앙정보부 등 다양한 권력 기구의 감시 및 처벌 기제와 더불어 온 국민을 마치 일제 때처럼 두려움에 떨게 했다. 대표적인 예가, 자본이나 권력에 비판적인 이들을 '좌경용공'시 하는 태도인데, 사법부 역시 법과 정의의 수호자라기보다 권력의 하수인 역할을 자임하고 있었던 것이다.

"정효순 동지(당시 50대)[76]의 공판에 나갔다. (…) 윤길중 선생은 변호사로서 '근로대중의 복지를 추구하는 혁신정당인 통일사회당을 용공시하여 당국이 처리하고 있다는 인상이 짙다'면서 피고의 무죄를 주장하였다."[77]

이런 면에서, 선생은 노동자와 농민 등 민중 개개인이 명확한 사회의식으로 깨어나고 또 민주적 노동운동이 강력히 발전하는 것은, 단순히 가난하고 불쌍한 노동자들에 대한 연민의 정이 아니라 정치경제적 민주주의를 바로 세우는 역사적 과업임을 통찰하고 있었다.

"민주주의가 제대로 발전되려면 노조운동이 강력히 발전되어야하고 노조운동이 강력히 발전되려면 노조간부 선거부정으로 타락간부—노동귀족들이 판을 치는 사태에 종지부를 찍을 수 있어야한다. 황지 사건[78]은 하나의 길을 튼 것이다."[79]

이미 선생은 노동운동과 같은 풀뿌리 민중의 압력이 없다면 자본주의는 탐욕과 독점, 공황, 전쟁 등 파괴적 방향으로 치달을 것임을 잘 내다보고 있었다. 즉, 자본주의를 보다 인간적으로 "변모"시키거나 선생이 지향하는 민주사회주의를 구현하기 위해서라도 민주적인 노동운동은 필수적이었다.

"자본주의는 끊임없는 과학, 기술의 발전과 더불어 생산력을 비약
적으로 확대하여 왔지만 탐욕한 자본주의의 논리는 노동자의 착취
와 기업의 독점화의 길을 걷게 되고 마침내 독점자본의 세력은 국
가의 힘을 배경으로 삼기에 이르러 밖으로는 제국주의를 강행하기
를 서슴지 않았던 것이다. 그리하여 이에 대항하기 위한 노동운동
및 식민지 제 민족들의 민족해방운동이 일어나게 되고 (…) 이와 같
은 가열한 상충적 과정을 통하여 자본주의는 어느 정도까지 변모하
게 된 것이다."[80]

이런 맥락에서 선생은 1978년 동일방직 노조 민주화 투쟁도 여성
노동자들에 대한 따뜻한 시선과 더불어 정치경제 민주화의 관점으로
살피고 있다.

"인천 동일방직의 노조 분규는 주목할 만한 사건이다.[81] 노조 지
부 가운데는 지금의 온갖 어려운 조건 속에서도 근로자들의 정당한
요구를 실현하기 위하여 피눈물 나는 노력을 하고 있는 데가 없지 않
은 것이다. 이런 데서는 회사 측에서 결사적으로 노조 지부 간부들을
몰아내고 회사 측의 어용 간부로 바꾸려고 수단과 방법을 가리지 않
는다. 회사가 권력을 이용하는 것까지는 불가피한 일이라고 쳐도 문제
는 거기에 그치지 않는다. 노조 본부의 부패 간부들이 회사 측과 공모
하여 가세하니 말이다. 기어이 이 상황을 극복하여야 하겠다."[82]

사실, 당산 선생이 꿈꾸던 민주사회주의는 깨어난 노동자 및 농민 등 노동 대중의 조직된 힘이 없이는 구현되기 힘들다. 그런데 당시 한국에서는 1946년 3월에 결성되어 현존하는 '한국노총(FKTU)'이 유일한 전국 노동자 조직이었다. 이 한국노총은 1946년에 생길 때부터 '태생적 한계'가 있었다. 그것은 당시 맹위를 떨치던 좌익계 진보 노동자 조직인 '전평(전국노동조합평의회)'을 깨기 위해 우익 지배층이 곳곳의 깡패들을 동원하여 인위적으로 만든 조직이었다.[83] 물론 당산 선생이 1978년에 경험한 한국노총은 그보다는 훨씬 온건하고 합리적인 노조로 변화한 상태였으나, 정치경제 민주화의 시각 또는 산업민주주의의 시각에서 보면 여전히 '어용성'이 대단히 강한 상태였으며, 결코 자체적으로 내부 개혁을 통해 민주 노동운동으로 거듭나기 어려웠다.[84] 이런 맥락에서 고민하던 당산 선생이 권두영 교수와 교류하던 관계가 일기장에도 언급되고 있다.

"권두영 교수[85]를 만나서 노총에 관한 의견을 교환하였다. 노총 안에서의 자체 개혁을 기대할 수 없다는 나의 굳어져가는 결론을 바꿀 만한 근거를 그가 제시하지 못했다."[86]

"노동운동은 크게 경제 투쟁을 주 임무로 하는 노동조합운동과, 근로·국민 대중 본위의 정치를 실현하기 위한 정치 투쟁을 주 임무로 하는 혁신정당운동의 두 분야로 나눌 수 있습니다. (···) 민주사회주의는 무엇보다도 근로자들의 인간을 회복하는 사상입니다. 통일사회당은 이러한 민주적 사회주의를 지향하는 정당입니다."[87]

"민주노동운동이 점차 경제투쟁에서 정치투쟁으로 고양되고 있으며, 이 나라의 사회주의운동과 일체성을 다져나가고 있는 데 대하여 크나큰 기쁨과 보람을 가지고 사회민주당은 민주 노동법과 민주 정치를 쟁취하고 민족 통일을 실현할 때까지 1천만 노동자와 굳게 뭉쳐 힘차게 싸울 것을 전 세계에 선언한다."[88]

비슷한 맥락에서 박정희 정부 말기에 공화당 국회의원으로서 정책연구실을 담당했던 남재희(1934년생) 전 노동부 장관(1993~1994년 재임)이 1979년 당시 선생에게 '장기적인 노동정책'을 위한 아이디어를 달라고 했을 때에도 회의적인 태도를 보였다.

"(공화당 국회의원이 된 남재희 형이) 공화당 정책연구실 차장으로서 현 체제에서 할 수 있는 한도에서나마 장기적인 노동정책을 세우는 데 힘써달라고 당부하였다. 계몽된 근대적 노동관계의 추구를 현 체제에 기대할 수는 없는 것이지만, 이러한 필연적인 전진에 지나치게 완미하게 반동하지만 않더라도 좋겠는데 (…)."[89]

선생은 국제사회주의자로서 폭넓은 연대 활동과 더불어 세계 각국의 동향에도 넓은 관심을 기울였다. 영국에서 대처 수상으로 상징되는 신자유주의 보수당 세력이 부상하던 국면에 노동당의 추락을 가슴 아프게 느끼면서도 노동당이 노동자와 노동조합과 새로운 관계를 정립한다면 재기의 가능성도 있을 것이라 내다보고 있었다.

"(《뉴스위크》의) 영국 정국에 관한 기사에서 노조의 불만을 캐러헌이 과소평가하였다고 본 것은 내가 느꼈던 바를 확인해 준 셈이었다. 오는 선거에서 노동당이 정권을 유지하게 되기를 기대할 수는 없겠지. 그러나 보수당이 또 한번 집권하더라도 그 반노동자적·반사회주의적 반동 정책은 시대착오적인 것임에 틀림없는 만큼 노동당이 새로운 전략으로 태세를 강화해 나간다면 빠른 시일 안에 정권에 복귀할 것을 확신한다."[90]

대처의 영국 보수당 정책은 대단히 "반동적"인데도 "최근 (영국의) 여론 조사에 나타난 것을 보면 이런 반동적인 보수당이 승리할 가능성이 크니, 딱한 일이다. 노동자들의 조합을 통한 행동을 일반이 못마땅하게 생각하는 모양인데 그것이 반드시 냉정한 판단이라고 할 수는 없는 것이다."[91]

이렇게 선생은 1979년 영국 보수당 정권의 부상에 대한 분노와 한탄을 금하지 못하면서도, 노동당의 패배를 민주사회주의의 후퇴라는 진단에는 "근거 없는 헛소리"라고 생각했다. "(영국의 대처 내각에 대해) 세금을 줄이고 사회보장을 깎으며 노조를 때려잡으려는 그들의 국내 정책은 차치하고라도 영국에 들어온 유색 인구를 배척하고 로데지아[92]의 백인 우위를 지지하려는 이 보수당 정권이 (…) 오늘의 세계에서 파탄을 일으키지 않고 나아갈 수 있으리라고 보지 않는다." 또한, 선생은 《뉴스위크》가 영국 노동당의 패배를 "유럽 진보세력의 전반적 후퇴"라 표현한 걸 보고 "공산당의 후퇴는 어느 정도 설명하고 있지만 민주적 사회주의 세력의 후퇴라는 것은 근거 없는 헛소리에 지나지 않다. 그들은 착실하게 전진하고 있는 것이다"[93]라고 생각했다.

노동 대중의 정당임을 자처하는 통일사회당 당수로서, 또 서구 사회민주주의 체제에서와 같은 "계몽된 근대적 노동관계"를 추구하던 선생은 (노동자의 자주적 조직으로 거듭나야 할) 한국노총이 아직도 어용성을 버리지 못하고 기업과 자본, 권력의 입장에 순종하는 모습이 적잖이 불쾌하였다.

"오늘은 근로자의 날이라고 한다. 그래서 우리 당으로서도 전국의 근로자들에게 메시지를 냈다. 우리 당은 근로자의 당으로서 존립하고 있기 때문이다. "노총이 기념행사를 하면서 우리를 초청하지 않은 것은 금년도 마찬가지다. 우리 역시 노총 전체를 '반근로자 단체'로 규정하고 있으니까 그들이 우리를 초청하지 않은 것은 이제 와서 당연한 일인지도 모른다. (…) KBS로 노총의 기념행사를 중계하는 것을 들었다. '노사협조'를 외치는 그들의 소리는 완전히 정부의 소리요, 지배체제의 소리였다."[94]

한편, 당산은 1980년대에 한창 사회 이슈화했던 대학생의 '위장취업'이나 '노학연계'에 대해 지극히 당연하다는 입장이었다. "학생들은 공부를 통해서 필연적으로 발전하는 것 아닙니까. 그렇다면 노동자나 농민의 처지에 대해 관심을 갖지 않는 거야말로 우스운 노릇 아닙니까."[95]

같은 맥락 속에 당산은, 지식인이나 종교인 들이 척박한 노동자의 현실에 관심을 갖고 그들이 사회경제적 지위 향상을 이루도록 측면

지원하는 것은 지극히 당연한 역사적 과업 또는 선생의 말처럼 '역사적 진실'을 사는 일이라 여겼다. 이런 관점은 일기장에도 나타난다.

"산업선교에 관한 심포지엄에 참석"했는데, "(보수적인) 홍지영이라는 사람이 쓴 「산업선교는 무엇을 노리는가」에 대한 비판이 중심이 되었다. 산업선교 실무자들, 그리고 교파로서의 기장(기독교장로회)을 찍어서 공산당 또는 그 앞잡이라는 식으로 몰았다고 하니 너무도 한심한 일이다. 그러나 반동분자들의 수법이 고작 이것이라고 생각하니 불쌍하기도 하다."[96]

당산 선생은 경제사상에서도 '건전한 자본주의'에 대해 열린 자세를 보였는데, 동일한 맥락에서, 만약 한국의 현대자동차가 독일의 폭스바겐과 합작을 한다면 노사관계 내지 노동운동 차원에서도 훨씬 유리한 조건이 형성될 것이라 내다보고, 합작 공장의 설립을 긍정적으로 생각했다.[97]

"(서독 대사를 만나 얘기를 나누었는데) 그는 폭스바겐의 현대와의 합작에 관해서는 아직 확정된 것은 아니지만 이것이 성사된다면 서독으로서는 최초의 대규모 투자가 되기 때문에 그 중요성이 크다는 것을 말했다. 나는 이에 대해 노동운동의 측면에서 새로운 기원을 여는 계기가 되기를 기대한다는 점을 밝혔다. 서독의 국영기업과 합작한 회사가 노동조합의 결성을 저지하는 행동을 계속하지 못할 것이 아니겠느냐는 것이 내 논점인데, 그도 내 말을 긍정하였다."[98]

선생은 실제 국내·외 노사관계 현장에도 깊은 관심을 가졌다. 투쟁하는 노동자들을 돕기 위한 방안을 강구하기도 하고 경찰로 상징되는 국가 폭력에 대한 분노를 드러내기도 한다.

"YH무역의 노동자들은 악덕업자의 폐업 처사에 대항하여 끈기 있게 싸우려고 한다." 이런 상황에서 "YH무역 노동자들의 투쟁[99]을 돕는 문제를 의논하기 위해" 현장 이야기를 자세히 들었다. "그저께 (1979년 4월 13일) 공장에서 농성을 벌이던 노동자들은 저녁 9시 30분경에 출동한 약 100명의 경찰관들이 강제로 해산시키려고 난폭하게 폭력을 행사하는 바람에 전부 여성들인 노동자들과 충돌하여 200명가량의 노동자들이 다소간 부상하였고 5명이 병원까지 갔다가 그중에서 2명은 진단서를 떼었으며 한 사람은 중상을 입어 아직도 의식불명 상태라는 것이다. (…) 경찰의 난폭함은 (…) 매우 야만적이었다고 한다. 참으로 용서 못 할 일이다."[100]

"(《뉴스위크》를 읽었는데) 이란에서의 사태 발전(호메이니의 리더십에 의한 회교 민중의 혁명)이 매우 인상적이었다. (…) 말레이시아 항공사 노동자들의 쟁의 사태와 브라질의 철도노조 지도자의 이야기도 주목할 만한 것이었다."[101]

한편, 선생은 투쟁하는 노동자들이 "노동자의 당"인 통일사회당을 놔두고 제1야당이랍시고 신민당을 찾아 농성을 벌이는 것, 그리고 어린 여성 노동자의 죽음에 대해 강렬한 서글픔과 무력감, 나아가 수치심과 자책감까지 느꼈다.

"YH무역의 종업원들이 신민당 당사에서 농성을 벌이고 있다. 노동자들이 달리 더 유효한 투쟁 방법을 찾을 수 없어 제1야당에 가서 농성을 벌이게 된 사태는 참으로 슬프다. 더욱이 노동자들이 노동자의 당인 우리 당에 들어오지 않고 신민당에 갔다는 것이 우리에게는 더욱 뼈아프다. (…) 우리는 이처럼 무력할 수밖에 없단 말인가. 나는 부끄러워 얼굴을 들 수 없지만 조용히 참고 견디자."[102]

"YH무역 노동자들을 약 1천 명의 경찰이 새벽 2시에 신민당사에 진입하여 강제로 끌어내었다고 한다. 그 와중에 여공 한 사람이 자해 행위로 죽었다고 발표되었다. (다음 날 김경숙 양의 '추락사'라고 정정 보도되었다.) (…) 노동 분규 속에서 사람이 죽기는 두 번째다. 이번에는 전태일 때보다도 더 격렬한 상황에서 죽었다."[103]

"죽은 김경숙 양의 머리에 벽돌에 맞은 깊은 자국이 있다는 사실에 비추어 자해 행위로 죽었다고는 볼 수 없는 만큼 (…)."[104]

"(신민당사에서 거행된 YH무역 김경숙 양의 추도식에 참여하고자) 위원장과 나는 몇 동지와 함께 택시로 현장에" 갔는데 "신민당 사람들이 나 같은 외부 사람을 대접하는 작풍은 되어먹지 않았다. 이 사람들이 이러면 안 되는데. 하지만 어린 김경숙을 죽음에 이르게 한 폭압에 대항하여 근로자를 보호해 주는 데 이렇다 할 구실을 다하지 못한 것에 대한 자책으로 꼼짝도 못 하고 자리를 지켰다."[105]

    요컨대 당산 김철 선생의 노동 사상은, 능력 있는 노동자만 성공하는 자본주의 노동시장도, 국가가 모든 걸 계획해서 노동력까지 총괄적으로 분배하는 공산주의 시스템도 아닌, 전형적인 사회민주주의 노동 시스템의 입장에 서 있었다고 할 수 있다. 그것은, 노동을 보는 관점에서 '누구나' 차별 없이 노동할 기회를 누려야 한다는 시각을 견지하면서도, 외국자본의 앞잡이 역할을 하거나 폭력적인 착취를 하는 경우를 제외한 민족자본가, 중소기업가, 상인 등 '건전한' 자본주의 영리조직에 고용되어 일하면서 '근대적 노사관계'를 이루되, 일자리가 부족한 경우 국가가 나서서 고용 창출을 해야 한다고 본 점에서도 재확인된다.

    또한, 선생은 개별 노동자나 노동조합이 혁신정당과 민주적으로 연대하는 한편, 세계 곳곳의 민주사회주의 세력이 연대하여 전 세계적으로 기업이나 국가의 민주적 변화를 이끌어야 한다고 보았다. 즉, 노동자는 단순히 경제발전의 도구가 아니라 주체가 되어야 한다. 그리하여 노동의 결실이 교육이나 의료 등 사회 전체의 복리 향상으로 연결되도록 함으로써 '민주복지 국가'를 건설하는 것이 당산 선생의 이상적 지향이었다고 할 수 있다. 물론 당시의 주·객관적 현실은 지금보다 훨씬 열악했기에, 선생의 이상이 결코 구현될 수는 없었다.

4. 당산 김철의 경제·노동 사상에 대한 몇 가지 성찰

이상과 같이 당산 선생이 남긴 일기와 각종 문헌을 중심으로 간략하게나마 선생의 경제사상 및 노동 사상을 일별해 보았다. 당산 선생이 살았던 시대적 조건과 매우 다른 시대 속에서 살아온 필자가,[106] 또한, 당산 선생의 조직 활동을 조금이라도 공유해 본 적이 없는 '관계자 외인'이, 매우 외람되게도 선생과 같은 큰어른의 사상 세계를 논한다는 것은 아주 몰염치한 일이라 느껴진다. 그럼에도 불구하고, 이런 검토와 성찰이 중요한 까닭은, 선생이 남긴 족적이 단순히 개인적 차원의 탁월함을 넘어, 2014년 4월의 '세월호'처럼 침몰 위기에 놓인 한국 사회 전체가 어떤 방향과 내용으로 나아가야 할지를 진지하게 시사하고 있기 때문이다. 이런 점에서 향후 우리 사회가 보다 차분하게 논의하고 성찰해야 할 지점들을 몇 가지 추려본다.

첫째, 민주주의와 사회주의의 결합 문제이다. 원래 민주주의는 왕정주의 또는 독재주의에 대립하는 정치적 개념이고, 사회주의는 자본주의에 대립하는 사회경제적 개념이다. 옛 소련이나 동유럽 여러 나라들이 사회주의를 건설했음에도 '스탈린주의'처럼 관료주의, 일당독재, 노동 소외, 감시와 규율 등 반민주적 요소가 사회의 역동성을 거세하자, 민주적 사회주의라는 새로운 길이 제시되었다. 당산 선생도 시종일관 강조하는 '민주적 사회주의' 자체는 올바른 방향이다.

하지만 여기에 두 가지 도전이 도사린다. 하나는 '민주사회주의'와 '사회민주주의' 사이의 미묘한 차이 문제다. 전자가 사회주의를 근간으로 하되 민주적인 과정을 중시하는 데 반해, 후자는 자본주의를 근간으로 하되 정치 민주주의를 넘어 사회경제 민주주의를 이뤄야 함을 강조한다. 근본적으로 상반되는 지향을 갖고 있으면서도 상당 정도 공통분모도 갖고 있는 이 두 흐름의 문제는, 단순히 흑백논리나 이분법으로 접근할 사안은 아니다. 즉, 사회 진보를 추구하는 지식인이나 운동 조직들이 현실의 주·객관적 조건을 감안하면서 전략적이고도 역동적으로 취사선택, 융합, 변형, 발전시켜야 할 문제인 것이다.

　다른 하나는, 과연 오늘날 시민사회, 또는 일반 대중들이 얼마나 '민주적 사회주의'에 대해 공감하고 진정으로 그런 방향의 변화를 갈망하는가 하는 문제이다. 물론 대중성을 지향한다고 해서 대중추수주의 또는 인기영합주의(populism)로 나아가야 하는 건 아니다. 그러나 올바른 사회 진보가 이뤄지려면 정당성과 대중성이 잘 결합되어야 한다. 즉, 제아무리 훌륭하고 헌신적인 지식인이나 지도자가 올바른 노선을 제시한다 하더라도, 다수의 대중이 (권력이나 언론, 교육과 종교 등이 오랫동안 일종의 '세뇌'를 한 결과) 어느 길이 진정으로 민중 자신을 위하는 길인지 모르는 경우, 또는 (물질만능주의에 길들여지거나 일중독, 소비 중독에 빠진 결과) 스스로 '강자 동일시' 태도[107]를 보이면서 정반대의 길을 '스스로' 선택하는 경우, 참된 변화는 요원하다. 이런 태도 이면엔 반공주의 국가 폭력으로 인한 트라우마('레드 콤플렉스')와 그에 따른, 근본 변화에의 두려움이 도사리고 있을 것이다. 이런 주체적 문제의 극복 여부가 향후 우리 미래를 결정할 것이다.

둘째, 선생의 삶과 운동에서 또 고민되는 것이 국제 운동과 일국 운동의 결합 문제이다. 선생의 인생은, 당시의 시대적 조건을 감안한다면, 가히 국제인 또는 세계인이라 할 수 있을 정도로 일찍부터 세계 사회주의자들과의 유대를 폭넓게 쌓아왔다고 할 수 있다. 그러나 다른 한편, 사회 전체적으로 보았을 때, 그러한 국제 활동은 당산 선생 또는 극히 일부에 국한된, 지극히 좁고 얇은 수준에 그쳤다. 그렇다면 지금의 시대적 조건에서 당산 선생의 입장과 관점을 새롭게 이어가면서도 이를 넘어갈 방도는 있을까?

여기서 두 가지 아이디어가 있을 수 있다. 하나는, 2006년 이후 남미의 쿠바, 볼리비아, 베네수엘라, 에콰도르 등이 보여준 것처럼 '민중무역협정'과 같은 새로운 국제관계를 맺는 것이다. 이들은 서로 이익을 보려는 '이해관계자'로 상대를 대하는 것이 아니라 '형제자매' 내지 상부상조하는 주체로 대등하게 교류한다. 그러나 이렇게 새로운 국제관계를 형성하려면 각 나라 안에서 혁명적인 변화가 일어나야 한다. 이것은 단순히 민중 지향적인 인물이 대통령으로 선출되는 것만이 아니라, 그것이 가능하기 위해서라도 일상적 삶의 과정에서 풀뿌리 민중이 광범위하게 연대하면서 삶의 공동체적 기반을 탄탄히 구축해 나가야 함을 뜻한다. 물론 미국의 간섭주의나 신식민주의적 개입과 영향력으로부터 얼마나 자율성을 지켜내는가 하는 문제 또한 주요 고려 변수다.

다음으로는, 현재 상태에서라도 온갖 의제를 중심으로 세계적 차원의 활발한 교류와 연대, 나아가 공동의 활동 경험을 쌓아나갈 수 있다. 일례로 빈곤의 세계화 문제, 세계적 양극화 문제,[108] 국제 부채

문제, 지구온난화와 기후위기 문제, 핵 위험 증가 문제, 유전자조작 식품(GMO) 문제, 식량 자급률 저하 문제, 석유 고갈 문제, 재생에너지 촉진 문제, 다(초)국적 기업의 노동인권 문제, 아동노동 철폐 문제, 이주노동 문제, 전쟁고아나 난민 문제, 전쟁 반대 및 평화 촉진 문제, 그리고 금융 세계화 및 ('먹튀' 자본 등) 투기의 세계화 문제 등, 먼 미래가 아니라 바로 지금, 여기서, '나부터' 국제적으로, 세계적으로 관심을 갖고 소통과 연대를 해야 할 이슈가 많다. 물론 한 개인이나 한 조직이 이 모든 걸 해나갈 순 없다. 그러나 관심사별로 다수의 사람들이 뭉치고, 또 그런 일을 하는 사람들을 수많은 다른 사람들이 조금씩이나마 후원과 지지를 아끼지 않는다면 변화는 가능하다. 이미 수많은 이들이 실천적으로 헌신하고 있다. 이런 부분을 교육과 언론, 종교가 적극 알려나가고 '나부터' 참여하도록 독려할 필요가 있다. 작은 관심과 참여가 큰 변화를 이끌어낼 수 있다.

셋째, 이런 점에서 나는 정당정치와 생활 정치의 결합 문제도 중시한다. 선생은 거의 한평생 진보정당 또는 혁신정당에 몸을 담았다고 해도 과언이 아니다. 그러나 지난 60~70년 내외의 대한민국 역사에서 정당운동이 생각만큼 큰 변화를 일구어내지 못한 것도 사실이다. 많은 경우, '의회민주주의'는 생동하는 풀뿌리의 힘들을 잠재우는 '완충기' 역할을 해오기도 했다. 이것은 당산 선생이나 다른 정당 정치인들의 개인적 문제가 결코 아니다.

이는 본질적으로 정당운동 자체가 갖는 한계일 수 있다. 일례로 정당은 '외부의' 권력을 장악해야 하기 때문에 '표'를 의식해야 한다. 일부 깨어난 시민들을 제외하고는 스스로 진보·혁신정당에 투표하지 않는다. 그래서 표를 얻기 위해 정당들은 온갖 '쇼 아닌 쇼'를 벌여야 한다. 그런 것을 거부하는 정당은 힘을 키우기 어렵다. 게다가 '쇼'를 하려면 돈이 필요하다. 사람도 없고 돈도 없다. 그러니 소수의 정당이 거대한 기득권 정당을 이기기란 '다윗과 골리앗의 싸움'이다. 물론 김대중, 노무현, 문재인 정부 때처럼 '바람을 일으켜' 권력을 획득하는 경우도 있다. 그러나 그렇게 '장악'한 권력은 진정으로 민초들과 함께 숨 쉬는 권력이 아니었다. 한편으로는 기득권층의 체계적 저항을 막을 수 없었고, 다른 편으로는 수십 년간 억압되었던 민중의 폭발하는 내적 욕구(스스로 모순적이기도 한)를 제대로 수용할 역량도 없었다.

그래서 여기서도 두 가지 아이디어를 제시할 수 있다. 하나는 풀뿌리의 일상적 소통과 연대이다. 일례로 베네수엘라의 우고 차베스 정권(1998~2013) 당시 (미국의 은밀한 지원과 선동을 받으며) 2002년에 보수우익 쿠데타가 일어났을 때, 민중과 혁신 정부의 단결된 힘으로 잘 물리칠 수 있었던 것도, 이미 온 사회 전체에 이런저런 풀뿌리 모임과 조직들이 왕성하게 일상적인 연대를 실천하고 있었기 때문이다.[109] 또, 캐나다, 미국, 멕시코 사이의 북미자유무역협정(1994년) 이후 멕시코의 농민이 몰락하자 이들이 스스로 '사파티스타' 농민군이 되어 자율 권력을 행사한 경험도 있다.[110] 이들은 멕시코 국가의 틀 속에 들어가려 하지 않았다. 이들이 원한 것은 '자율 공동체'였다. 이 모든 것은 결국 무엇을 말하는가? 그것은 '국민으로부터 나간' 권력을 다시 국민이 되찾겠다는 것이며, 더 이상 국민의 손을 떠나도록 하지 않겠다는 뜻이다. 외부의 권력 장악 패러다임이 아니라, 민중 '내부의 권력'을 그 자체로 구현하겠다는 것이다. 이러한 발상의 전환은 대단히 혁명적이다. 그래서 국내에서도 마을 자치, 지역 자치, 자율 공동체[111] 같은 개념들이 특히 (1991년 가을, 고(故) 김종철 선생이 창간한)《녹색평론》을 중심으로 부각된다.

다른 하나는, 기존 거대 보수 지배 정당에 맞서기 위해서는 결코 소수의 진보(혁신) 정당으로는 역부족이란 점이다. 즉, 선거 자체를 총체적으로 부정하지 않는다면, 선거 국면에서만이라도 가칭 '대동 민주혁신당' 하나로 뭉쳐야 한다. (물론 평소에 청년, 여성, 농민, 노동자, 빈민 등의 삶의 현장에서 활동해야 한다.) 그렇게 해서 집권 정당이 되면, 제각기 특수한 이해관계를 초월, 제대로 된 나라를 만든다는 일념으로 분야별 '역할 분담'을 통해 바른 정치를 해나가야 한다.

원래 경제란 '세상을 잘 경영하여 백성을 잘살게 돕는 일[經世濟民]'이어서, 결국 경제가 정치요, 정치가 경제다.[112] 온 사회 구성원이 잘 먹고살 수 있게 만드는 일이 바른 정치요, 바른 경제다. 그러나 여기서 중요한 점은 그런 정치를 하면서도 차기 집권을 생각하는 계산적인 정치가 아니라 모든 권력을 다시금 풀뿌리 민초들에게 돌려주는 것이 집권 정당이 할 일이라는 점이다. 물론 하루아침에 될 일은 아니다. 그러나 마을 자치, 그리고 자율 공동체와 같은 풀뿌리 민주주의를 촉진하는 방향으로 기존의 국가권력을 시민들에게 되돌려주는 일을 일관되게 해야 비로소 정당정치가 생활 정치 속으로 깃들게 된다. 이런 식으로 정당정치와 생활 정치의 분리를 지양하는 것이 우리 모두의 과제다.

넷째, 정당운동과 민중운동의 결합 문제다. 선생의 혁신정당 운동은 시대적 상황과 한계로 말미암아 광범위한 농민조직이나 노동조합과의 유기적 연대가 결여되었다. 그러나 선생이 주창한 '민주적 사회주의'를 현실화하려면 농민, 노동자, 여성, 청년, 학생, 이주민, 교사, 생명운동 등 광범위한 진보운동 조직들과 유기적 연대를 구축해야 한다. 지금이 선생의 시대에 비해 특별히 좋아진 상황은 아니지만, 그렇다고 예전과 마찬가지의 상황이라 보기는 어렵다. 숱한 희생 위에 열린, 다양한 자유의 공간들을 결코 개인주의적 소비사회 또는 향락사회 속으로 갖다 바쳐선 곤란하다.

여기서 필요한 하나의 아이디어는, 풀뿌리 민초들이 식·의·주 등 '기본 생계' 차원과 교육, 의료, 문화 등 '삶의 질'을 고양시키는 차원들을 생활 정치 속으로 통합하는 과정에서 정당이 적극적인 매개자나 조정자 역할을 해야 한다는 것이다. 일례로 각 지역별로 혁신정당들이 '대동 민주'의 차원에서 농민·여성 조직이나 노동자 조직과 연대하여 농민이 생산한 유기농 농산물을 노동자, 이주민, 교사, 여성, 청년, 학생들이 체계적으로 소비할 수 있도록, 일종의 '온생명 공동체'[113]를 전국 방방곡곡에 꾸릴 수 있을 것이다. 나아가 전 지구적 기후 재앙을 예방하기 위해 사회경제 시스템 전반을 지속가능성과 생태민주주의 시각으로 재구성해야 한다.

또 다른 아이디어는, 풀뿌리 대중들이 직면한 다양한 삶의 문제와 관련하여, 이들이 문제를 직시·토론하며, 해결의 주체로 나설 수 있도록 정당이나 의회가 사회적 인프라나 인적·물적 자원을 적극 지원하는 것이다. 캐나다 요크대 정치학 교수로 민중운동에 유기적으로 결합하고 있는 D. 맥닐리 교수는 "물론 의회도 중요합니다. 하지만 의회나 선거는 이러한 풀뿌리 대중들이 성장할 수 있도록 도움을 주는 역할을 해야 합니다"라고 말한다. 그는 이어 "프랑스의 경우 우체부 출신 노동자가 당 대표가 되어 사르코지 대통령과 직접 토론도 하고 그러지 않았습니까?"라고 반문한다.[114] 노동 대중이 부자 되기 환상을 버리고 스스로 삶의 주체로 서도록 측면에서 지원해야 하는 것이다.

다섯째, 사회운동과 가정생활의 결합 문제가 있다. 선생은 무려 다섯 권의 전집이 증명하듯, 온 삶을 정당운동에 헌신했다. 정치가의 얼굴은 있되, 아버지의 얼굴은 거의 없을 정도였다. 오죽하면 선생의 아들들이 "통일이고 민주화고 개뿔이고 간에 제발 우리한테도 좀 신경을 써주셔야 하는 것 아닙니까?"[115]라거나 "아버지를 보고 있으면 내가 당신의 아들이라는 생각이 들지 않는다"[116]고 했을까? 사실, 선생과 같은 정당의 리더만이 아니라, 오늘날 작은 시민 단체조차 그 활동가들은 시간 부족으로 가정생활을 영위하기 어렵다. 간혹 가족과 함께 시간을 보내더라도 '정서적 부재'인 경우도 많다. 가족과의 대화는 곧잘 휴대폰이나 갑작스런 일정으로 중단되기 일쑤다. 나아가 심신이 지치고, 쉽게 상처를 주고받는다.

이런 문제를 해결하려면 우선은 사회운동에 관심을 갖거나 지지하고 참여하는 사람들이 많아져야 한다. 마치 북유럽의 시민들이 최소한두 개 이상의 NGO에 참여하고 있는 것처럼,[117] 시민들의 자발적 참여가 중요하다. 참여가 사회를 바꾼다! 물론 철학과 소신, 방향이 바람직한 운동에 참여해야 한다. 방향이 잘못되면 '배가 산으로 올라간다.' 올바른 정신을 갖고 적극 참여하는 시민이 많아질수록 당연히도 한 사람이 부담할 일이 줄어든다. 그렇게 되면 장기적으로 사회운동과 가정생활의 조화가 쉽다. 그리고 직접 몸으로 참여하기 어려운경우에 최소한의 후원금이라도 매월 내는 것이 좋다. 한 사람이 큰돈을 내는 것보다, 수많은 사람이 조금씩 마음을 모으는 것이 훨씬건강하다. 나아가 모든 운동 조직이 병든 풍토(예: 중독 조직)를 두루 쇄신하여 진정 건강한 조직으로 거듭나야 한다. 거짓과 조작, 꼼수와 편법, 통제와 독선, 이분법과 완벽주의 따위를 버리는 것도 한방법이다.[118]

또 다른 면에서는, 가정생활조차 변화시켜 내야 한다. 흔히들 우리는 사회생활과 가정생활을 분리해서 본다. 게다가 가정생활에서는 대체로 출세 지향적 가치관을 공유하기 쉽고 소비 지향적 문화를 당연시하기 쉽다. 하지만, 오늘날 우리 사회가 세계 최고의 자살률과 세계최저의 출산율을 기록하게 된 것은, 바로 그러한 출세 및 성공 지향적인 자본주의 경쟁 풍토가 공동체적 관계망들을 낱낱이 해체했기 때문이다. 따라서 가정생활을 사랑, 치유, 휴식의 공간이 되게 가꾸면서도, 동시에 사회적 이슈를 토론하고 사회운동에의 참여를 독려하는분위기를 증진할 필요가 있다. 여기에 중요한 역할을 할 수 있는 것이언론, 교육, 종교, 문화, 예술이다. 결국 우리 삶의 모든 시·공간이 건강한 가치관 속에서 거듭나야 한다.

5. 맺음말

당산 김철 선생은 결코 평범한 사람이 따라가기 힘든 '큰 인물'이었음에 틀림없다. 그렇게 평생 소망하던 '민주적 사회주의'는커녕 '절차적 민주주의'조차 제대로 꽃피는 것을 보기도 전에 30년 전 외로이 세상을 떠났지만, '역사적 진실'을 추구했던 선생은 한 번도 자신의 선택을 후회한 적이 없다.

이제 우리는 크게 두 가지 일을 해야 한다. 첫째는 선생의 삶과 꿈을 올바로 기억하는 일, 즉 '기억의 정치'다. 그것은 비단 당산 김철이라는 개인에 대한 추모나 기억의 차원을 넘는다. 그것은 당산 선생이 걷고자 했던 길, '민주적 사회주의'를 통해 모두가 행복하게 사는 세상을 꿈꾸었던 데 대한 사회적 기억이다. 그런 의미에서 선생에 대한 기억은, 멀리 130년 전 동학농민혁명을 이끌었던 녹두장군 전봉준[119]으로부터 일제하 민족해방운동에 헌신했던 수많은 독립투사들과 해방 정국에서의 인민공화국에 의한 민중 자치, 1960년의 4·19 혁명 및 1970년 전태일의 분신 항거와 1987년 '노동자 대투쟁'으로 상징되는 노동운동의 흐름, 나아가 독일 사민당의 빌리 브란트로 상징되는 사회주의 인터내셔널(SI) 운동의 흐름에 이르기까지의, 도도한 역사에 대한 기억이자 세계사적 기억이기도 하다. 이 '기억의 정치'가 중요한 까닭은, 그것이 역사 진보운동에 기본 에너지를 줄 뿐 아니라 늘 우리 스스로를 되돌아볼 준거점이 되기 때문이다.

둘째는, 선생을 기억하고 당대의 고통에 공감하면서도 기꺼이 보내드려야 한다. 이제 선생의 삶과 철학을 오늘의 조건에 걸맞게 재창조하는 일은 우리 자신의 몫이다. 그렇게 해서 참된 '사회적 애도'를 하는 것이 두 번째 할 일이다. 물론 우리 당대에 못다 이룰 일도 많다. 하지만 날마다 도토리 씨앗을 심어 수십만 그루의 나무를 가꾸고 숲을 창조한 엘제아르 부피에(장 지오노의 『나무를 심는 사람』에 나오는 주인공)처럼, 그저 꾸준히 해나갈 뿐이다. 또, 2000년에 볼리비아의 2대 도시 코차밤바에서 물 사유화 반대투쟁이 있었을 때, 이 투쟁을 승리로 이끌었던 오스카르 올리베라처럼 착실한 준비가 필요하다. "오직 끈기 있게 진행된 그 작업들만이 비로소 몇 년 뒤에 노동자, 농민 등 민중 전체에 놀라운 승리를 안겨줄 수 있었다. 그것은 마치 개미처럼 부지런하고 정직하며 또한 명확하면서도 헌신적으로 진행된 준비 과정이었다."[120] 그렇다. 저항과 변화를 위한 착실한 준비가 곧 창조의 과정이다.[121]

설사 우리가 꾸는 꿈을 당대에 이루지 못한다 해도, 같은 꿈을 '대를 이어' 꾸면 언젠가 더 나은 날이 온다. 아르헨티나의 노랫말 중에 이런 게 있다고 한다. "내가 죽더라도 나를 위해 울지 마라. 그저 내가 하던 일을 계속하라. 그러면 내가 계속 살게 될 것이다." 선생이 꾸었던 꿈도 결국은 자유와 평등, 해방과 행복을 향한 꿈이 아니었던가? 이러한 사회적 꿈을 향한 우리의 노력이나 투쟁이 설사 거듭 패배할 수는 있을지언정 결코 좌절, 절망, 포기해선 안 된다. 당대에 이루지 못하는 한이 있더라도, 대를 이어가면 된다. 벨기에 출신의 혁명가 빅토르 세르주도 『우리 힘의 탄생』에서 이렇게 말한다. "내일은 보다 더 위대할 것이다. 우리는 어설픈 승리를 만들지는 않을 것이다. 설사 우리 세대에서 하지 못한다 해도, 이 도시는 최소한 우리와 같은 사상을 가진, 그러나 더 강고한 후손들에 의해 언젠가 장악될 것이다."[122] 그렇다. '어설픈 승리'는 우리를 나태하게 만들기 쉽지만, 차라리 '뼈아픈 패배'에 대한 기억의 공유는 우리를 내적으로 훨씬 고양시킬 것이다. 역사는 결코 결과가 아니라 '과정' 속에 깊은 뜻이 있으니! 깊은 성찰과 이론은 강력한 실천을 낳고, 역으로, 열린 실천은 이론과 성찰을 심화한다. 이것이 곧, 당산 스스로 보여주고자 했던, 또 다른 '역사적 진실'이 아닐까?

4

한국의 민족적 사회민주주의자 김철

윤기종(한국중립화추진시민연대 공동 대표)

1. 민족적 사회민주주의의 개념과 기원

현대 사회민주주의 이론은 카를 카우츠키(Karl Kautsky, 1854~1938)[1] 에 의해 대표되는 마르크스주의적 개혁주의와 에두아르트 베른슈타인(Eduard Bernstein, 1850~1932)[2]의 수정주의 사이에서 비롯되었다. 1891년 '에어푸르트 강령'에서 분명하게 제시된 카우츠키의 견해는 자본주의 발전에 대한 단순한 마르크스주의적 분석과 의회사회주의 정당에 알맞은 강령을 결합한 것이다. 그의 논지를 한마디로 정의하면 "자본주의 발전이 사회주의의 필연성을 만들어낸다"라는 것이다. 즉 자본의 집중에 따라 사회의 양극화 현상은 불가피하게 확대되고,

양극화 현상은 대부분의 사회 구성원에게 자본주의보다는 오히려 사회주의를 지지하도록 만든다. 또한 생산 형태의 사회화가 진전됨에 따라 노동자계급은 동질적이고 집단적인 행위의 주체가 될 것이라고 보았다. 카우츠키는 개량주의가 사회주의로 향하는 행진을 중단시키지 않을 것이라고 예상했고 오히려 의회 참여는 사회주의적 정치 참여에 대한 프롤레타리아트의 능력을 발전시킬 수 있다고 생각했다. 왜냐하면 계몽적인 개량은 사회주의를 향한 자본주의의 자연스러운 진보를 촉진할 수 있기 때문이다.

사실 '사회민주주의라는 것은 무엇인가?'라고 한 가지로 명확히 정의하는 것은 '사회주의는 무엇인가?', '민주주의는 무엇인가?'를 한마디로 규정짓기가 어려운 것과 마찬가지로 쉬운 일이 아니다. 일반적으로 사회민주주의는 '경제에 있어서 사회주의와 정치에 있어서 민주주의의 결합'이고, 결합의 목표인 '민주(주의)적 사회주의(democratic socialism)'라는 것으로 말할 수 있지만 정해진 것은 분명하지 않다.

사회민주주의는 사회주의적이고 민주주의적이다. 지금까지 사회민주주의 세력의 지지 확대와 정권 획득은 그동안 민주주의를 발전시킨 노력의 결과이다. 노동자의 선거권·단결권 획득, 임금과 노동조건의 개선, 사회보장과 복지의 확대, 여성의 권리 확대 등등 요컨대 사회민주주의는 민주주의와 인권의 확대, 노동자 및 사회적 약자에의 소득 재분배와 국가적 구제의 노력 때문에 유권자들의 지지를 받아왔다.

「프랑크푸르트선언」은 "사회주의는 민주주의적 방편에 의해서, 자유롭고 새로운 사회를 실현하려고 노력한다. 자유 없는 사회주의도 없다. 사회주의는 민주주의를 통해서만이 실현되고 민주주의는 또한 사회주의를 통해서만이 구현된다"고 끝맺고 있다. 이 「프랑크푸르트선언」이야말로 현대 사회민주주의 이념이고 정의라 할 수 있다.

마찬가지로 '민족적 사회민주주의'를 한마디로 정의하는 일 또한 쉽지 않다. 민족의 운명을 짊어진 해방공간에서 발생한 '민족적 사회주의'와 해방 후 극심한 반공 체제와 군사독재 아래에서 자생적으로 발전한 '민주적 사회주의'가 '민족적 양심'을 바탕으로 결합한 형태라고 정리할 수 있다. 다만 한국의 민족적 사회민주주의로서 가져야 할 몇 가지 기본적인 가치는 있다. 첫째는 민족의 자주적 자세를 공고히 해야 하고 둘째는 민주주의를 확대 발전시켜야 하며 셋째는 경제에 있어서 사회주의적 정책을 과감하게 채택하여야 한다는 점이다.

남한의 단독정부 수립 이후 한국전쟁을 거쳐 한국의 사회주의는 극단적인 반공 체제의 제약 속에서 반자본주의와 약간의 반공주의 노선이 혼합한 중도우파적인 사회민주주의 노선으로 진화해 나갔다. 그중에서 50년대의 대표적인 사회민주주의자는 공산주의에서 '전향'한 조봉암(曺奉岩)이었고 50년대 후반과 60년대 초반의 대표적 사회민주주의자는 자본가 부르주아계급 출신의 서상일(徐相日)이었다. 그리고 60년대 5·16 군사쿠데타의 군부정권하에서의 60년대 후반과 70년대의 유신 독재체제, 나아가 80년대 전두환을 정점으로 하는 신군부 체제하에서 사회민주주의 정당을 이끌어온 이는 민족주의적 성향의 김철(金哲)이었다. 김철은 반공적 성격의 '민족청년단' 출신이었음에도 50년대 후반부터 사회민주주의적인 민주혁신정당에 참여하였다. 이후 '민족적 사회민주주의자'로서의 신념을 확고히 하며, 80년

대 후반까지 실질적으로 한국의 사회민주주의를 이끌어온 대표적인
인물이다.

일찍이 조봉암, 서상일, 김철은 1940년대 후반부터 정당 결성 관계
로 인간관계를 맺어가면서 한국 사회민주주의의 발전에 초석을 놓았
다. 이들 3인의 공통점은 통일 지향적인 체제로의 개혁을 주장하였으
며 이를 위하여 민주화, 자주화, 사회화가 필요하다는 소신과 신념을
가졌다는 점이다. 이들은 반민주적 권력의 억압에 맞서 싸웠고, 노동
대중의 권익을 줄기차게 옹호했으며, 민족의 자주적 통일을 위해 분
투했다. 이들의 이러한 정치적 입장과 자세는 이들 3인을 한국의 민
족적 사회민주주의자로 꼽는 데 무리가 없다 할 것이다.

민족주의(nationalism)는 18세기 말 프랑스혁명 이후 출현하였다.
16~17세기에 형성된 주권국가 이후 18세기에 유럽에서 복수의 국민국
가(nation-state)가 성립되었는데 이 국민국가가 생긴 배경은 1789년
에 일어난 프랑스혁명이었다. 민족주의에 관한 고전적 연구서를 쓴 어
네스트 겔너(Ernest Gellner, 1925~1995)[3]는 민족주의란 "정치적인 단
위와 민족적인 단위가 일치하지 않으면 안 된다고 주장하는 하나의
정치적 원리"이며, "민족이 그 문화적 개성의 자유로운 발전을 성취하
기 위해서는 타민족의 정치적 지배에서 해방되지 않으면 안 된다는
주장으로 정의"했다.

사회주의(socialism)는 1848년 마르크스가 공산당선언을 통해 당시
의 사회적 모순과 갈등을 해결하는 새로운 사회를 주장하면서 자본
주의에 대항하는 이데올로기로 제시하였다. 그 후 사회주의는 1917년

10월 러시아의 볼셰비키혁명의 성공으로 널리 전파되었다. 특히 볼셰비키혁명 이후 레닌은 「평화에 대한 포고」에서 민족자결권이야말로 제(諸) 민족의 염원이라고 주장하였다. 레닌은 또한 "타민족을 강제로 편입하지 않는다"라고 선언하고 제3세계 식민지국가들에 대한 지원을 발표함으로써 '사회주의'는 아시아·아프리카의 약소 식민제국으로부터 대단한 환영을 받았다.

그러한 영향으로 19세기 말 제국주의 시대에 식민지지배하에 있던 많은 민족이 민족해방과 식민지 독립투쟁 과정에서 사회주의를 채택하면서 자연스럽게 민족주의와 사회주의가 결합하는 새로운 형태의 '민족적 사회주의'가 탄생하였다. 1920년대 일본의 식민지지배하에 있던 조선도 예외는 아니었다.

사회주의와 민족주의는 서로 배치되는 개념이다. 마르크스는 공산당 선언에서 사회주의가 발전하여 최고 단계로 들어가면 민족은 사라지고 국가도 절멸한다고 보았다.[4] 레닌 역시 마르크스와 같은 입장이었다.[5] 그러나 1917년 2월 러시아혁명 과정에서 주변 강대국들의 간섭 전쟁으로 국가는 오히려 강화되었다. 레닌 사후 스탈린 시대에는 국가사회주의가 완성되었고 이는 독일을 비롯한 전체주의 국가의 모델이 되었다.

한국의 민족주의는 조선이 멸망하고 일본의 식민지지배가 시작되는 19세기 말에서 20세기 초에 그 기원을 둔다. 한편 한국의 민족적 사회주의는 3·1 운동 이후 싹터오다가 1930년대에 본격적으로 형성되기 시작되는데, 주요 인물 중의 하나가 철기 이범석(李範奭)이다. 이범석은 해방 정국의 공간인 1946년 10월 미군정의 전폭적인 지원 속에 우익청년단으로, 파시즘적이며 사회주의적이고 민족주의적인 성향의 '조선민족청년단'을 창설했다.

다른 한편, 한국의 민족적 사회민주주의자들이 군사독재 체제 속에서 모진 탄압과 압박을 견디어오던 바로 그 시기에 김철이 주도적으로 창당하고 활동하였던 통일사회당과 사회당, 사회민주당은 민주적 사회주의를 표방한 유일한 제도권 정당들이지만 '민족 주체성', '국토의 통일', '민족 이성', '어떠한 형태의 제국주의에도 반대' 등 민족주의 성향을 강하게 내세웠다.

'민주적 사회주의'라는 말이 1960년 4월 혁명 이후 한국사회당의 김철에 의해 처음으로 사용되는데 이전에 사용되고 있었던 '민주사회주의'라는 용어보다는 폭넓은 의미로 쓰였다. 1975년 『오늘의 민족노선』에 기고한 「통일사회당의 역사적 임무」라는 글을 통해 김철은 "우리 사회의 대다수 사람의 간절한 소망을 실현하기 위해 민족주의와 민주주의와 사회주의의 정당으로서 통일사회당을 결성한다"라고 선언한다.[6]

결국 김철이 주장하는 '민주적 사회주의'는 "민족주의를 지키면서 민주주의를 기조로 하여 경제의 계획화를 실천하는 사회주의 건설을 목표로 한다"라는 의미에서 '민족적 사회민주주의'와 큰 차이가 없다고 할 것이다. 따라서 사회민주주의와 민주사회주의의 구별도 더 이상 큰 의미를 갖지 않게 되었다.

'민족적 사회민주주의'는 해방 이후 매우 혼란스러운 정치 공간에서 싹터온 남한의 '민족적 사회주의'와 정부수립 이후의 냉혹한 반공주의 체제하에서 발전적 변화를 모색해 왔던 한국의 '민주적 사회주의'가 결합한 형태로 나타난 새로운 가치이며 정치사상이라고 정리할 수 있다.

2. 민족적 사회민주주의의 태동과 전개

1945년 8월 15일 마침내 해방을 맞이했지만, 국내외의 항일 독립 운동가의 염원이었던 '민족독립국가의 건설'은 실현되지 않았다. 불행히도 한반도는 미국과 소련의 양대 강국의 냉전 논리에 의해 분할되어 남(南)은 대한민국, 북(北)은 조선민주주의인민공화국으로 각각 별도의 권력과 체제를 가진 정권이 수립되었다.

일제 치하에서 독립운동에 헌신했던 민족주의자들은 아이러니하게도 해방된 조국에서는 남북 어디에서도 크게 환영 받거나 대우 받지 못했다. 해방이 되었다고 한들 완전한 자주독립의 통일 민족국가를 이루지 못했고 미·소에 의한 과도 통치가 이루어졌기 때문이다. 결국 미·소는 남북 공히 우리 민족에게 민족 주체의 자주권을 허락하지 않았으며 우리의 의사를 도외시한 채, 외세로서 그들의 이익에 충실했다.

해방 이후 남한 이승만(李承晩) 단독정부 수립과정에서 인적·사상적 토대의 역할을 한 인물이 이범석, 안호상(安浩相), 양우정(梁又正) 등이었다. 한국의 민족적 사회주의의 선구자라 할 수 있는 이범석은 중국에서 항일 독립운동 시절 장개석의 "국가지상, 민족지상"을 배우게 되었다. 그는 1940년대 초반에는 광복군 제2지대장으로 활동하였다. 다양한 경험 즉 항일투쟁, 러시아혁명의 경험, 중국 내의 국공투쟁과 혁명운동 및 독일의 나치즘에 대한 직접적인 체험 등 독특한 경험을 가진 이범석은 해방 정국의 공간인 1946년 10월 미군정의 전폭적인 지원 아래에 우익청년단체인 '조선민족청년단(이하 '족청'이라 한다)'을 창설했다.

또 한 명의 이데올로그인 양우정은 1934년에 사회주의운동가로 전향했는데, 일본 파시즘과 연계된 민주주의를 설파하였다. 양우정은 남한 단독정부 수립 직후 출간한 『이승만 대통령 독립 노선의 승리』(1948)라는 책에서 이승만의 노선이 민족주의임을 강조하면서 "민족주의의 원칙은 민족 전체의 복리와 행복을 목표로 하는 사회민주주의적 이념을 기초로 하고 있다. 진정한 민족주의는 계급 차별의 제도와 자본주의적 동족 착취 제도를 용인할 수 없게 하는 것이다"라고 이승만의 노선이 사회민주주의라고 주장했다.[7] 양우정은 또한 일민주의(一民主義)를 체계적인 사상으로 만들었고 『이대통령건국정치이념』(1949)이라는 책을 통해 선전하였다.

안호상이 일민주의를 논하면서 과제로 삼은 것은 "사상적 무장으로써 모든 반민족 사상을 여지없이 격파"하는 것이고 그것을 위해서 강조한 것이 '한 핏줄', '한 운명'이었다.[8]

이들에 의해 조직된 족청에는 남한 사회 대부분의 명망가와 유력자 들이 참여하였고 이들 세력은 남한 단독정부 수립 때, 이범석은 국무총리 겸 국방부 장관에, 안호상은 문교부 장관에 발탁되는 등 각 분야에 걸쳐 실질적으로 남한 사회를 지배하게 되었다. 이들이 내세운 이데올로기는 반자본주의적, 반공산주의적, 반제국주의적인 그리고 좌도 아니고 우도 아닌 제3의 길, 즉 파시즘적 경향이 강한 '민족적 사회주의'라고 할 수 있다.

일제가 패망하고 국토가 분단된 이후 남한 사회는 사회주의에서 민족적 사회주의 경향으로 전환했고 곧이어 극단적 반공 체제 속에서 민족적 사회주의는 우파적 색채를 띤 민주적 사회주의의 형태로 나타났다. 훗날 통일사회당에 참여해서 1960년대부터 1980년에 걸쳐서 한국의 사회민주주의 발전에 주도적인 역할을 한 김철은 민족청년단 1기생 출신이었다. 김철은 1946년 10월 족청 1기생으로 족청에서의 활동을 시작했다. 김철은 훈련을 마친 뒤 중앙훈련소 교무처 편집실에서 실장을 맡았는데, 교무처장이었던 유해준 명의로 1948년에 족청에서 발행한 『민족학생운동의 이념』은 실제로는 김철이 쓴 것이었다.

먼저 김철은 당시 세계정세에 대해 "전후의 세계사는 양대 승리자인 미·소에 의한 세력권의 획정 과정 및 상호 대치 태세의 정비, 강화 과정"이라고 보고 있으며 그런 상황 속에서 "남북을 막론하고 반민족적 사대주의 세력이 엄청나게 성장하여 민족 대중과 괴리되어 버렸다"라고 현재 상황을 진단했다. 그래서 "북조선 민중 사이에서 미국을 피하는 어떤 경향이 있고, 남조선 민중 사이에서 좌익에 쏠리는 어떤 경향이 있는 것"이라고 지적했다.

남북한의 그러한 상황을 비판하는 김철의 입장은 다음과 같은 구절에 잘 나타난다. "지금 양 세력권의 세력자인 미·소 양국의 국가권력의 성격을 표시하는 자본주의적 민주주의와 전체주의적 공산주의는 전자가 인민의 경제적 균형 번영을 보장함이 없이 자산가 아닌 절대다수의 민중에 대한 우심한 착취를 용인하는 것이라면, 후자는 인민의 정치적 자유 활동을 보장함이 없이 집권자 아닌 절대다수의 민중에 대한 가혹한 압제를 용인하는 것이다. 게다가 미국이나 소련은 각각 그 국가권력의 직접적 기반인 아메리카 국민이나 슬라브 민족과 자기 세력권 내의 다른 모든 민족이나 국가를 동일한 이해 범주 위에서 취급하고 있는 것이 아니라, 오히려 다만 아메리카 국민이나 슬라브 민족의 복리를 증진시킬 것을 목적으로 자기 세력권의 확대와 안전을 꾀하여 권외 세력의 협위를 구축하려는 데 급급하다고 할 것이다. 그러나 이에 반하여 양 세력권의 피영도적 지위에 있는 민족이나 국가는 한결같이 그들 자신의 자유로운 발전에 대한 영도적 세력자의 부당한 제약의 파기를 의욕하고 있으며, 나아가 자산가나 집권자가 아닌 전 세계의 인민은 모두 경제적 균등 번영과 정치적 자유 활동이 아울러 보장되는 새로운 사회체제의 수립을 갈망하고 있다."

김철은 미·소 양국을 '자산가나 집권자가 아닌 전 세계의 인민'의 입장에서 똑같이 비판하고 민족의 자주를 강조하면서 "진정한 민족 발전의 의지가 관철될 수 있는 완전한 민족 주권을 확립하고 이로써 항상 민족 발전의 현실적 단계에 임하여 민족 전체의 경제적 균등 번영과 정치적 자유 활동을 보장할 수 있는 사회체제를 갖추는 민족적 혁명의 철저한 수행을 지향"할 것을 천명한다.

김철은 자유당 창당에서 1953년 탈당할 때까지 이범석, 양우정 등의 민족주의에 강한 영향을 받은 것 같다. 특히 양우정이 족청의 정무국장일 때 김철은 조직 산하에 제2부장의 파격적인 지위에 있었는데 이는 김철과 양우정과의 밀접한 관계를 시사하는 대목이기도 하다.

족청의 파시즘적이면서 민족주의적인, 반공적이면서 사회주의적인 이데올로기를 이어받은 김철은 족청이 몰락한 지 10여 년 후에 '민족주의적 사회주의'를 내세운 통일사회당에서의 활동과 재건으로 다시 정치의 전면에 서게 되었다. 그는 늘 민족을 떠난 사회주의는 존재할 수 없다고 강조했다.[9] 한편 1960년대는 아시아, 아프리카 등 제3세계 국가들에서 일어난 이데올로기적 경향을 '민족주의적 사회주의(national socialism)'라고 표현했는데, 이는 30년대부터 형성된 흐름이 냉전이 시작된 뒤에도 제3세계에 지속된 것이라 할 수 있다. 흔히 제3세계주의(third worldism)라 불리는 흐름은 대체로 좌익적 경향이 강한 것이었지만, 민족의 일체성이나 지도자를 강조하는 측면에서는 파시즘과도 공통적인 지점들이 존재했다고 할 수 있다.

사회민주주의는 흔히 사회주의의 우파로 간주하고 있으며 비(非)마르크스–레닌주의적인 것, 즉 비(非)공산주의적인 서구형 사회주의를 통칭하는 말이다. 사회민주주의는 자본주의의 전개 과정에서 민주주의 운동 및 노동운동의 발달과 더불어 발전해 왔다. 그리고 19세기에서 20세기에로의 전환기에 사회민주주의는 사회주의의 중심적 위치를 차지해 오늘에 이르고 있다. 이로써 현대 사회민주주의의 이념이 민주사회주의로 규정되었으며 그리하여 사회민주주의와 민주사회주의의 구별은 무의미해졌다.[10]

1951년 7월 국제사회주의자회의위원회(COMISCO) 제8차 대회에서 기본 강령으로 채택된 "민주사회주의의 목적과 임무"라는 제하의 「프랑크푸르트선언」에서도 사회민주주의의 진로를 명확히 하고 있으며 유럽을 중심으로 폭넓은 연대와 지지가 있음을 확인할 수 있다.[11]

그러나 오늘날 한반도 내에서의 사회민주주의는 남북 어느 쪽으로부터도 호응을 얻지 못하고 있다. 사회민주주의는 민주화된 남쪽의 정치 지형에서조차 국민의 동의를 얻는 데 실패했을 뿐만 아니라 여전히 사회 일각으로부터 사회민주주의는 사회주의의 아류로, 사회주의는 곧 공산주의로 매도되고 있는 게 현실이다. 북측으로부터도 "사회민주주의는 현대 수정주의자들과 제국주의자들의 책동에 불과하다. 탈을 바꾸어 쓰고 사회주의를 변질시켜 자본주의로 되돌려 세우려는 데 목적이 있다"라는 혹평을 듣고 있다.[12]

우리 민족은 수천 년을 함께 살아온 공동운명체였으나 1945년 8월 제2차 세계대전의 종말과 갑작스러운 해방을 계기로 남북은 외세의 강요로 인해, 상반되는 체제 속에서 서로 다른 얼굴로 냉전의 소용돌이 속에서 살아야 했다. 그 결과 한국전쟁이라는 미증유의 동족상잔이 일어남으로써 이제 좌·우 이념 어느 한쪽의 일방적인 통일은 불가능해졌다. 따라서 조국의 통일과 한반도의 통합을 위해서는 자본주의와 공산주의 이데올로기를 벗어난 새로운 정치 이념과 체제가 필요해졌다.

이제 전통 사상에 기초한 민족주의의 노선에서 남북통일의 공통분모를 찾아야 한다. 민족주의의 이름으로 자본주의의 자유와 사회주의의 평등사상을 어떻게 공평하게 조화를 이룰 것인가를 고민해야 한다. 민족주의의 이름으로 포용의 리더십을 발휘하지 않고서는 남북의 냉전 이념에 기초하여 공고해진 분단국가를 8천만 한민족 공동체의 이름으로 통일국가를 이루어나가기는 쉽지 않다는 사실에 동의해야 한다. 민족주의는 사람들을 별개의 정치적 공동체로 결속시키는 가장 강력한 결합력을 가진 이념의 하나이기 때문이다.[13]

3. 민족적 사회민주주의의 한계와 좌절

우리나라 현대사에 있어 진보적 가치를 지닌 혁신정당의 명멸과 부침은 이루 헤아릴 수 없이 많다. 그중에는 자유당 시절 죽산 조봉암의 '진보당(進步黨)'처럼 국민적 지지를 받아 제1야당으로 집권을 넘볼 만큼 강력한 정당의 탄생도 있었다. 그러나 대부분의 혁신정당은 남북의 냉전체제가 여전히 존재하는 구조적 현실과 제약 속에서 그들의 정치적 가치를 민주적인 절차와 방법으로 국민의 동의를 얻는 데 실패했다. 그들은 국민으로부터의 지지를 확대, 재생산해 내지 못하고 쉽게 분열하고 쉽게 사라졌다.

한국 최초의 사회민주주의 정당인 진보당은 조봉암이 박기출, 김달호 등과 함께 결성한 정당이다. 사회민주주의적인 혁신정당 진보당의 탄생은 진보적 민족주의 세력과 민주, 혁신 세력이 신당을 모색하기 위해 가졌던 역사적 모임인 이른바 '광릉회합'의 결과이다. 수탈 없는 계획경제 체제를 확립하고 책임 있는 혁신 정치를 단행할 것을 표방하는 진보당 창당대회는 1965년 11월 10일 서울시립극장에서 전국 대의원 900명 중 853명이 참가한 가운데 열렸다.

조봉암은 창당대회 개회사를 통해 "우리는 특권 관료의 부패에 대한 견제는 물론이고 자본주의의 독점적이고 비인도적인 착취 양식을 미워한다"라고 밝히고 동시에 "공산주의의 기계적이고 반인간적인 독재정치도 미워한다"라고 선언한다. 조봉암은 모든 나라들이 '사회민주주의적인 전법'을 쓰고 있고, '사회민주주의적인 방향'으로 나아가고 있다고 확인함으로써 사회민주주의적인 진보당의 입장을 분명히 밝혔다.

'진보당 사건'으로 진보당이 불법화되고 조봉암이 1959년 7월 31일 법의 이름으로 살해된 이후, 4·19까지 명맥을 유지했던 진보정당은 서상일 중심의 민주혁신당(民主革新黨)뿐이었다. 4·19 혁명으로 이승만·자유당 정권이 무너졌지만, 그 자유로운 정국에서조차 '진보당'은 재건되지 못했다.

숨을 죽이고 있던 한국의 혁신계는 4월 민주혁명 이후 새로운 정당을 모색하게 되는데, 그 결과가 바로 사회대중당(社會大衆黨)이다. 혁신계의 주류 세력인 진보당(윤길중·박기출·김달호), 민련(송남헌·조헌식), 근민당(김성숙·최근우·유병묵·유한종), 민혁당(서상일·이동화), 민족주의민주사회당(이훈구), 한독당(윤우현), 민사당(정화암) 기타 신진세력이 총집결하여 1960년 5월 12일 가칭 사회대중당을 발기했다.

사회대중당은 처음부터 자기규정을 명확히 하였다. 사회대중당 발기취지문을 발표한 발기준비위 대변인 윤길중은 "사회대중당은 민주사회주의적 정강정책을 채택하고 국민 대중의 정당이 될 것이다"라고 강조했다. 강령 기초위원인 이동화는 "사회대중당은 민주사회주의 노선을 기조로 하여 정치적으로 민주혁명을 완수하고 경제적으로는 계획경제와 자유경제의 혼합 경제체제를 채택하여 민주적 복지사회 건설을 지향한다"라고 말했다.

사회대중당은 그 선언문에서 "사회대중당의 사상적 기초, 이론적 지도원리가 최고 형태의 민주주의, 즉 민주적 사회주의이다"라고 말하고 있다. "우리의 민주적 사회주의는 그 국제적 공통적 성격과 아울러 그 한국적 성격의 일면을 가지지 않을 수 없음이 분명하다"라고 부연함으로써 진보당의 정강정책과 궤를 같이하는 사회주의인터내셔널(SI)계의 민주적 사회주의 정당으로서의 일반적 성격을 지니고 있음을 확실히 했다. 동시에 '소비에트 독재·팽창주의에 반대하는 일, 산업구조를 바꾸어 자립경제를 확립하는 일, 자주통일 국가를 이루는 일, 만인 공략의 민주 복지사회를 이룩하는 일' 등의 한국적 특수성을 함께 갖춘 민주적 사회주의 정당이라고 밝히고 있다.

이렇게 건설한 사회대중당은 강력한 지도부를 창출해 내지 못한 까닭에 7·29 총선거에서 국민의 지지를 5%도 받지 못했다. 게다가 7·29 총선 이후 채 1년도 못 된 1961년 5월에 발생한 5·16 군사쿠데타로 사회대중당의 간부들조차 투옥되어 3~10년의 옥고를 치르게 됨으로써 국민 대중과 격리되어 재생의 힘을 얻지 못하고 역사 속으로 사라지고 말았다.

1961년 1월 21일에 결당된 통일사회당 창당 준비위원회는 1960년 7월 13일에 결성된 사회대중당 창당준비위원회의 다수파들이 주체가 되었으며 '중립화 통일연맹'의 모체였다. 그러나 통일사회당 창준위는 5·16 쿠데타의 발발로 창당되기도 전에 해체되는 비운을 겪게 되었다가 1965년 7월 20일 김철, 안필수, 구익균 등이 주동이 되어 새로운 창준위를 결성하게 되고 1967년 4월 4일 마침내 통일사회당을 창당하기에 이른다.

1967년 창당된 통일사회당은 1972년 12월 27일 공포·시행된 유신 헌법으로 인해 또다시 해산되었으나, 1973년 12월 20일 제2차 재건 창당대회를 열어 위원장에 안필수를 선출하고 고문에 김철을 추대 하여 1974년 1월에 중앙선거관리위원회에 등록하였다. 그 후 통일사 회당은 1979년 10월 26일 박정희 시해 사건 후 12·12 사태로 등장한 군사정권에 의해 수립된 제5공화국 헌법에 따라 해산되었다. 해산된 통일사회당의 이념과 정신을 계승하고 이 땅에 참된 사회민주주의를 구현하려고 재창당된 사회당은 그러나 1981년 3·25 총선에서 의미 있는 득표를 얻는 데 실패함으로써 다시 해체되는 운명을 맞는다.

1985년 3월, 김철 중심의 사회민주당이 다시 탄생하였다. 1986년 5월, 고정훈 중심의 신정사회당과 합당하여 '사회민주당'이라는 이름으로 몸집을 키우던 한국 유일의 민족적 사회민주주의 정당인 '사회민주 당'은 그러나 그 명맥을 유지하지 못하고 1988년 총선 이후 소멸한다.

해방 후 사회민주주의 세력은 '통일독립민주국가' 건설이라는 구체적 인 정책을 둘러싸고 볼셰비키 공산주의 세력과 분립하게 된다. 반면에 민족주의는 반제국주의라는 의미에서 사회주의 일반과, 그리고 극좌우 배격의 중앙노선은 양극 수렴 이데올로기라는 의미에서 사회민주주의 와 통할 수 있었다. 즉 극좌와 극우를 배제한 좌우합작은 사회민주주 의 또는 민주사회주의에 기초한 운동으로 귀착될 수밖에 없었다.

진보당·사회대중당 준비위 및 통일사회당 준비위, 사회당으로 이어지 는 '비미비소'의 사회민주주의 세력의 통일운동과 이들 정당의 생성·발전·소멸과는 직접적으로 깊은 관계 속에 있었다. 민족적 사회민주주의 정당들의 통일 정책은 '민족적'이라는 이름만으로도 다른 정당들과 차별화된 내용을 담고 있었다. 그러함에도 불구하고 민족적 사회민주주의 정당들은 광범위한 대중적 지지를 얻는 데 실패했고 존재감마저 상실함으로써 한국의 현실 정치에서 역사 속으로 사라졌다.

4. 민족적 사회민주주의의 미래와 희망

5·16 쿠데타 이전에 민족적 사회민주주의 정당으로 의미 있는 발자취를 남긴 진보당과 사회대중당 그리고 민주혁신당이 있었다면 군사독재 정부하에서 모진 탄압과 압박을 견디어오던 민족적 사회민주주의 정당들이 있다. 바로 통일사회당과 사회당, 사회민주당이 그것이다. 이들 정당은 그 시대에 사회민주주의를 표방한 유일한 제도권 정당들이지만 민족주의 성향을 강하게 표명했다. 또한, 사회주의인터내셔널의 '프랑크푸르트선언'(1951년), '오슬로선언'(1952년) 등을 동의하고 수용함으로써 국제적 연대의 틀을 만들어갔다.

1961년 박정희의 5·16 쿠데타에서부터 1987년 노태우의 6·29 선언에 이르기까지 장장 30여 년에 걸친 군사독재 기간은 혁신정당으로서는 일종의 정치적 암흑기에 해당한다. 조직을 확대하기 위한 합법적 공간은 최소화되고 정강, 정책, 이념을 알릴 수단은 극히 제한적이었다. 따라서 민주적 사회주의를 표방하고 암울한 정치 환경 속에서 투쟁해야 했던 사회민주주의 정당들의 행적은 실로 험난한 가시

밭길이었지만 민주적 대의를 저버리지 않고 초지일관 당당한 정도를 걷는다.

정치적 자유와 경제적 평등에 기반을 둔 민족적 사회민주주의야말로 통일 조국의 희망이며 새로운 비전이 될 수 있다. 남북이 화해와 협력으로 마침내 하나 되기 위해서, 하나 된 조국이 외세로부터 당당한 자주 국가가 되기 위해서라도 다시 한 번 민족적 사회민주주의 체제를 눈여겨볼 필요가 있다. 우리 조국의 통일은 남쪽의 약탈적 자본주의도 아니고 북쪽의 봉건적 일당 지배 사회주의도 아닌 새로운 체제로의 전환이 요구되기 때문이다.

남북은 서로의 차이를 인정하는 가운데 통일을 준비해야 한다. 그렇다면 결국 한반도 통일의 최종 형태는 민족의 동질성을 회복하고 남북의 장점인 정치적 '자유'와 경제적 '평등'을 살리고 단점들을 보완할 수 있는 체제, 즉 '민족적 사회민주주의'여야 할 것이다.

외세의 개입을 최소화하고 남, 북, 해외 우리 겨레가 민족 공조의 원칙을 가지는 일도 꼭 필요하고 중요한 일이다. 민족 공조는 7·4 공동성명에서 '자주'와 '민족 대단결'로, 6·15 공동선언에서는 '우리 민족끼리'로, 그리고 2018년 9월 평양공동선언에서는 '민족자주와 민족 자결의 원칙'으로 나타나 있다. 이 원칙을 지키는 것은 남북 간의 합의 사항을 지켜 신뢰를 담보하는 것일 뿐만 아니라 민족의 자존심을 유지하는 일이다.

1965년 5월 1일, 현행법에 따라 다시 발기한 통일사회당 창당 준비위원회의 잠정 강령에서는 "우리의 모든 국가정책은 궁극적으로 민족이 전체로서 받아들일 수 있는 통일의 성취에 집중하지 않으면 안 된다"라고 하였다. 또한, 전체적인 세계사의 흐름은 표면적인 체제의 겉모양에도 불구하고 내용으로는 사회민주주의나 민주적 사회주의의 이상으로 접근해 가고 있는 것이 분명해 보인다.

한반도는 제2차 세계대전 후 지금까지 준전시 상태를 유지하고 있는 지구촌 유일의 지역이다. 평화와 전쟁이 일상으로 공존하는 긴장의 땅이 되었다. 가공할 무기로 무장한 군대가 서로에게 총칼을 겨누고, 지척에 있는 고향도, 부모·형제도 함부로 만날 수 없는 비이성적인 공간이 되어버렸다.

24년 전인 2000년 6·15 남북공동선언은 우리 민족에게 꿈과 희망과 미래를 안겨준 쾌거였다. 고통의 땅 한반도에 평화를 기대하기에 충분한 선언이었다. 2018년 4·27 판문점선언과 9·19 평양공동선언으로 남북은 세계만방에 '우리 민족의 운명은 우리 스스로 결정한다는 민족 자주의 원칙'과 '전쟁 없는 한반도, 핵 없는 한반도'를 약속했지만, 그것만으로는 구속력이 없다는 사실을 확인했다.

여전히 '조국통일'을 위해 넘어야 할 난관이 곳곳에 남아 있다. 이 난관을 극복하고 '분단'이라는 적폐 중의 적폐를 청산하고 남북은 화해와 협력으로 마침내 하나가 되어야 한다. 통일 조국 미래의 중심에 남북이 공유할 수 있는 대안적 정치체제가 필요하다. 정치적으로는 민주주의를, 경제적으로는 사적소유와 공적소유를 다 같이 수용하고 자율과 계획을 동시에 수용하는 혼합경제를, 그리고 균등·복지사회를 지향하는 조국의 대중적 미래 체제는 바로 '민족적 사회민주주의'이다.

5. 나가며: 당산 김철 선생과 나

1971년 4월 제7대 대통령선거와 5월 제8대 총선에 혁신정당들도 준비하고 대비했다. 김철은 1970년 12월 1일 개최된 통일사회당 임시 전당대회에서 당의 위원장으로 선출되고 당의 대통령후보에도 지명되었다. 김철의 대통령 출마는 대통령에 당선될 수 있으리라는 생각에서가 아니라, 이 땅에 사회민주주의를 전파하기 위해 대통령후보직을 활용하려 했던 것이다. 김철은 반(反)군부, 반(反)독재 투쟁을 위해서 대통령후보라는 기득권은 언제든지 포기할 생각을 하고 있었다.

그러나 선거에 임하는 통일사회당이나 후보의 여건은 매우 열악했다. 김철 후보는 선거자금 때문에 서울, 부산, 대구, 춘천 등지에서만 유세할 수 있었다. 또한 선거기간 중에 통일사회당이 내세운 중립화 평화통일안을 중앙선관위가 직권으로 말소시키는 해프닝이 일어나기도 했다. 그러함에도 불구하고 김철은 종전협정 체결, 군비 축소, 남북 동시 유엔 가입 등의 한반도 긴장 완화 정책을 주장하는 한편, 비동맹중립화 통일이라는 매우 진보적인 통일 방안을 제시하였다. 그는 1971년 3월, 사회민주주의 정당의 대통령후보 자격으로 서독, 스웨덴, 오스트리아 3국을 순방하여 우당의 지도자들과 회담을 가졌다. 같은 해 4월 24일, 김철은 야당 표의 분산을 막고 김대중 당시 신민당 대통령후보에게 전 민주 세력의 표를 몰아주기 위해 대통령후보 춘천 연설을 끝으로 대선후보를 사퇴했다.

1971년 4월 제7대 대통령선거 당시, 통일사회당 대통령후보 김철의 마지막 연설이 춘천공설운동장에서 열렸다. 당시 춘천에서 고등학교에 다니고 있었던 필자는 그 연설을 들으러 고등학교 교복을 입은 채, 일부러 춘천공설운동장엘 찾아갔다. 비록 청중은 많지 않았지만, 그곳에서 필자가 들은 김철 후보의 연설은 가히 충격적이었다.

'비동맹중립화 통일', '국가보안법과 반공법 폐기', '북한 인정', '노동자 권리 보장' 등 너무나 생경하고 너무나 위험천만(?)한 내용들이었다. 학교로 돌아와서 김철 후보의 연설을 들은 내 느낌과 내 감동, 내 소견, 그리고 '괜찮으시냐?'라고 안부를 묻는 편지를 써서 김철 후보에게 보냈다. 얼마나 시간이 지났을까, 네덜란드에서 학교로 엽서 한 장이 왔는데, 김철 선생이 고등학생인 내게 보낸 육필 답장이었다.

1979년 박정희의 죽음으로 유신체제의 비극은 막을 내렸지만, 전두환의 반란으로 시국이 어수선할 때였다. 당시 필자는 성남시 '은행동' 소재, '활민(活民)교회'에서 운영하는 '성남제일실업학교'에서 주간 교사로 있으면서 정규 학교에 진학하지 못한 아이들을 가르쳤고, 야간에는 압구정동 현대아파트 제1차 현대상가 3층에 보습학원을 열어 부잣집 아이들을 가르쳐서 생활비를 버는 이중생활을 하고 있었다. 갈월동 당사로 김철 선생님을 찾아가 만났다. 필자가 고등학생 시절 먼발치에서 뵌 지, 무려 8년 만이었다. 선생님은 나를 확실히 기억하고 '동지'라고 부르면서 함께하자고 하셨다.

그런 이유로 통일사회당 후반기에서부터 사회당, 사회민주당에 이르는 몇 년 동안 운동의 일환으로 현실 정치에 참여했던 소중한 경험들이 있다. 1981년 3월 25일 제11대 총선에서 사회당은 당선자를 내지 못했고 의미 있는 득표도 얻지 못하여 당은 해산당하고 말았다. 김철 위원장은 병을 얻어 쓰러지고 아무도 찾지 않는 텅 빈 당사를 혼자 정리해야만 했던 아픈 기억도 있다.

필자가 오랜 시간에 걸쳐 완성한 박사학위 논문『한국의 민족적 사회민주주의에 관한 연구』는 필자의 역사의식과 소중한 경험의 소산이다. 반역의 시대에 굽히지 않고 희생하고 헌신한 선배들의 정신을 조명하고 한반도의 미래를 통찰해 보고자 연구·정리·분석하여 나온 결과물이다. '민족적 사회민주주의'라는 용어 자체는 이 논문을 통해서 필자가 최초로 도입한 개념이다.

필자의 논문『한국의 민족적 사회민주주의에 관한 연구』와 소고「한국의 민족적 사회민주주의자 김철」을 평생의 스승이신 당산 김철 선생의 영전에 바친다.

5
김철의 한반도 통일관

홍을표(전 가천대학교 교수)

I. 서론: 김철 통일관의 형성과 구조

1. 당산 김철 연구의 의의

당산 김철이 서거한 후 지난 2000년 그의 저술을 모아 편찬한 『당산 김철 전집』 전5권[1]이 출간되었다. 해방 직후부터 시작된 그의 정치적, 사회적 활동을 요약하자면 '민주주의의 실현을 통한 민족 통일의 달성'에 있었다. 종전과 해방에 이은 분단에서 좌우 대립 극복과 '민족적 차원'[2]의 추구, 4·19 혁명 정신의 진정한 계승으로서 혁신정치, 그리고 자본 독재와 공산 독재 모두를 비판하고 지양하는 제3의 길로서의 '민주적 사회주의'[3)의 모색과 실천으로 이어나간 그의 기나긴 고행의 막바지에서 그가 쟁취하려던 민주 정부 수립과 민족 통일의 새로운 기운을 눈으로 보지 못하고 현실 정치에서는 철저한 패배자로서의 인생을 마감했다.

당시 당산 김철의 전집을 발간한 이유는, 그가 비록 현실 정치에서는 실패했지만 그의 정치적 실험에는 이후의 민주주의로의 이행과 그 완성, 그리고 이어 전개될 민족 통일의 과제에 있어서 고려하고 참고해야 할 귀중한 경험과 간단치 않은 정치적 사려와 통찰이 들어 있어 우리 정치사에서 의미가 있다고 판단했기 때문이다. 그의 '민주적 사회주의'가 민주주의의 정치적 조건이 성숙한 이후의 상황에서 발생하게 될 노동자, 농민들의 사회경제적 요구와 시민사회로부터 발원하는 정치개혁적 요구를 어떻게 수용하고 민족사의 발전적 에너지로 농축해 낼 것인가 하는 문제에 대한 해답의 실마리를 제공하고 있다고 판단했기 때문이기도 하다.

아마 현실 정치인으로서 그처럼 평생을 걸쳐 하나의 화두를 한시라도 놓치지 않고 현실 속에서 실현시키기 위해 실천을 포기하지 않은 경우는 해방 이후 정적에 의해 피살당한 민족 지도자들(김구, 여운형, 조봉암 등)을 제외하고는 거의 찾아볼 수 없다. 그가 현실에서 일관된 노선을 견지할 수 있었던 원천은, 깊게 그리고 끈질기게 이어져 온 그의 사상적 발전과 하나의 방향성으로 이어나간 그의 정치적 실천에서 추적해 볼 수 있다고 하겠다.

2. 김철의 통일관 형성 과정

해방 정국에서 좌우의 소용돌이에 휩쓸리지 않고 '민족적 차원'을 견지하려 한 그의 태도는, 무엇보다도 철기 이범석이 조직한 조선민족청년단(이하 족청)의 청년 이론가[4]로서 당시 좌우의 어느 정치단체에도 가담하지 않고 오직 청년운동과 교육활동을 통한 민족적 기반의 형성이라는 원대한 목표의 달성에 매진한 것에서 확인할 수 있다. 이승만의 노회한 정치 수단에 이용당한 이범석의 족청의 일원으로서 1952년 12월 일본에서 잠시 귀국해 있는 동안 자유당의 간부[5]로 활동한 적도 있지만, 1953년 9월 12일 이승만의 '일체의 파당적 요소 제거'라는 특별담화 발표로 족청계 인사들이 일시에 자유당으로부터 축출당하자, 그는 같은 해 10월 바로 도일(渡日)하여 재일본대한민국거류민단의 총무국장을 맡았고, 이듬해 사무총장을 맡아서 일하게 되었다. 그 후 재일 교포 지도자들이 낸 자유당 정부 비판 성명서에 가담하여 주일한국대사관과의 관계가 나빠지면서 사무총장직을 사임하고 1957년 8월 영구 귀국한다. 그는 일본에 체류하던 1954년 『일본. 민주화의 좌절』이라는 책을 출간하기도 했다. 귀국 후 그는 민주혁신당에 참여하게 되는데, 이는 그의 사상이 민주주의에서 민족문제 해결을 위한 사상적 발전으로서 '민주적 사회주의'로 나아간 것을 뜻하는 것이며 이후 그의 정치 역정에 있어 매우 중요한 의미를 갖는다. 1961년 4·19 혁명과 5·16 군사쿠데타를 거치면서 그의 정치노선은 사회주의의 국제적 흐름과 연대[6]하는 데까지 확장된다. 그가 평생을 견지한 '민족적 차원'은 내적으로는 '민주적 사회주의'라는 정치

노선으로 보다 구체화되고, 외적으로는 그의 비동맹중립 통일론에서 보다 실체화된 모습을 갖추게 된 것이다.

박정희 정권의 독재가 심화되면서 그의 정치 행보는 더욱 어려워졌으나 그의 민주적 사회주의에 대한 비전은 보다 견실한 내용을 담게 된다. 개발독재에 의해 사회적 약자로 새롭게 형성된 노동자, 농민과 서민층의 사회경제적 요구를 이해하고 수용하여 그들을 위한 정책적 대안을 제시하고 나아가 그것의 실현을 위해 그들의 생존권 투쟁에 동참하기 위해 노력한 김철의 정치활동은 노동자 계층이 세력화되지 못한 단계라는 한계와 권위주의 통치체제의 견제에 부딪혀 비록 정당을 통한 의회 진출에는 성공하지 못했다. 하지만 당시의 시대 상황에서 민주적 사회주의자로 깊이 성찰하고 진지하게 대안을 제시했다. 이는 노동자 계층이 세력화하고 진보정당이 국회에 진출한 지금의 상황에서 새롭게 재평가하고 참작해야 할 과거의 소중한 경험으로서, 사회적 민주주의와 경제적 민주주의로의 발전이라는 새로운 과제에 대한 사회민주주의적 대안을 내장하고 있다고 하겠다.

그의 '민족적 차원'은 '선민주 후통일'의 노선에서 볼 때 우선 남한의 '민주적 사회주의'로 구체화되지만, 그것의 전 민족적 확장에 그의 통일론의 핵심이 놓여 있다고 하겠다. 1970년대 이후 동서 공존의 국제정세 속에서 남북 각각의 유일 체제가 내세운 기만적 통일 정책을 통렬하게 비판하고 민족적 차원에서 제시한 그의 통일 정책은 실명화되지 않았지만 이후에 우리의 통일 정책에 반영된 것이 적지 않다. 그는 통일을 사회주의자의 일반적 과제로 보지는 않았지만, 사회민주주의와 민족 통일의 내적 연관을 통찰하고 '민족적 차원'을 견지했던 까닭에 비동맹중립 통일 방안을 남북 문제 해결의 유력한 수단이자 나아가 통일국가의 이상적 모형으로 보았다. 그는 통일의 문제를 '객관적 정세와 주체적 태세의 상관관계'[7]의 문제로 파악하고 대응해야 함을 방법론적으로 제시한 바 있다. 그에 따르면 '민주적 사회주의'는 민족 내부에 대한 주체적 태세의 귀결이고, '비동맹중립 통일 방안'은 민족 외부의 객관적 정세와의 상관관계에서 도출된 결론인 것이다. 나아가 더 넓게 본다면 한반도를 둘러싼 초국적 구조가 견고하게 유지되는 분단국의 평화적 민족 통일 방법으로서의 민주적 사회주의는 우리에게 예외적으로 부과된 사회주의 발전의 특수한 과제가 아니라 공산주의 유제와 자본주의의 모순 양자의 변증법적 지양이라는 세계사적 의의를 내포한다고도 볼 수 있다.

3. 김철 통일관과 민주주의와의 내적 연관

김철의 통일관에서 보면 민족 통일은 민족주의, 민주주의, 사회주의가 창조적으로 결합된 한반도적 해결책을 마련하는 것이고 그것은 동서냉전의 완전한 종언을 의미하는 평화주의로 귀결된다. 김철의 통일관에 내재된 사상적 맥락은 민족주의, 민주주의, 사회주의, 평화주의의 구조를 갖추었는데, 그것은 각각 발원의 시점은 달리하지만 일단 형성되면 사상적 궤적이 단절되지 않고 상호작용하면서 내적 구조를 갖추고 내용을 풍부하게 채우며 체계화되는 과정을 밟게 된다. 김철은 "반 조각씩 나누어 쥔 권력이 문제냐, 민족의 운명이 문제냐에 모든 것이 걸려 있다는 것이 우리들의 일치된 의견"[8]이라고 그의 일기에서 고백한 바 있다. 분단은 반 조각의 권력의 문제에 귀결되지만, 통일은 민족의 운명에 귀결된다. 또 다른 면에서는 권력의 문제는 민족의 운명의 문제이기도 하다. 유신독재 정권은 만일 측근의 총에 맞아 박정희가 사라지는 과정을 밟지 않았더라면 더욱더 민족의 운명의 문제로 확대될 가능성이 있었다고 보았다. 유신독재의 최후를 보름도 채 남기지 않은 긴박한 국면에 그의 일기에는 '매우 충격적인 이야기'가 담겨져 있다.

"강원룡 목사를 만나 최근 구미를 다녀온 이야기를 들었다. 매우 충격적인 이야기는 독일에서의 여론이 이른바 '동백림 사건' 때와는 유(類)가 아니게 달리 한국은 희망이 없다는 강한 인상을 주고 있다는 것이다. 그리고 독일이나 미국이나 '반박(反朴)·반김(反金), 선민주 후통일'의 입장을 취하는 사람들이 소수가 되고 재외동포의 대세가 '반박·친김, 선통일 후민주'로 기울었다는 것이다. 사태가 여기에 이르게 한 것은 전적으로 부패된 반동적 독재체제의 책임이다."[9]

김철의 통일관의 핵심이 선명하게 드러나는 대목이다. 통일은 분단체제의 내부적 태세의 역량과 외부적 정세 대응의 상호관계라고 본 것이다. 남한 체제의 통일 지향적 변화는 '민주적 사회주의' 체제로의 발전이고, 그것이 남북 체제에 상호작용하게 될 것이고 북으로 하여금 선통일을 포기하게 하고 내부 체제의 민주적 변화를 유도하게 한다는 것이다. 그 반대의 방향 즉 남한 체제의 반동적 자본 독재 혹은 빈부격차를 유발하는 자유자본주의 체제에서는 북으로 하여금 선통일 노선에 대한 미련을 버리지 못하게 한다는 것이다. 그렇게 보면 유신 말기의 상황은 민족의 운명으로 볼 때 매우 위험한 순간이었다고 증언한 것이다.

김철은 평소에도 민족 통일과 민주적 사회주의의 내적 연관에 대하여 깊이 있는 성찰과 대안을 제시했다. 통일사회당은 청년 조직인 사회민주주의청년연맹(사민청)에서 매월 사상 강좌를 열었는데 그 강좌는 당대 최고의 논객들이 강사를 맡았다. 외부 강연을 별로 하지 않았던 김철이 한번은 한완상 교수가 피치 못할 일로 강의를 할 수 없게 되자 직접 강의를 했다. '현대 정치사상으로서의 민주적 사회주의'라는 제목의 그 강의에서 시간 조절에 실패하여 자신이 정작 강조하고자 했던 민주적 사회주의와 민족 통일의 관련성에 대하여 충분히 언급하지 못했음을 아쉬워한 적이 있다.[10]

또한 그는 "《창작과비평》 겨울호 백낙청 씨의 글[11]에서 민족 통일과 민주화의 내적 연관의 통찰은 나 자신의 생각과 일치하는데 내가 지난번 '79 민족선언'[12]을 기초할 때 이 글을 몰랐는데, 남이 백 씨의 글에서 시사를 얻었다고 생각할지도 모를 것"[13]이라며 1979년 유신 말기의 광복절 기념사에서 통일과 민주화의 관계에 대한 자신의 주장[14]의 정당성을 확인하고 있다.

II. 분단과 '민족적 차원'의 인식(1945~1949년)

1. 민족의식의 자각

해방 후 정부가 수립되기까지 해방 정국 3년은 민족 내부 세력들 간 및 초국가적 이해가 맞물린 격동의 혼란기였다. 김철은 1944년 12월 31일 상경하여 1945년 새해를 서울에서 맞이하고, 6월에 조선청년도 (朝鮮青年徒) 친구들이 잡혀갔다는 소식을 듣고 고향에 갔다. 이것이 고향과 서울을 처음 왕래한 것이다. 그는 8월 10일경 다시 상경하여 여운형을 만나고 해방 직전인 8월 13일 고향에 내려가다 함경북도 경성에서 조선청년도 재건 활동을 했고, 공산주의자들의 군중대회 등과 맞서다가 곧 해산명령을 받기도 했다. 다시 10월에 상경하여 이듬해 족청에 입단하게 된다. 당시 미군정하에 있던 서울에는 우파 민족주의자로부터 공산주의자까지 다양한 정파가 서로 엉켜 헤게모니 싸움을 전개하는 중이었고, 모스크바 3상회의에서 신탁통치안이 나오기 전까지는 공산주의자들이 주도하는 분위기였다. 그는 진보적 민족주의자이지 공산당에 휩쓸릴 심정도 아니고 마음에 맞는 정당 단체를 찾아도 보이지 않았다고 한 인터뷰에서 밝혔다.[15]

1948년 8월 당시의 "남북을 막론하고 반민족적 사대주의 세력이 엄청나게 성장하여 민족 대중과 괴리되어 버렸다는 사실이 우리에게 너무나도 치명적인 것"[16]이라는 그의 해방 정국에 대한 입장에서 그가 언급한 '민족적 차원'의 의미에 대한 단서를 찾게 한다.

김철에게 가장 중요하게 부각된 문제의식은 미·소 양국의 의도나 정책의 내용이 아니라, 분단에 의해 남북에 각각의 사대주의 세력의 성장에 의한 민족 내면의 본질적 분화 즉 분단구조의 내면화에 있었다. 이러한 분단구조는 '양국의 의도를 능가하는 시책'까지 만들어 원래 카이로, 포츠담의 연합국 선언에서 의도한 '적당한 시기에 반드시 독립되게끔 공약'한 것을 무력화시킬 수도 있다는 의미이기 때문이다. 김철이 보기에는 연합국의 남북 분할통치도 문제가 없지는 않지만 보다 중요한 것은 분단을 고착화하는 미·소 양국의 이해를 대변하는 남북의 국내 세력이다. 미·소 양국에 기대어 자신의 정치적 이익을 추구하려는 세력에 의한 분단구조의 내면화는 인적 구성의 면에서도 날로 증대해 가고 있었는데, 김철은 이러한 시대상을 정확히 그리고 있다. "이들 반민족적 사대주의 세력은 분명히 일제 주구들의 저주스런 전통을 계승하는 것임에도 불구하고 오늘날 왕년의 쟁쟁한 반일투사들이 흔히 이 세력에 휩쓸려 들어가 이 세력의 중량을 증대하고 있는 극히 비통한 사실"[17]이라고 당시 민족주의자들의 사대주의적 태도를 비판하는 것이다.

김철은 해방 당시 북한에서도 미국에 대한 막연한 기대의 경향이 있고, 남한 민중들 사이에서도 좌익에 가담하는 자들이 늘어나는 것이 전승국인 미국과 소련의 한반도 정책에는 도움이 되는 일일지는 몰라도 좌우를 초월한 우리의 '민족적 차원'에서 볼 때는 일제에 이은 또 다른 속박과 노예 상태로 진입하기 직전의 몸부림이라고 보고 있었던 것이다. 20대 초반의 청년이 가진 선명한 역사의식이 또렷하게 드러나 있다.[18]

2. '민족적 차원'과 사회민주주의의 맹아

김철은 해방 정국 초기에는 미·소에 의한 좌우 분단을 바라지 않고 백범의 '민족적 차원'의 민족 통일을 기대했는지도 모른다. 미·소에 의한 분단 세력이 세를 넓혀가면서 몽양 여운형, 우사 김규식 등이 주장한 남북 연합정부에도 관심을 가졌을 것이다. 그는 해방 직후 여운형을 만난 적도 있고 그의 민족적 포용성에 감명 받은 일도 있었다.[19) 그래서 좌우합작 정부에 대한 그의 기대는 미국의 무책과 소련의 책략으로 무산되었음을 1960년대 초반 나중의 한 글에서 밝히고 있다.[20) 그가 볼 때, "소련은, 남쪽의 민족주의 진영의 주요 부분까지도 신탁통치에 반대한다는 이유로 협의 대상에서 제외할 것을 요구하고, 끝내 공동위원회를 결렬에 이르게 했던 것이다. 소련으로서는 만만치 않은 민족주의 진영이 참가하는 임시정부를 수립한 결과, 자기들의 점령지역에서 독재체제가 뒤흔들리는 사태를 초래하는 것보다는 오히려 임시정부 수립을 미루는 쪽을 택한 것"[21)이다. 소련의 이러한 미소공동위원회 결렬 의도는 애초의 신탁통치안이 결렬되면서 야기된 한반도 내부의 정치 지형의 변화와 관련이 있었다. 즉 남한의 정치 지형이 자신들에게 크게 불리하게 돌아가고 있었기 때문이다. 모스크바에서 외상회의가 열리고 있을 당시에는 한국 사회에서의 세력 관계는 공산주의자들에게 매우 유리하였다. 그러던 것이 모스크바 외상회의에서 결의한 신탁통치 문제로 민족주의 진영이 강력하게 결속하였고 미소공동위원회가 결렬로 끝나려는 무렵에는 남쪽에서는 민족주의 진영이 공산주의자들을 압도하게 된 것이다.[22)

김철은 당시 이러한 정세에서는 필연적으로 "이 땅에 있어서 일방의 세력의 타방의 세력에 의한 굴복으로 말미암아 우리는 미·소 어느 한편의 세력권에 들어가게 될지도 모른다"고 우려했고, 나아가 "이것은 우리끼리의 혈육의 투쟁을 수반하거나", "혹은 분명히 재기하고 있는 일제의 재침을 초래하여 막대한 민족적 희생 끝에 일어날 일일지도 모른다"고 강력하게 분단의 위험을 경고했다. 김철의 예언대로 남북한 양쪽에 각각 정부가 수립되고 나서 2년도 채 되지 않아 동족상잔의 비극이 발생했다. 이것은 당시 남북한 정권의 통일관이 부딪친 예고된 대참사이기도 하다. 북한은 이북을 민주기지로 만들고 이남을 통일한다는 민주기지론, 남한은 북의 공산당을 때려잡고 통일해야 한다는 북진통일론을 주장하며 각자 정권의 정통성을 강조했던 것의 필연적 귀결인 것이다.[23]

당시 1945년 이후 전쟁 이전까지의 정세에 대하여 김철이 견지한 입장은 우선 "미·소가 새로운 처지에서 발전적으로 접근할 때까지 우리는 참아야 될지도 모른다"고 하며, "미·소 어느 하나의 세력권으로부터도 제약됨이 없이 우리 스스로 우리의 진실한 민족적 발전을 보장할 수 있기까지에는 상금 요원하고도 험난한 도정이 우리 앞에 가로놓여 있다"고 비관적으로 보았다. 그러나 그가 이러한 국면에서도 제시한 새로운 대안은 "민족 전체의 경제적 균등 번영과 정치적 자유 활동을 보장할 수 있는 사회체제를 갖추는 민족적 혁명의 철저한 수행"에서 나올 수 있다고 보았으며, 이를 위하여 "민족 전체 속에 깊이 기반을 박은 하나의 강력한 조직적 운동을 전개하여 장구한 기간 열렬하고도 과감한 민족적 분투를 지속한다면 향유의 우수한 민족 자질로 보아 반드시 조금도 낙후됨이 없이 세계사적 발전과 더불어 전진할 개연성을 가지는 것"이라고 장기적인 전망을 지녔다.[24]

김철의 '민주적 사회주의' 사상의 맹아로서, 외적으로는 좌우를 초월하고 자본 독재와 공산 독재 양자를 극복하는 대안으로서 '민족적 차원'의 견지와, 내적으로는 '경제적 균등 번영과 정치적 자유 활동을 보장하는 사회체제'의 개념을 확인할 수 있다. 그는 민족청년단의 청년 이론가로서 집필한 자신의 저서 『민족학생운동의 이념』에서 "우리는 학생이 좌우 정치운동의 탁류 속에 뇌동하거나, 그렇지 않으면 비굴한 도피주의적 경향을 농후히 띠고 있음에 비추어" 민족혁명운동의 기본적이고 선구적인 추동력으로서의 핵심역량의 형성을 완수하지 못하고 있음을 비판하고 '민족 전체 속에 깊이 기반을 박은 하나의 강력한 조직적 운동을 전개'할 것을 대안으로 제시한 것이다.[25]

이른바 족청계에 대한 정치적 평가[26]는 논외로 하고, 족청은 해방 후 청년 김철의 이념적 형성기에 그에게 민족주의 사상을 체계적으로 정립하고 조직과 인간, 그리고 사상과 운동 등 모든 영역에서 정치적 지도자로서의 식견과 지혜를 구비하는 좋은 발판이 되었다. 또한 족청의 교육 프로그램에서 '민족 주권이 확립되고 경제적 균등과 정치활동이 보장되는 사회체제'[27]라는 대안의 제시는, 김철이 그로부터 5년 후인 1953년 「프랑크푸르트선언」을 접하면서 민족주의와 사회주의의 결합이 가능하게 되는 발전적 경로로 나아가게 된다.

III. '선민주 후통일'의 정치(1950년대)

1. 제3의 통일관의 태동

6·25 전쟁 후 제네바 국제회의가 아무런 합의도 이끌어내지 못하고 폐회되자 통일 논의는 내부적인 논의 구조 속으로 끌어들여 해결하는 것이 낫다는 인식의 변화가 생겼다. 1954-60년 간 북한은 체제 정비와 통일 선전 공세를 강화하고, 전쟁 피해에도 불구하고 남북한의 정권은 각각의 체제를 더욱 공고화하게 된다. 북한에서는 민주기지론의 실패에 대한 책임을 물어 남로당계를 숙청하여 독재체제를 공고화하고, 1959년부터 재일 동포 입북을 통한 체제 우위를 선전하고, 남한은 1956년 3대 대선에서 이승만의 북진통일론과 다른 평화통일론으로 30%(216만 표)를 얻은 조봉암이 간첩죄로 법살(法殺)당하는 사태가 발생하는 등 남북한 통일을 둘러싼 체제 내부의 논의 구조가 본격화되어 갔다. 또한 남북 모두 상대방의 존재를 인정하는 방향으로 인식이 바뀌었고, 남한에는 처음으로 북진통일론과는 다른 통일론이 제창되고, 북한에서는 민주기지론을 포기하고 연방제가 제의되기에 이르렀다.

이러한 정세 변화에 따라 통일에 관한 논의도 다양하게 전개되었다. 김철은 북진통일론과 평화통일론 사이에 존재하는 다양한 통일론을 비판하면서 자신의 통일관을 제시한 바 있다.[28] 그는 통일의 중요성을 지적하면서 "통일을 성취하기 전에는 우리의 민족국가는 미

완성인 것이며 따라서 국제사회의 충분히 권위를 갖춘 일원이 될 수 없다"고 전제하고, "통일을 성취하기 전에는 우리는 또한 국가적 독립과 국민복지의 기초인 자립경제를 건설할 수 없다"고 하여 통일의 대외적 의의와 통일의 대내적 의의를 구분하여 지적했다. 이러한 인식은 그의 통일관의 이원 구조로서 상호 관련성을 지닌다.

2. 정태적 통일 방법론에 대한 비판

김철은 통일 방법에 관한 이승만, 조병옥, 정일형, 조재천, 민주혁신당, 진보당 등의 통일론[29]은 다만 그 논의가 통일의 방법을 다루는데에 그쳤을 따름이라고 비판하고, "위에 열거한 주장들을 보면 우리가 느끼는 것은 통일의 방법에 관한 논의는 한낱 '논의를 위한 논의'에 떨어지기 쉬운 것으로 그다지 실제적인 것이 못 된다"고 지적했다. 실상 통일의 방법은 "일정한 정적(靜的)인 상태를 놓고 논의에 의하여 가장 타당한 불변의 방법을 발견할 성질의 것이 아니라 '객관적 정세와 주체적 태세'의 상관관계에서 그 방법이 결정될 성질의 것"이라고 지적했다. 즉 당시 유엔의 결의는 남북한 총선거이고 북한도 선거 감시를 누가 할 것인지의 문제가 해결된다면 기존의 입장인 남북한 자유선거 거부에서 태도를 바꿀 가능성도 있다는 국제정세의 변화에 대한 주체적 태세의 유동성을 지적한 것이다. 그는 "평소에 진보당을 가리켜 무력적인 대결에 관한 용의가 없다고 비판하였고 평화통일이 쉽게 오기는 어렵다는 전망을 표명하여 온 그들이 갑자기 남북한 총선거만을 내세우고 무력적인 방법에 관하여서는 단독 북진을 부정한 것 외 긍정적으로는 언급도 하지 않은 것은 무엇 때문이었던가"라고 하면서, 당시 야당인 민주당의 오락가락하는 통일 정책에 대해서도 비판했지만 해체된 진보당의 통일론에 대해서도 비판했다. 그는 "민족의 운명에 직결되는 이와 같은 문제는 서로 생각이 다르다는 것을 선전하기 전에 내셔널 인터레스트(national interest)에 비추어 겸허하게 협의하여 공동 행동을 기하여야 하는 것"이라고 하여 통일 문제에 대한 당파적 차원이 아닌 민족적 차원에서의 접근이 필요함을 지적했다. "당시 '평화통일'이라는 용어 자체를 기피하던 타당에게 그들은 진심으로 협의에 응할 것으로 기대하였던 것일까. 그들이 처음부터 통일 문제에 관하여 타당과 협의할 태도를 가졌다면 그처럼 평화통일을 유별나게 주장하지는 않았을 것이다"라고 진보당의 통일 문제에 대한 접근방법을 비판했다. 그는 "총체적으로 우리는 지금까지 통일 문제에 옳게 어프로우치하지 못하고 있었다. 우리가 스스로의 지상의 과업에 옳게 접근하지 못하고 있었다는 것은 서글픈 일이 아닐수 없다"고 민족적 차원에서의 통일 문제의 접근을 강조했다.[30]

3. 조봉암의 평화통일론에 대한 평가

조봉암[31]과 마찬가지로 김철도 남북한 총선거가 당시로서는 가장 현실적인 통일 방법이었다는 데 의견을 같이한다. 조봉암은 그의 글 「평화통일에의 길」(1957년 10월)[32]에서 "유엔 감시하 남북통일 총선거로 유엔 가입국 절대다수가 기울어져 있으니 차라리 북한에 완전한 자유 분위기를 만들어서 민주진영 인사 다수가 선출될 수 있는 환경을 조성한다면 북한만의 선거로 백 명의 공산당원이 우리 국회에 오게 하는 것보다 나을 수" 있다는 이유를 들어 남북한 총선거를 지지했다. 조봉암의 이러한 평가에 대하여 김철도 명시적 선택의 입장은 아니었지만 그것의 가능성까지를 염두에 두고 통일에 대하여 민족적 차원의 접근을 강조했던 것이다.

김철이 보기에 조봉암의 평화통일론은 통일의 방법이라기보다는 정치적 수사라는 면에서 보다 신중한 접근을 할 필요가 있었다는 점을 지적한 것이다. 조봉암이 '관념적 유희'라고 매도한 중립화에 의한 통일안은 진보당이 해체된 이후 결성된 통일사회당 내부에 따로 중립화통일촉진연맹을 설치했고 김철의 주도로 재건된 통일사회당 이후 비동맹중립 통일 방안이 당의 통일 정책으로 확립되었다.

당시 통일론을 둘러싼 논의 과정을 보면 민주당은 이전에도 남북한 총선거로 입장이 수렴된 적도 있었고, 4·19 이후 이전의 북한만의 총선거에서 남북한 총선거로 입장을 바꾼 바처럼, 조봉암의 평화통일론은 실제로 남북한 총선거 방안을 수용하자는 것으로 요약되는바, 평화통일의 구체적인 통일 방안인 남북한 총선거 방안은 조봉암만의 특별한 통일 방안은 아니었다. 조봉암의 평화통일이라는 정치적 수사를 걷어내면 그의 통일 방법은 남북한 총선거 그것이다. 그러므로 그는 간첩죄의 누명을 쓰고 이승만의 정적으로 살해된 것이지 평화통일이라는 통일 정책으로 죽임을 당한 것은 아니었다. 이승만 정권이, 조봉암이 평화통일이라는 용어를 선점한 정치적 효과를 크게 누리지 못하게 그것을 무력화하기 위한 극단의 수단을 동원한 것이다. 평화통일 그 자체에 대해서는 사법의 잣대를 댈 수 없었던 것이다. 평화통일 정책에 대해서는 법원에서도 무죄판결이 난 바 있다.[33]

4. 통일을 위한 자유 진영의 '주체적 태세' 형성의 중요성

조봉암의 처형이 제도정치권에서 별다른 저항 없이 진행된 이유는 민주당의 묵시적 동의와 협조 때문[34]이었다고 볼 수 있다. 1950년대 중반 조봉암이 민주당과 반(反)이승만 연합전선에 진입을 거부당하고 한국적 자유주의(liberals)와 사회민주주의(social democrats) 연합이 이루어지지 못한 것의 연원으로 들어가보면, 이것은 분단체제의 평화적 극복이라는 밑으로부터의 민족주의를 내포한 진보정치가 분단체제의 소극적 수용이라는 보수정치와의 대연합에 실패한 것에 기인한다고 볼 수 있다. 이 점에서 김철이 갈파한 '민족적 입장에서의 통일의 어프로우치'라는 관점은 향후 민족 통일을 이루는 데 있어서 매우 중요한 방법론을 제시한 것으로 볼 수 있다. 김철에 있어서 통일 문제는 모든 정치의 영역을 합한 것보다 어렵고 다층적이고 총체적인 신중한 접근이 필요한 사안이다.

김철은 당시 1960년의 미국 대통령선거에서 정권이 평화적인 해결의 시도에 상당한 열의를 가진 민주당으로 넘어가기 쉽다는 것과 영국에서도 다음 선거를 통하여 보수당이 물러가고 노동당이 집권할 가능성이 적지 않다고 봄으로써, 그때에는 '통일을 위한 총선거'가 거의 불가피한 현실이라고 파악했다. 그는 우리 민족이 아직도 생생한 쓰라린 체험을 살릴 수 있는 최소한의 현명을 가졌다면 지금은 우리가 총선거에 의한 통일에 임할 준비를 시작하여야 할 때이고, 총선거가 실시되고 거기서 실패하는 날에는 우리는 민족의 전도에 희망을 가질 수 없게 될 것이라고 경고했다.[35]

남북한 총선거가 피할 수 없는 현실이라면, 김철의 통일관에서 이와 관련된 '객관적 정세와 주체적 태세의 상관관계'는 필연적으로 제기되는 문제이다. 그는 남북한 통일에서 공산 세력에 대항하는 '자유 공세에 주력하라'고 제안하고 있다. 당시 소련에서는 흐루쇼프 일파가 1956년 2월의 당대회에서 스탈린을 공공연히 규탄하여 당내의 스탈린 직계파를 거세한 소위 비(非)스탈린화의 여파로 동부 유럽의 소련 위성제국에서 반소 봉기가 일어났다. 김철이 판단하기에는 스탈린주의자들이 정권에서 물러났을 때에도 김일성 일파는 그대로 권력을 유지하였지만 북한 권력 집단의 내부에 권력투쟁[36]이 없는 것은 아니며, 대규모의 민중 봉기가 일어나기에 이른다면 우리는 무력행사를 포함하는 모든 수단을 다하여 이것을 지원하여 '통일을 성취할 기회'를 포착할 수 있어야 할 것이라고 생각했다. 또한 북한의 민심이 반공적 결속의 방향으로 크게 움직인다면 김일성 일파의 입장은 그만큼 약화되는 것이니 우리로서는 총선거에 의한 통일에 임하는 데에 있어서도 유리한 기반을 마련할 것이라고 생각했다.[37]

김철은 이상과 같은 객관적 정세에 대응하는 주체적 태세를 위한 강령을 제시했는데, 그가 볼 때 통일이 공산주의자들이 완전히 변질하기 전에는 북한 김일성 일파와의 화해로써 성취될 성질의 것이 아님을 전제로 하고, 이에 대한 대책으로 첫째는 내정을 과감하게 개혁하여 국민의 균등한 복지를 증진하고, 둘째는 공산주의자들을 반대하는 정치세력이 공동전선을 펴서 저들을 고립시켜야 한다고 지적했다. 그의 이러한 주장은 첫째는 사회민주주의 정책과 연관되고, 둘째는 '자유(liberals)-사민(social democrats)' 공동전선과 관련된다.

김철이 판단하기에 공동전선은 통일 문제를 정략적으로 이용하여 다른 세력을 탄압하려고 하거나 자파의 인기를 돋우려고 하여 서로 무분별한 행동을 하는 대신에, 끊임없는 협의를 통하여 정세의 추이에 즉각적으로 대응하는 공동의 통일 정책을 세우고 통일에 대비하는 태세에 더욱 만전을 기하는 데에 힘쓰고 북한에 대한 자유 공세를 지도할 수 있어야 할 것이라고 강조했다. 그는 이러한 자유 공세의 지도부를 구성하는 데 역점을 두어 조사 및 연구와 공작을 담당할 상설 기관도 설치할 것을 제안하였다. 1950년대 후반에 나온 이러한 민족적 차원의 주체적 통일 대비 태세에 대한 획기적 제안은 1963년에 쓴 글인 『새 역사의 구상』에서도 재차 강조하는데, 1969년에 와서야 그의 제안의 내용이 통일부의 전신인 국토통일원의 설립으로 실현된다.[38)]

IV. '민주적 사회주의'와 민족 통일(1960년대)

1. 장면 정권 통일관의 협애성

진보당의 불법화와 조봉암의 죽음은 우리나라 민주화의 파행의 서막이었다. 자유주의와 사민주의(사회민주주의)의 연합이 아니라 보수 독재와 보수 자유의 연합 이후 4월의 시민혁명(bourgeois revolution)은 필연적 수순이었다. '자유-사민' 연합이 가능했다면 4월 혁명의 피를 흘리지 않고도 민주화로의 이행이 가능했을 것이라는 시각도 있다.[39] 4월 혁명으로 성립된 민주당 정권은 종래의 북한만의 총선거 입장에서 남북한 총선거로 통일 정책을 바꾸었다. 북한은 남한 정권을 인정하지 않던 종래의 입장에서 선회하여 새로운 통일 방안을 제시했는데, 이것이 바로 연방제다. 북한이 이처럼 연방제를 제의한 것은 당시로서는 경제적 우위를 확신한 데다가, 4월 혁명 이후 남한에서 남북 교류와 협력을 앞세운 혁신 세력의 지지기반이 확대되어 간다고 판단했기 때문이다. 장면은 1960년 11월 2일 중립화통일론의 부당성을 지적하는 성명을 발표했는데, 그 주요 근거는 중립화통일론이 국내외의 전제 조건의 구비를 무시한 것이고, 한반도의 전략적 위치를 도외시할 위험성을 내포하고 있다는 것이고, 오스트리아와 한국은 차이[40]가 있다는 것 등이다. 1960년 장면 집권 이후 민주당 정권의 실패가 다른 무엇보다도 학생 및 중산층이라는 자신들의 정권을 형성한 연합 세력과의 보수-혁신 사이의 분열 때문이라는 것은 바로 이러한 통일론의 협애성과도 관련이 있다. 박명림은 민주당의 사민주의 거부는 자유주의 정권의 유지조차 어렵게 한다는 점을 지적한 바 있다.[41]

2. 남조선혁명론과 선건설 후통일론의 대결

5·16 군사쿠데타로 남한의 통일 정책은 또다시 원점으로 돌아갔다. 반공 정책으로 더 이상 중립화통일론의 제기가 어려운 분위기가 형성되었다. 북한도 통일 정책을 변경하여 남조선혁명론을 제시했다. 종래의 민주기지론이 북한의 혁명 역량만을 결정적인 담보로 간주한 데 반해, 남조선혁명론은 남한의 혁명 세력이 주체가 되어 정권을 장악하게 되면 북한의 사회주의 역량과 합작해 통일을 실현한다는 것이다.[42] 남조선혁명론은, 남한 정권의 실체를 인정하고 연합하려 했던 연방제와는 달리 남한에 새로운 정권의 수립을 촉구하는 노선이다. 이에 대응하여 남한의 박정희는 경제건설로 북한을 압도할 수 있는 실력을 쌓는 것이 가장 확실한 통일 방책이라고 하여, 선건설 후통일론을 주장했다. 박정희는, 미국과 캐나다를 중심으로 한 국가들이 기존의 유엔 감시 대신 새로 '국제 감시하 총선거안'을 진지하게 검토하고 있고, 아시아·아프리카 국가들이 제3세력을 형성하는 등 유엔의 동태가 유동적이라는 데 유의했다. 이처럼 남북 양 체제는 체제 내부뿐만 아니라 체제 외부 및 국제정세의 변화에 대응하여 통일 전략을 전환해 나갔다.

5·16 군사쿠데타로 가장 타격을 입은 정치세력은 민족주의에 기초한 활발한 통일론을 개진한 혁신 세력이다. 4월 혁명 후에 가장 활발한 정치활동을 전개한 혁신 세력인 통일사회당은 군사쿠데타 세력에 의해 이른바 '통일사회당 사건'으로 불법화되었다. 김철은 당시 일본 체류 중 쿠데타를 접해 체포를 면했다. 그는 당시 쿠데타 발생을 분석하는 글[43]에서, 쿠데타 배경에는 국민의 민족 통일 요구가 높아졌다는 것이라고 지적했다. 그리고 국민들의 통일 요구가 앞으로 군부정권의 반공노선에 의해 무마되는지에 대해 비상한 관심을 가지며, 통일론 혹은 통일운동이 널리 퍼진 것은 한국의 경제건설이 국민이 기대했던 것처럼 진행되지 않아 차라리 그럴 바에는 통일이라도 하자는 자포자기의 분위기가 생겨나는 사회심리적 조건 때문이라고 진단했다. 김철은 이 점에서 확실히 무조건적인 통일이 아니라 선민주 후통일 노선의 입장이다. 그래서 신정권이 경제건설에 노력하여 실효를 거두어 민생을 안정시킬 수 있으면 무모한 통일 요구는 옅어질 것으로 전망했다.

3. 통일사회당의 영세중립통일안

김철의 선민주 후통일 노선은 통일사회당 사건 기록[44]을 통해서도 확인된다. 무조건적 통일론인 '선통일 후건국' 노선을 취한 민족자주통일중앙협의회[45]가 그들의 통일이론 주장을 포기하기를 거부하면서 통일사회당의 노선인 영세중립통일안에 동의하지 않자 1961년 2월 중순 통일사회당은 그 협의회로부터 탈퇴하고 영세중립통일을 위한 총 연맹을 설립하자고 제안했다. 검찰은 "국가를 전복시켜 공산주의화할 위험이 다분히 내포되어 있는 영세중립통일이 마치 유일한 통일 정책인 것처럼 선전하고 (…) 북한 괴뢰의 활동을 고무"했다는 혐의에 대하여, 통일사회당은 민족자주통일중앙협의회가 주장하는 통일안이 당시 북한의 전술에 이용당할지 모른다는 인식을 했으며, 그 위험을 제지하려는 염원에서 영세중립통일을 급히 제안했다는 것이다. 더구나 통일사회당은 공식성명을 통해 위험한 성격을 가진 남북한 학생회담에 대해 분명히 반대하고, 북한의 남침에 대한 책임을 추궁하는 것이 통일에 앞서 이루어져야 할 일이라는 입장을 확고하게 견지했다.

이들 피고인들은 영세중립통일안은 북한의 연방제 및 다른 진보주의자들의 무조건적 통일안에 반대하는 것이고, 그것은 '선통일 후건국'에 반대되는 '선건국 후통일' 노선이고, 또한 민주 대한민국의 주도 아래 통일한다는 전제하에, 북한 공산주의자들로부터의 침략에 대비, 만주에 중립지역을 만들고 유엔과 다른 영세중립국으로부터 이중 보증을 얻기 위한 계획까지 포함하는 것이라고 주장했다.

당시 피고인인 김기철은 인구 비율에 따른 자유 보통 선거를 통해 민주주의의 승리 아래 조국의 통일을 염원했으며 확실한 국제적 보증 아래 조국을 영세중립국으로 만들려는 꿈을 가지고 있었다. 이론적으로 공산주의에 영세중립이 있을 수 없으며 공산주의자들은 중립통일운동을 반동으로 간주하였다. 김기철이 '영세중립통일을 위한 총연맹'을 제안했던 것은 주요 도시의 연설회에서였으며, 그는 북한의 위장 평화 전술이 국가에 어떻게 해악을 끼치는지에 대해 철처히 폭로했으며, 또한 북한이 주장한 남북연방제의 내용을 샅샅이 폭로하였다. 요약한다면 김기철의 의견으로는 5·16 쿠데타 전, 북한의 위장 평화 전술에 가장 심각한 타격을 주었던 것은 통일사회당이었다는 것이다. 통일사회당의 주요 계획에 들어 있는 통일 계획은 김일성과 그 무리들이 내전에 책임이 있으며 그들이 권좌에서 물러나는 것을 필수적으로 전제하고, 의회주의 원리에 가치를 두고 민주주의의 승리 아래 국가의 평화통일을 이루는 것이었으며, 북한의 위장 평화 전술과는 다른, 우리 민족의 힘을 강화하기 위한 전술로서의 영세중립통일을 알리는 것이었다고 주장했다.[46]

통일사회당은 선통일론자들의 협상론을 비판했는데, 그들의 남북한 간의 무조건적 즉각적 협상을 통한 통일론과 '민주주의, 자주, 평화'라는 구호가 상당한 영향력을 발휘하여 오스트리아 형태의 영세중립통일안에 극렬하게 반대하는 등 순진한 국민의 감정에 호소했다는 것이다. 선통일론은 한국의 문제는 외국 군대 철수 후 한국 국민들 스스로 해결해야 한다고 말한 소련과 같은 주장으로서 그 제안은 극히 위험하다고 판단했다. 왜냐하면 만약 한국이 남북한 협상을 통해 민주적·자주적·평화적 선거에 기초하여 통일이 되고 결과적으로 공산국가가 된다 해도 이를 막을 별다른 방법이 없다는 것이기 때문이다. 통일사회당의 영세중립통일 방안은 당시로서는 사실상 공산국가로의 통일로 귀결될 가능성이 매우 큰 선통일론자들의 주장에 반대하기 위한 대안으로 제시된 통일 방안이었다.

4. 김철의 '선민주 후통일' 노선

김철의 선민주 후통일 노선은 "한국 측에서는 통일 후의 체제에 대해서, 공산당도 민주주의의 틀 안에서 합법성을 인정할 생각이나, 북한 측은 민주주의의 룰을 존중한다든가 민주적 정치세력을 인정하여 국민의 신뢰를 얻자는 생각을 조금도 제시하지 않는 상황에서는 우리는 도저히 통일에 임할 수 없다"[47]고 한 것에도 분명히 나타난다. 그는 또한 북한에서 말하는 통일은 결국 한국의 공산화라는 것을 국민들에게 납득시키고, 북한의 남조선혁명론에 대응하는 경제 건설에 의한 실력 배양의 입장을 밝히고 있다.[48] 박 정권의 초기 통일론도 정권의 정통성의 취약함을 보강하기 위해 크게는 이것을 수용한 입장이었다고 볼 수 있다.

김철은 군사쿠데타 발발 시 일본에 체류하고 있었는데 이 기간은 그가 민족문제에 대하여 보다 큰 시각에서 성찰할 수 있는 소중한 기회를 제공했다. 1963년에 쓴 미발표 논문인 「새 역사의 구상」[49]이라는 저술에서 그는 자신의 통일관을 비교적 소상하게 밝히고 있다. 지난 1959년의 글[50]에서도 언급한 바 있지만 이로부터 4년이 지난 글에서는 한층 구체화된 통일 방안을 제시하고 있다. 통일에 관한 객관적 정세의 분석에서 그는 "우리가 북쪽의 공산당을 조국에 대한 반란 세력이라고 규탄할지라도 이것이 북한을 지배하고 있다는 현실을 무시할 수는 없다"며 북한의 현실적 존재를 인정하고 있으며, 통일의 방법으로 동족상잔을 가져올 무력 북진은 우리가 취할 바가 아니며 공산당의 지배에 항거하는 북한 동포들이 의거를 일으켜도 중공 및 소련의 개입이 예상되기 때문에 우리가 북한을 해방시킬 수 있는 기회는 크지 못하다고 판단하였다. 또한 그는 그런 가운데서도 북쪽의 공산당에 내부 변동이 생겨 흐루쇼프 노선이라도 따르게 된다면 민족국가의 통일을 위하여 간접 또는 직접으로 한 걸음 나아간 타진 과정을 거쳐 연방제 등의 공산당의 주장에 대하여서까지도 논의하여 볼 수 있고 시험적으로 제한된 교류도 실시할 수 있겠지만, 당시의 북의 공산당은 남한의 공산화를 노려 미군 철수를 선동하며 갖가지 수단으로 대남침투를 시도하고 있는 사태에서 북의 주장인 연방제나 제한된 교류도 가능하지 않다고 보았다. 그러나 그는 가만히 앉아만 있어서는 사태의 개선을 바랄 수는 없는 것이므로 기어이 통일을 성취하려는 장기 정책의 첫 착수로서 당시 서독의 전독성(全獨省)과 비슷한 정부 부서를 설치하여 북쪽의 공산당의 실태와 동향 및 북한 동포들의 민심 동태를 포함하는 통일에 관한 제 문제를 연구하고 파악하는 주체적 태세를 갖추어야 할 것을 주장하였다.[51] 김철의 선민주 후통일 노선은 이후 민주적 사회주의의 통일 노선으로 계승 발전되는 과정을 밟게 된다.

5. 공산주의적 통일 노선과 민주적 사회주의의 대결

1960년대는 북한에 의한 통일 선전의 주도와 남조선혁명론을 실행한 시기이다. 1961년 5·16 쿠데타 세력은 반공을 국시로 내세웠기 때문에 정권하에서 통일 논의가 불가능하게 되었다. 북한은 주한미군 주둔하에서 무력통일이 불가능하다는 인식으로 '남조선혁명' 단계를 걸치는 방향으로 선회했다. 이에 따라 1964년 김종태의 통일혁명당 창준위가 설립되고, 1968년 7월 8일 대거 검거된 사건이 있었고, 1968년에는 북한의 무장 게릴라가 청와대를 기습하고, 울진 삼척에 침투했다가 실패한 사건 등이 있었다. 1967년 김정일 주도하에 갑산파 허봉학, 김창봉 등을 숙청함으로써 남조선혁명 노선을 강화하고 유일사상 체제의 확립을 주도하여 후계체제 준비를 완료하였다.

남조선혁명론이 실행되는 정세하에서 김철은 공산화의 위협을 심각하게 받아들이고 있었다. 일본 체류 기간 중에 브뤼셀 사회주의인터내셔널 대회에 참석하여 한 연설에서 그는 당시와 같은 폭압정치 상태가 유지된다면 한국의 국민들은 점점 더 자포자기적인 극단주의에 빠져들 것이고 양극단으로 분열될 것이라고 우려를 표명하면서, 만약 북의 권력자가 통일을 위해 무모한 모험을 감행할 경우 공산화될 충분한 가능성이 있다고 판단했다. 당시 한국 중앙정보부장은 인민혁명당 사건을 극적으로 발표했는데, 김철은 소규모 집단이 평양의 지시에 따라 비밀 활동을 계획하고 있었다는 것만큼은 사실이라고 생각했으며, 만약 이러한 집단이 존재한다면 이는 폭압통치가 필연적으로 초래한 결과의 최초의 사례가 될 것[52]이라고 경고했다.

그에 따르면 당시 남한은 공산 침투가 용이한 취약한 체제이고, 그것은 자본 독재의 폭압통치의 결과라는 것이다. 따라서 한국이 자본주의나 파시즘을 통해 공산주의에 대처하려 한다면, 공산주의가 유리한 입지를 선점할 것이라고 단언했다. 그가 보기에 남한은 높은 문화적 수준과 후진적 산업 수준이라는 불균형 상태에 놓여 있기 때문

에 공산주의에 대한 선호가 더 클 것이라고 판단한 것이다.[53]

김철이 당시 민주적 사회주의가 대안으로서 자리를 잡지 못하는 이유에 대하여 설명하기를, 한국이 공산주의 국가가 될 것을 두려워하는 사람들은 민주적 사회주의를 위험한 것으로 간주하기 때문이라고 지적했다. 또한 한국 국민들은 그간 경험했던 모든 정권들에 대하여 환멸을 느꼈고 그러한 심리 상태에 있는 사람들에게는 민주적 사회주의가 현 상태를 개선하기에는 너무 온건하다고도 여기는 것으로 보았다. 이들이 그저 남북한의 통일을 통해서만 변화를 기대하는 선통일론에 쏠려 있는 것은 민주적 사회주의가 억압받는 민중에 대한 진실한 노력과 국가적 시련을 극복하는 능력을 제대로 보여줄 충분한 기회를 갖지 못했다는 반증이라고 평가했다.[54]

김철은 선민주 후통일 노선에 있어서 선민주의 실제적인 내용을 이루는 것도 민주적 사회주의 정책이고, 후통일의 통일국가 체제도 민주적 사회주의의 원칙에 입각하여 도출될 것으로 규정하고 있다. 그러므로 민주적 사회주의는 민주의 내용을 규정하는 것과 동시에 통일국가의 체제를 도출하는 원칙으로 규정되는 이중의 성격을 지닌다고 보겠다. 선민주의 단계에서도 민주적 사회주의는 통일관의 내부와 외부에서 중요한 역할을 하는 것으로 보고 있다.

그는 긴 안목으로 보면 민주적 사회주의 정당이 다시 등장하여 그 세력이 건실하게 성장하여 나가는 것은 민족 통일을 위한 포석도 되는 것이라고 지적했다. 독일의 경우에는 이미 동독의 대중이 그들을 지배하여 온 울브리히트의 공산당에 대하여서가 아니라 브란트의 서독 사회민주당에 마음이 쏠리고 있다는 것은 비밀이 아니라고 예시하면서, 남한에서 민주적 사회주의 혁신정당이 유력한 세력으로서 자리를 잡게 될 때, 그것은 이처럼 북한의 '눌린 대중에의 자력(磁力)'이 될 수 있을 뿐만 아니라 또한 국제적으로는 남한의 북한에 대한 '실질적인 정치적 우위'를 인정받는 길이 될 수 있다고 말했다.[55]

김철이 선민주 노선을 말했을 때 그것은 공산 독재뿐만 아니라 우익 독재에도 반대하는 노선임을 알 수 있다. 또한 선민주 노선은 제 민주 세력의 연대를 전제로 한다. 그는 도쿄 망명을 청산하고 귀국하는 환송연의 연설에서, 오스트리아가 중립국으로서 사회당과 국민당이 민주 세력의 연대로써 연립정부를 세워 중립화통일을 실현시킨 사례를 언급했다.[56]

5·16 쿠데타 이후 재건된 통일사회당은 "우리는 모든 국가정책은 궁극적으로 민족이 전체로서 받아들일 수 있는 통일의 성취에 집중되지 않으면 안 된다(통일사회당 창당준비위원회 잠정 강령, 1965년 5월 1일)"고 밝혀 김철이 강조한 '민족적 차원'의 통일 성취를 국가정책의 최종 목표이자 '제2의 해방'[57]으로 설정한 바 있다. 그리고 그 구체적인 방법과 내용으로서 민주적 사회주의를 제기하고 있다. 김철은 세계사는 바야흐로 민주적 사회주의의 이상으로 접근하여 가고 있는 것이 분명하다고 전제하고, 여기에 민주적 사회주의가 우리의 민족문제의 해결을 위하여 전 민족적 시야에서 발상된 현대 한국 민족의 이데올로기로서, 역사 발전적인 민족 통일에 의한 자주적 민족국가의 완성을 기하는 우리의 장기 민족 노선[58]이라고 확신했다.

김철은 유럽의 민주적 사회주의 정당들의 국제적 영향력에 대하여 큰 기대를 가지고 있었다. 김철은 사회민주주의 정당이 민족문제나 세계문제 해결을 위해 공산당과도 두려움 없는 접촉을 할 만큼 세력이 커지고 있음을 전망하고 있었다. 그가 제시한 일례로 덴마크의 사회민주당 정부는 나토(NATO)를 군사기구로부터 점차 평화기구로 전환시키는 구상을 제기하고 있으며, 강대국의 이웃에 놓였으면서도 '불기(不羈) 독립의 의지'를 굽히지 않고 자주 중립의 길을 걷고 있는 핀란드의 사회민주당이 당시 그들이 주도하는 연립정권에 보수정당과 함께 공산당을 참가시킬 정도로 강성해진 것을 보았다.[59]

한국전쟁 중에 열렸던 사회주의인터내셔널 창립대회(1951년 3월, 프랑크푸르트)에서는 '평화를 위한 투쟁에서의 사회주의자의 세계적 행동'이라는 특별결의를 했는데, "한국전쟁은 공산주의자들이 세력의 확대를 위하여 무력 침략의 사용을 서슴지 않는다는 것을 드러냈지만 자유 민주 제국의 집단행동은 능히 침략을 막고 전면전쟁으로부터 세계를 지킬 수 있다는 것을 보여주었다"고 선언하고, "사회주의인터내셔널은 전투가 끝나면 유엔이 전쟁의 상처를 아물게 하고 한국으로 하여금 경제적·사회적 진보를 위한 유엔 정책을 입증할 장소로 만들도록 가능한 모든 노력을 다하여야 한다는 것을 선언했다."[60] 전후 한국 재건에서 경제적·사회적 진보를 위한 유엔의 정책을 입증하는 방법은 바로 민주적 사회주의 정책이라는 의미이다. 이는 1960년 공산주의적 통일 노선인 남조선혁명론에 대한 김철의 민주적·사회주의적 대응책이기도 하고 국제사회민주주의 세력의 대응책이기도 하다.

V. 민주화 투쟁과 민족 통일(1970년대)

1. 냉전 해체와 민족사의 새로운 단계

1970년대에 들어오면 미·중 화해와 미·소 데탕트 분위기가 조성된다. 이러한 상황은 냉전 해체를 요구하게 되고 냉전에 의해 유지되어 온 체제가 체제 유지의 불안을 겪게 된다. 그 불안을 해소하기 위해 분단체제는 동서 대화, 남북 대화라는 새로운 환경을 모색하게 된다. 동서 이념 대결의 시대가 지나가면서 동서 화해의 동방정책을 꾸준히 추진해 온 서독은 새로운 시대 환경에 적극적으로 대응하는 탄력적인 정치적 공간을 확보하게 된다. 김철은 "브란트 서독 수상은 '오직 우리의 노선만이 분단된 독일의 통일을 가져올 수 있다'[61]는 확신과 독일 사민당의 동방정책과 사회민주주의 정책의 우월성을 입증할 것에 큰 기대를 걸었다. 김철은 당시 오늘날 인류 전체의 역사로서의 세계사의 발전이 도달한 수준을 살폈는데, 첫째 공산진영과 반공진영으로 양분되었던 전면 냉전의 체제가 이데올로기보다 각국의 국가이익을 앞세우는 다변적인 관계로 변화되면서, 핵 공멸의 위협 앞에 다가선 인류가 대소의 지역적 분쟁에도 불구하고 크게 평화로 향하고 있으며, 둘째 각국의 대중 사이에 높아진 평화와 국제 정의에의 희구가 국제여론을 형성하여 그것이 강대국의 자의적 행동을 어느 정도까지 견제하는 힘으로 등장했다고 객관적 정세에 대하여 분석했다. 이에 대한 우리의 주체적 태세에 관하여, 첫째 우리 민족에게 저마다의 국가이익을 전제로 한 외국의 행동에 환상을 가질 것이 아니라 우리 민족의 운명은 평화가 유지되는 다변적 국제관계 속에서 스스로의 자주적 의지로서 타개하여 나갈 것과, 둘째 우리의 민족적 노력이 평화와 국제 정의의 편에 서는 국제여론을 광범하게 동원할 것을 요구했다. 또한 이러한 세계사적 국면에 처한 우리 민족사의 현 단계는, 남북의 분단이 가져올 양측 각각 피할 수 없는 예속적 대외 추종에서 벗어나기 위해 통일을 성취하여 민족국가로서의 자주독립의 지위를 확보하여야 할 단계로 설정했다.[62]

2. 1971년 대선후보 김철의 통일 정책(1971년)

재건된 통일사회당의 지도자로서 김철은 자신의 통일관을 보다 적극적인 정책으로써 실천에 옮기게 된다. 통일사회당의 대통령후보가 된 그는 1971년 당시 30만 매나 뿌려진 선거 벽보에서 "남북이 마주 앉아 중립 통일할 길 뚫겠다"고 한 캐치프레이즈를 내걸었는데 이것은 중앙선거관리위원회의 불법 조치로 지워졌으나 상당한 호응을 얻었다고 한다.[63]

김철이 대선후보로서 이러한 파격적인 구호를 내세우게 된 배경은 그가 당대표로서 발표한 여러 문건에서 확인할 수 있다. 당시 미국은 주한미군을 감축하겠다는 발표를 했는데, 이에 대한 통일사회당은 1970년 7월 20일 당의 최고의사결정기구인 정치위원회에서 주한미군 감축 문제에 대한 당의 기본 태도를 밝혔다.[64] 우선 "미국은 소련·중공 관계의 현상에 있어서 소련·중공 양국이나 그중의 어느 일국이 북한 공산집단의 전면적인 남침을 뒷받침할 수 없을 것이라는 상황판단을 전제로 대외 군사개입의 정리를 바라는 국민 여론의 압력 밑에 극동에 있어서의 긴장 완화를 위한 시험적 포석도 겸하여 해외 주둔 병력의 전반적인 감축의 일환으로 주한미군의 감축을 결정한 것으로 보인다"고 국제정세를 분석했다. 이러한 정세에서 북한은 전면전쟁에 이르지 않은 범위에서 남한 사회를 동요시키기 위한 무장 게릴라 활동을 더욱 강화할 수도 있다고 예측했다.

또한 주한미군 감축과 관련한 미국의 일방통고, 주한미군 감축의 독재 강화에 이용, 군사력의 대일 예속화 등을 심각하게 우려하면서, 우리의 주체적 태세에 관한 3원칙을 제시했다. 첫째 자주 대응의 원칙, 둘째 세력 균형의 원칙, 셋째 긴장 완화의 원칙이다. 세력 균형의 원칙에서는, 남북 간의 군사력의 균형은 항상 유지되어야 하며 분단된 우리 민족을 둘러싼 미국, 소련, 중공, 일본의 네 세력을 포함한 국제적인 세력 균형도 유지되어야 하며, 필요한 힘의 균형을 유지하기 위하여서는 기존 상호방위조약에 의거하면서 자주외교를 줄기차게 전개하여 당당하게 외국의 원조를 받아서 '로카르노방식'[65]과 같은 관계국 간의 조약상의 보장도 강구하여야 한다는 것을 주장했다. 셋째 긴장 완화의 원칙에서는 평화가 유지되는 다변적 국제관계 속에서만 민족의 통일이 가능하기 때문에 북한의 공산집단이 지금까지 어떠한 행동을 하여 왔건 한국으로서는 남북의 긴장을 완화하기 위하여 이제부터 대담한 주도성을 행사하여야 한다는 주장을 했는데 이러한 남북대화 주장은 당시로서는 매우 파격적이다.

김철은 1970년 12월 통일사회당의 대통령후보로 지명된 후 처음으로 1971년 2월 7일 「국민에게 드림」[66]이라는 성명을 발표하는데, 여기에서 그는 "당장이라도 한국의 대통령은 통일에의 민족의 숙원을 대표하여 6·25 동란의 비극의 상처를 씻고 넓은 도량으로 아무런 사전 조건 없이 남북 간에 직접 대화를 가질 것을 김일성 정권에게 제의할 수 있어야 한다"고 '남북의 긴장 완화를 위한 대담한 주도성'의 의미를 구체화하고 있다. 그리고 김철은 남북대화를 통해 민족의 일체성이 조금씩 회복되면, 민족 통일을 향한 대담한 전진을 위해 '관계 당사자 간의 약정으로 한반도에서 현재 휴전 중에 있는 전쟁 상태를 종결시키고', 남북 간 상호 군비축소 합의를 선언하고, 미·소·중·일이 한반도에서의 전쟁 재발의 방지를 공동으로 보장하는 국제조약을 성립시킨 다음, 민족 통일이 이루어질 때까지 잠정적으로 남북이 다 같이 유엔에 가입하자는 포괄적인 제안을 내놓았다. 그는 또 "이 본격적인 정치적 대화가 발전될 때까지 우리는 조국이 통일된다면 국제적으로 보장되는 비동맹중립의 지위를 받아들이겠다는 국민적 합의를 이루어놓아야 한다. 나는 민족 통일을 성취하는 길은 이 길뿐임을 확신한다"고 선언했다.

　　김철이 이같이 남한 정치인으로서는 최초로 당시로선 매우 획기적인 제안을 내놓은 지 불과 두 달 후인 1971년 4월 12일 북한 최고인민회의 제4기 제5차 회의에서 외상 허담이 8개 항의 통일 방안을 발표했는데, 허담은 통일 방안 제시에 앞서 '남한 정계에서 남북 사이의 긴장 완화를 위한 조치를 주장하는 사람도 있다'[67]고 보고한 것으로 보아 김철의 제안을 확인했음을 짐작할 수 있다. 허담의 평화통일 방안 8개 항을 요약하자면, 미군 철수, 미군 철수 후 남북한 상호 감군, 한미상호방위조약 등 폐기, 자유로운 남북한 총선거, 정치활동의 자유와 모든 정치범 석방, 과도적 조치로서 남북연방제 실시, 남북한 통상 및 교류 협조의 실현, 그리고 사회단체 대표들로 구성되는 남북정치협상회의 소집 등의 내용을 담고 있다.

1971년 8월 6일 허담에 이어 김일성도 대화를 제의했는데, 이미 제시한 8개 항 통일 방안 접수 여부와 아무 관계 없이 민주공화당을 포함한 모든 정당, 사회단체 및 개별적 인사들과 아무 때나 접촉할 용의를 밝혔고, 이에 호응하여 남한의 대한적십자사는 1971년 8월 12일 북한적십자사에 적십자회담을 제안하여 순수한 인도적 차원에서 이산가족의 자유로운 왕래와 상호방문, 서신 거래, 그리고 상봉 등의 문제를 토의하자고 제안했다. 그리고 분단 26년 만에 첫 남북 사이의 직접적이고 공식적인 대화가 성사되었던 것이다. 이어 분단 이후 최초의 남북한 정부 당국간 공식 합의문서인 7·4 남북공동성명을 발표하여 자주·평화통일·민족대단결이라는 통일의 3대 원칙에 합의한 것이다. 김철의 '민족적 차원'에서 나온 '객관적 정세와 주체적 태세의 상관관계'의 방법론에 입각한 그의 과감한 남북대화 제안은 당시로서는 남북의 권력자들에게 자신들이 취해야 할 태도의 방향의 범위를 정하는 데 있어 하나의 중요한 자료를 제공했다고 볼 수 있다.

김철이 대통령에 출마한 것도 그의 의지와 무관하게 이루어진 것이다. 1970년 3월 1일 통일사회당 당대회에서 위원장으로 선출된 이동화가 대선후보로 지명된 후 탈당하여 윤보선의 국민당에 입당하였기 때문에 당시 당 부위원장인 김철이 1970년 12월 1일 임시 전당대회에서 대통령후보로 지명되었다. 그는 처음부터 당선이 목표가 아니라 당의 노선인 '민주적 사회주의'와 민족 통일의 비전을 알리는 데 목적을 두고 있다고 후보 수락 연설에서 후보 사퇴에 대한 양해를 언급했다. 그는 1971년 4월 24일 대선후보 사퇴 선언[68]에서 민족 통일을 두려워하고 매판파쇼화한 박 정권을 교체하기 위해 사퇴를 결심했음을 명백하게 밝힘으로써 야당은 김대중 후보로 단일화가 되었다. 김철은 이 선언에서 '비동맹중립만이 남북 쌍방과 관계 제국이 수용할 유일한 민족 통일의 길'이라는 자신의 통일론을 재차 강조했다. 또한 "남쪽에 공산주의자들을 두려워할 필요가 없는 정치적으로 자유롭고 사회경제적으로 평등한 자신 있는 사회를 이룩하기 위하여 이 나라의 혁신을 단행하는 일이야말로 통일사회당과 나의 사명"이라고 밝혀, '민주적 사회주의 실현을 통한 민족 통일의 달성'이라는 명제를 확인하고 있다.

3. 김철 통일론의 민족적 확산(1971~1972년)

김철의 사퇴로 사실상 야권의 단일후보가 된 김대중은 '폐쇄 전쟁 지향에서 적극 평화 지향의 통일 정책'을 표방하면서 긴장 완화와 남북 교류의 구체적인 내용을 다음과 같이 열거했다. '가) 남북 간의 전쟁에 의한 문제 해결의 포기와 파괴 활동의 지양으로 긴장 완화의 실현, 나) 기자 교류, 서신 교환, 체육 교환 등 비정치적 교류의 실시, 다) 미·소·일·중공에 의한 한반도에서의 전쟁 억제에 대한 보장 확보'[69] 등이 그것이다. 김철이 제안한 통일 방안과 상당 부분 일치하고 있다. 특히 4대국 보장론은 그대로이다. 김철이 최초로 제안한 남북한 유엔 동시 가입을 주장하지 않은 것, 남북 간의 종전 선언 등의 과감한 대화를 하기 전에 비정치 분야의 제한적인 것부터 하자는 것, 그리고 비동맹중립화 통일 방안 같은 민족 통일의 방략 등이 없다는 것은 양자 간의 차이가 나는 점이다. 그러나 김철의 제안이 남북의 집권자뿐만 아니라 김철의 사퇴로 사실상 야당 후보가 된 김대중 후보에게 결코 가벼운 영향을 미쳤다고 볼 수는 없을 것이다.

이후 남북대화의 국면에서 그러한 정세의 흐름에 대응하기 위한 주체적 태세의 확립을 추동하기 위해 지속적인 통일 제안을 발표한다. 1971년 5월 23일 국회의원 선거에 즈음하여 실시된 전국 텔레비전 선거 방송[70]에서 그는 미·중 관계가 새롭게 전개되면서 남북 간의 긴장 완화에 영향을 미쳐 북한도 곧 종래의 도발 정책을 전환하게 될 것을 예측하면서, 6·25 동란 후 20년이 지난 상황에서는 감정의 차원에서 공산주의자들을 다룰 것이 아니라 민족 이성을 되찾고 주체적으로 민족의 운명을 타개할 자세를 가져야 한다고 강조했다. 그는 이 방송에서 독일의 브란트가 동독을 독일민주공화국으로 호칭한 사례와, 닉슨이 중화인민공화국으로 호칭한 것을 들며 북의 공산정권의 현실적 존재를 인정하여 "북괴라고 부르는 것 등은 이제 그만두는 것이 좋겠다"고 제안했다. 이는 우리가 이와 같은 새로운 자세를 보임으로써 북의 공산주의자들도 우리를 가리켜 괴뢰라고 하지 못하게 될 것이며 이렇게 하여 우리는 남북 간에 대화할 수 있는 분위기부터 조성할 수 있다는 것이다. 김철의 이러한 최초의 제안은 이후 남북대화

국면에서 수용되어 남북 긴장 해소와 화해에 크게 기여했다.

김철은 한반도를 둘러싼 국제정세의 변화를 예의주시하면서 통일을 향한 보다 진전된 주체적 태세의 입장을 부단히 제시하려 노력했다. 1971년 8월 14일 미국 대통령 닉슨의 방중이 결정되면서 그는 이러한 내외의 사태에 대한 성명에서, 보다 진전된 통일 정책[71]을 발표하였다. 이 성명에 나타난 김철의 통일 주도적 입장은, 당시 남북대화 국면에서 남한이 북한과의 체제 경쟁에서 자신감을 회복하고 1971년 8월 12일의 적십자회담을 제안한 상태에서 1972년 7·4 남북공동성명의 국면에 이르기까지의 과정에서 남북의 책임 있는 당국자들의 회동을 이끄는 압력으로 작용했다. 또한 '민족적 차원'의 기준을 적용한 그의 통일 정책 제시는 국민의 통일에의 여망을 서로의 정략적 이해로 호도하지 않게 하려는 통일 원칙을 미리 제시한 것에 의의가 있다고 하겠다.

4. 남북 긴장 완화를 위한 통일사회당 신강령 채택(1973년)

박정희는 1973년 6·23 선언을 발표하여 내정불간섭, 남북 유엔 동시 가입, 호혜 평등 원칙하 문호 개방 등을 제안했다. 유엔 동시 가입과 4대국 보장론 등은 1971년 김철이 제안한 것[72]을 수용한 것이다. 이에 대해 당일 김일성은 조국통일 5대 강령에서 남한의 유엔 동시 가입 제안은 분단을 영구화하는 것이라고 반박했다. 김일성은 고려연방공화국 단일 국호에 의한 유엔 가입을 주장했다. 그러던 것이 1973년

8월 28일 '김대중 납치사건(1973년 8월 8일)'으로 대화가 전면 중단되고 남북조절위의 활동도 사실상 끝났다.

김철이 이끄는 통일사회당은 1973년 객관적 정세의 변화에 대응하는 주체적 태세의 확립을 위해 당의 구강령이 냉전체제가 붕괴된 이후의 시대 여건에서 남북 긴장 완화와 남북대화의 국면에서 요구되는 현실적인 통일 정책을 담지 못하고 있는 것을 보완하여 새롭게 신강령을 채택하였다. 1973년 12월 채택된 신강령 제1조에서 "통일사회당은 우리 민족의 근원적인 자주적 의지에 의거하면서 안으로 남북의 상이한 체제의 통일 지향적 개혁을 추구하고 밖으로 현상 고정의 평화공존으로 향하는 국제적 제약을 슬기롭게 진취적으로 극복하여 남북 공동으로 전체 민족의 영광을 바라는 민족사의 새로운 창조적 발전으로써 조속히 민족 통일을 성취한다"고 명시했다. '남북의 상이한 체제의 통일 지향적 개혁,' '남북 공동으로 민족 통일의 성취'라는 대목은 전자는 남북 양 체제의 민주적 사회주의로의 수렴을 뜻하고, 후자는 '민족적 차원'의 견지에서 남북을 공히 민족 통일의 주체로 본다는 뜻이다. 신강령의 제3조는 북과의 불의의 군사충돌 같은 것에 대한 만전의 대비를 전제로 한 남북대화와 다변적인 외교 노력으로 발전적인 지역적 평화구조의 진전을 추구[73]한다고 했다. 이 강령 6항의 연합국가제[74]는 이북의 연방제 제안에 대한 남한에서 제시된 새로운 통일국가의 체제 모형이라는 의의가 있다.

통일사회당의 모든 정책은 통일로 귀결된다. 그런 점에서 외교국방정책[75]도 예외는 아니다. 통일사회당은 1973년 제2차 당 재건대회 선언[76]을 통하여 "'남(南)의 사회에 조금도 약점이 없으면서 진심으로 남북공동의 것인 전체 민족의 영광을 가져올' 통일 지향적 체제 개혁의 내용으로서 '민주화, 대일 자주화, 경제의 사회화' 등 3가지를 제시했다. 1971년 8월 14일자 성명서[77]에 북한 정권의 현실적 존재를 인정하는 당시의 주장이 반공법을 위반했다는 죄목으로 법원 판결이 확정되어 김철의 당위원장 자격이 정지되었는데, 동 대회에서 이에 대하여 자격 회복을 요구하는 결의문[78]을 채택했다. 이 결의문에서 북한 정권의 현실적 존재를 인정하자는 당시 김철의 주장은 현 정권의 국가정책으로 정착되어 있으며, 1972년 7·4 남북공동성명, 남북조절위원회 설치, 유엔 동시 가입 등을 추진한 정권의 입장에서 북한을 현실적 실체로 인정하고 있으니 이러한 주장을 한 김철을 반공법 위반으로 묶어 정치활동을 규제하는 것은 현 정권의 이치에 닿지 않은 배리라고 질타하고 자격 회복을 요구했다.

김철은 통일사회당의 고문으로서 1973년 12월 당 재건을 마치고 당 운동의 기조에 관하여 안필수 위원장 명의의 성명[79]을 발표했는데, 특히 남북대화의 정체(停滯)에 대하여 유감을 표명하였다. "지난번의 조절위 부위원장 회의에서 조절위에 정당, 사회단체 대표들을 참가시키는 문제를 놓고 그 참가 범위 등에 관하여 합의에 이르지 못하였다고 하는 만큼 우리는 조절위 문제가 이와 같은 단계에 이르렀다면 정부 당국자가 적어도 각 정당 대표들에게 그 내용을 설명하여 주고 앞으로의 대처 방안에 관한 협의가 있어야 할 것"이라고 지적하고, "정당은 제도상 국가정책에 관하여 일차적 관심을 가질 책임이 있는 국민적 정치집단이기 때문이며 이 점이 단지 원내 활동의 편의를 위하여 구성되는 원내 교섭단체 등과는 다른 것"이라고 하여 원내

의석이 없는 통일사회당이지만 통일 정책에 대하여 적극 개입하고자 했다.

5. 유신체제 위기와 통일운동의 변곡(1974년)

김대중 납치사건으로 이후 북한은 남북대화보다는 미국과의 직접 대화의 길을 모색한바, 1974년 3월 25일 미북평화협정을 제안했다. 북한의 평화협정 체결 제의에 대해 남한이 불가침협정 체결 제의로 응수하자, 북한은 미군 주둔 상황에서 군사 문제는 남한의 독자 결단으로 해결할 성질이 아니므로 군사 문제와 민족문제를 분리하여 해결하는 것이 바람직하다고 생각하게 된다. 남한의 유신정권이 통일 문제에 있어서 북에게 주도권을 빼앗기는 사태가 온 것은 국내정세와 관련해서도 매우 심각한 상황이다.

김철은 1974년 9월 19일의 성명[80]에서 당시의 국가의 현상(現狀)을 민주주의가 유린되는 중대국면이라고 진단하고, 일본 사회당과의 교류 등 통일 외교 분야와 관련하여 중요한 정책을 제안했다.

박 정권의 유신체제는 1970년대 중반에 접어들면서 그 한계를 노정하기 시작했고 이에 따라 국민의 다수가 민주 체제의 재건을 위하여 유신헌법을 폐기하자는 개헌 운동이 번지기 시작했다. 통일사회당은 이러한 정세에 대하여 통일사회당 개헌 요강[81]을 발표했는데, 제1항에 "헌법전문에 자주적·평화적·민주적 민족 통일의 성취가 가장 중대한 당면 과제임을 선언한다"고 제시했다. 이러한 민족 통일의 원칙은 북한이 서부 비무장지대의 군사분계선 남쪽 1킬로미터까지 지하 콘크리트 터널을 구축한 사건에 대하여 이를 비판하는 성명[82]에도 '자주적·평화적·민주적 민족 통일의 원칙에 입각하여, 북의 이러한 터널 구축은 휴전협정과 7·4 남북공동성명의 위반이고 또한 그간 북한의 평화통일이 한낱 전술적 용어임을 스스로 드러낸 것이라고 비판했다. 또한 다이너마이트까지 터뜨리면서 1킬로미터나 되는 지하터널을 파는 장기간에 걸친 지하 공사를 사전에 인지하지 못한 것도 문제고 이것을 인지하면서도 시기를 선택하여 발표한 의혹도 자아내게 한다고 정부의 사과를 요구했다.

김철은 중대한 국면에 방문하는 포드 대통령에 대해서도 그의 방한과 뒤따른 미·소 정상회담이 한반도 평화구조와 자주적·평화적·민주적 민족 통일에의 전진에 기여하게 되기를 바라지 독재정치를 고무하는 결과가 되어서는 안 된다는 것을 성명[83]을 통해 분명히 밝혔다.

김철의 1979년 일기[84]에서는 당시로부터 7년 전의 민족 기만적인 남북대화에 대하여 언급하고 있다. 이후 박 정권은 민주 세력과 통일운동 세력을 탄압하며 민족의 통일 염원을 자신의 집권 유지의 방편이자 자신만의 전유물로 타락시켰다. 그는 "1972년 말 거의 같은 시기에 기습적으로 각각의 헌법을 개악하여 자신들의 독재체제를 더욱 현저하게 강화하였던 사실은 가위 그들의 민족반역적인 공모로서 특기할 만하다"고 지적한 바 있었다.[85]

6. 민주화 투쟁과 민족 통일의 내적 연관(1974~1975년)

유신체제에 의한 민주 세력과 통일운동 세력 탄압이 노골화되면서 이후 김철의 통일운동은 민주화 운동과 깊숙하게 연결되는 과정을 밟게 된다. 1974년 11월 27일 그가 주도한 '민주회복국민선언'[86]에는 이러한 민주화 운동과 민족 통일의 내적 연관성이 잘 드러나 있다. 그는 이 성명에서 박 정권의 독재체제가 공산주의의 체제적 특질을 날로 닮아가서 그 격차가 좁혀진다면 우리 국민의 공산주의에 대항하려는 의지는 둔화될 수밖에 없으며 현 체제의 억압에 반대하는 국민 각계각층의 저항은 계속 확대될 것이라고 경고하면서, "우리는 모든 국민이 튼튼한 민주 체제하에서 기본적 자유를 누림과 아울러 사회정의의 실현에 의하여 경제발전의 혜택을 균등하게 받게 될 때에는 공산주의자들을 두려워할 이유가 없으며 염원하는 민족 통일도 당당하게 추진"할 수 있고 또한 "우리 국민이 북의 공산주의자들의 선의를 기대할 수 없다는 것이 사실이라면 이 나라는 국가 안전보장과 나아가 공산화의 염려가 없는 민족 통일의 성취를 위하여 우리의 입장에 대한 광범한 국제적 지지를 절실히 필요로 한다"고 했다. 그리고 민주 체제를 재건·확립하는 것만이 또한 우리의 국제적 고립을 면하는 길이라고 확신했다.

김철은 '민주회복국민선언'과 민주회복국민회의 사건이 긴급조치 9호를 위반했다는 죄목으로 2년의 실형을 선고받고 1977년 3월 31일 형집행 정지로 풀려나게 된다. 그가 투옥되기 전에 출간한 『오늘의 민족노선』(1975)에서는 민족 통일과 민주주의에 대한 그의 생각이 잘 정리되어 있다. 이 책에서 그의 통일관이 내포하는 민족주의, 사회주의, 평화주의의 요소가 잘 설명되어 있다. 우선 민족주의에 대한 그의 주장을 들어보자.

"첫째, 우리들은 외국에 종속되지 않는 떳떳한 국민으로 살고 싶은 것이다. (…) 남의 모멸을 받지 않고 머리를 똑바로 들고 살려면 비굴한 대외의존에서 벗어나야 한다. (…) 언젠가는 인류 전체가 하나의 공동 사회를 이룩할 날이 올 것이지만 아직은 저마다 기본적으로 국가 단위의 각축을 벌이고 있는 것이 세계사의 엄연한 현실이다. (…) 세계적 강국들의 이해가 교착하는 이 땅에서 우리의 주권을 확립하려면 갈려진 이 민족은 하루빨리 민족 이성으로 돌아가 통일되어야 한다. 우리들은 이러한 태도를 견지한다는 의미에서 민족주의자이다."[87]

초국적 이해관계가 교차하는 한반도에서 우리의 주권을 확립하는 길은 민족 이성으로 돌아가 민족 통일을 이루어야 한다는 것이다. 민족 이성은 그가 말한 '민족적 차원'을 실행할 주체다. 통일이 되기 전에는 완전한 국가도 아니고 그러므로 국민으로서의 주권도 완성되지 못한 것으로 본 것이다. 그러므로 그는 통일을 1945년 '제1의 해방'에 이은 '제2의 해방'이라고 명명한 것이다. 그리고 그가 말한 민족 이성에서는 민족 성원 모두의 자유와 복지의 증진을 예상하므로 민족주의에서 사회주의를 받아들이는 것은 당연한 귀결로 본다.[88] 그리고 현 단계의 국제정세에서는 SI와의 연대와 미국과의 보조를 통한 소련에 대항하는 노선을 취할 수밖에 없다는 현실을 인식하고 있었다.[89] 그리고 SI는 소련이 평화공존을 내세우면서부터 바야흐로 독자적인 세계 정책 노선을 찾게 되었으며 마침내 미국의 대외정책에 대한 비판적 태도를 뚜렷이 하기에 이른 것으로서 단순한 친미정책에서 비동맹중립의 노선으로의 지향을 확실하게 언명하고 있다.

"통일사회당은 민주적 사회주의가 통일되어야 할 이 민족의 내일에의 유일한 희망이요, 비전임을 확신한다. 우리의 민족 통일은 자본주의 체제의 북상이나 공산주의 체제의 남하로 이루어질 수는 없다. 역사적 현실의 조건들은 대외적으로 비동맹중립의 원칙에 서고 대내적으로는 민주적 사회주의 체제를 택하는 길밖에는 민족 통일을 성취할 방법이 없다는 것을 우리의 민족 이성 앞에 제시하고 있다. 우리들은 남쪽이 먼저 부패도 빈부의 격차도 없는 자유롭고 평등하게 잘사는 민주적 사회주의 체제로 이행함으로써 그러한 발전 자체가 북쪽 공산주의자들에게 남쪽의 공산화를 단념하게 할 것이며 또 북쪽에서의 압제를 언제까지나 지탱할 수 없다는 것을 깨닫게 하여 통일에의 합의를 촉구하게 될 것(…)."[90]

7. 반(反)통일 정권에 대한 최후통첩(1977년)

김철은 민주회복국민회의 사건으로 2년간 투옥해 있는 동안 현실 정치에서 사라졌다. 그가 현실 정치에 다시 나타난 것은 1977년 3월

31일 형집행 정지로 석방되면서부터이다. 그가 국내외의 현실 정치에서 자신의 정치적 입장을 가장 강력하게 부각시킨 때는 석방 이후 3년간 유신체제가 종언을 고할 때까지이다.

김철이 옥중에 있는 동안, 북한은 미국에 평화협정 체결을 제의한다. 평화협정이 남한을 배제한 채 북한과의 대화만으로 체결될 수 있는 성질이 아니므로 1979년 7월 1일 한미 양국은 공동성명을 통해 남북한과 미국이 포함된 3자 회담 개최를 제의한다. 이로써 남북대화는 3자, 4자 그리고 6자 회담으로까지 전개되어 가는 지루한 과정을 밟게 된다.

이러한 국제정세에서 민족 통일을 위한 주제적 태세의 수립은 한층 더 복잡한 양태를 드러낸다. 한반도를 둘러싼 국제정세가 주변국의 이해와 관련하여 다자간의 협상이라는 복잡한 단계로 나아가는 시점에서 미국은 1970년 미·중 데탕트 추진 당시에 제안된 바 있는 미지상군의 철수 계획을 또다시 발표하게 된다.

통일사회당은 1970년 당시에 발표한 입장[91]을 일관하여 견지했다. 1977년 6월 21일 발표된 미지상군 철수에 관한 성명[92]은 김철이 2년간의 옥고를 치루고 나와서 당의 위원장의 명의를 빌려 발표한 정치 재개의 첫 작품이라고 할 수 있다. 이 성명에서 "남북 간의 군사력의 균형을 유지하면서 미·소·중과의 외교적 노력으로 이들 양 공산대국으로 하여금 북한 정권의 있을 수 있는 남침 기도를 견제하면서 4~5년에 걸쳐 단계적으로 지상군을 철수시킨다는 미국의 방침, 나아가 미국의 세계정책상 이익에 의거한 대한 방위 공약 자체에는 거짓이 없는 것으로 판단되는 만큼 북한 공산군 남침의 개연성은 예견되지 않는다"고 전제하고, 주한미군 철수가 일본의 군사 대국화를 자극지 않기 위해 미·중·소 3대국은 한반도에서의 군사적 분쟁의 발생을 제지하는 데 공통의 이익이 될 것이라고 분석했다.

그리고 "당장의 초미의 급무로 되어 있는 국군 전력 증강에는 미국의 지원이 결정적으로 중요하고 또한 장차 미국의 대한 방위 공약이 제대로 지켜지느냐의 여부가 미국 국내 여론의 향배에 크게 좌우될 것을 생각한다면 아무도 우리 국내의 인권 문제 등으로 이미 긴장된 상태가 한동안 계속되고 있는 대미 관계를 더욱 악화시킬 것이 틀림없는 방향으로 몰고 가지는 않을 것"으로 낙관적인 분석을 가했다. 그래서 그는 미지상군 철수가 예속민적 습성을 벗어나 한국 국민의 의식 속에서 스스로가 민족 운명의 주인이 되는 민족사의 새로운 기원을 열 것을 기대할 수 있다고 희망했다. 또한 미지상군 철수는 미국의 동북아시아에서의 평화 의지로 작용함으로써 남북한과 미·소·중·일을 포함하는 국제관계가 발전하여 미지상군 철수가 끝나는 시점에 이르면 한반도를 둘러싼 지역적 평화 구조가 상당한 발전을 보이고 그 정착 과정에 들어설 가망이 있다고 전망했다.

김철은 미지상군 철수를 자본 독재 강화의 구실로 삼거나 아니면 우리 사회의 위기적 갈등의 복재(伏在)를 공산정권의 정치군사적 공략의 기회로 삼는 것에 대해 경고했다. 그는 "미국을 비롯한 민주 우방들과 그 국민들은 자국의 치력(治力)에 대한 비판 또는 반감이 도를 넘어 끝내는 한국에서 손을 떼는 것을 운위하기까지에 이르는 것이니 우리는 이 나라가 공산화의 위협을 이겨 살아남을 수 있고 나아가 자유·평등·평화 속에서 민족 통일을 주도할 수 있기 위하여 위정자가 이 중대한 시점에서 민주 회복에의 큰 애국적 결단을 내릴 것을 촉구"했는데, 여기에 김철의 궁극적인 의도가 있었다. 이것은 그가 2년간의 감옥 생활에서 내린 결론이라고 볼 수도 있다. 요컨대, 공산화의 위협을 이겨내고 민족 통일을 주도하기 위해서는 민주 회복을 쟁취해야 한다는 것이다. 사실상 반(反)통일적이고 반(反)민주적인 박정권에 대한 최후통첩을 한 셈이다.

이러한 기조는 두 달 후의 광복절 기념사[93]에서도 "민족 전체의 의사에 반한 민족분단의 비극의 역정이 참혹한 동족상잔의 동란을 거쳐 지금까지 이어져오면서 남북의 양극체제는 이 상황을 민족사의 발전적 입장에서 극복하려는 의지보다 오히려 각기 집권 세력의 유지를 위하여 이를 악용하여 왔을 따름"이라고 비판하면서 그는 "일세대의 체험으로 이것이 독재정치의 본질"이라고 지적했다. 그리고 7·4 남북공동성명에서 어떠한 외세의 간섭 없이 사상과 이념을 초월한 민족적 대단결을 남북 전체 민족 앞에 굳게 다짐하는 민족 이성을 나타내 보인바, 이 역사적인 공동성명을 기점으로 전개되었던 남북대화가 그 후 4년 동안이나 중단되고 있는 것은 참으로 개탄할 만한 일로 남북으로 분단된 민족의 화해와 대단결, 나아가 통일을 향한 남북대화의 무조건 재개를 주장했다.

8. SI 내부의 평화우선론과 통일우선론(1977년)

통일과 평화의 우선순위 문제에 대하여 1977년 당시 김철이 도쿄

SI 대회에서 행한 연설을 중심으로 살펴보자. 김철의 통일관에서 볼 때 4대국의 이해가 교차하는 초국적 한반도 상황에서는 "엄정 중립과 비동맹이 아니고서는 어떠한 것도 38도선의 양쪽과 유관 강대국들에게 받아들여지지 않을 것"이라고 판단하고, 당시의 북한 공산주의자를 거부하는 남한 국민들의 의지는 공산 독재와 자본 독재라는 두 정권 간의 구별이 모호해짐에 따라 약화될 수 있음을 크게 우려하였다. 또한 그는 전쟁을 유발하지 않는 한, 미지상군 철수를 긍정적으로 받아들였다.[94]

당시 김철은 한반도 분단이 계속되는 한 동북아시아의 불안정한 정세는 계속된다고 전제하고, 한반도 통일은 이 지역의 중립과 관련해 생각해야 할 것이라며 군사적 중립, 외국 불개입 등을 관계국 사이에서 논의할 필요가 있다고 했다. 다음으로, 대다수의 한국인은 한국전쟁의 비참한 경험으로 공산주의를 거부하고 있다고 보고, 기본적인 자유가 인정되고 경제성장의 이익이 골고루 분배된다면, 공산주의를 두려워할 필요는 없어지며, 이것이야말로 통일의 길을 여는 것이 될 것이라고 주장했다. 또한, 김철은 "미국의 외교 노력과 국제정세의 진전이 남북의 긴장을 완화한다면 동북아시아 지역에 평화의 구조가 정착되고, 남북의 직접 교섭으로 진전하여, 통일에의 밑거름이 마련될 것"[95]이라고 평화우선론에 가까운 입장을 취했다.

당시 도쿄 대회에서 사회민주주의자들은 평화우선론과 통일우선론으로 나뉘어 남북통일에 대하여 의견을 일치시키지 못했다.[96] 한국의 통일 문제에 관하여 사회주의인터내셔널(SI)이 의견의 일치를 보지 못한 데 대하여 김철은 "인터(SI)의 동지와 손을 잡지 않고, 분단국가의 한쪽 권력자와만 관계를 가지는 일본 정당의 자세가 한국에서의 사회주의운동과 민주화 운동을 곤란하게 하고 있다"[97]고 비판한 데서 알 수 있듯이, 일본 민사당에서는 한국의 보수정당과 일본 사회당이 북한의 노동당과 손을 잡고 한국의 통일 문제에 관한 통일 사회당의 주장이 SI에서 채택되지 못하게 방해했을 것으로 판단한 것이다.

9. 반(反)통일 체제의 배경과 말로(1978~1979년)

김철은 당위원장 명의로 발표된 1978년 3·1절 기념사[98]에서 "우리 민족이 자주 통일을 성취하여 세계사의 창조적 발전에 독자적 기여를 할 수 있기 위해서는 미·소·중·일 등 어느 나라의 세력권에 속해서도 안 된다"고 전제하고, 독재가 심화되는 상황에선 북의 공산주의자들은 더 한층 그들에 유리한 정세 발전을 위해 민족의 자주통일을 성취할 진지한 남북 간 대화를 가지려고 하지 않을 것이므로 민족의 자주통일을 성취할 길을 닦기 위해서도 때늦지 않게 절대주의적 독재체제를 철폐하고 민주주의를 회복하지 않으면 안 된다고 호소했다.

1979년 2월 17일 판문점에서 남북 양측이 접촉을 가진 데 대하여 남북대화 재개에 대한 성명[99]을 발표하였다. 이 성명에서는 "남북 간의 통일을 향한 본질적인 대화의 길을 트기 위해서는 남북 당국 간의 타협적 합의가 이루어지면서 남북의 각 정당, 사회단체의 영향력 있는 인사들이 함께 이 막중한 민족적 과업에 참가하지 않으면 안 된다"고 전제하고, 당면한 문제에 대하여 3가지 사항을 제기했다. 첫째, 매스컴에서 북의 제안들에 대하여 부정 일변도의 캠페인에 치우친다면 이는 건설적인 대화 분위기 조성에 도움이 되지 못하므로 이런 태도는 지양되어야 한다. 둘째, 북의 제안들이 절대로 양보할 수 없는 실질적 손상이 예상되지 않는 것이라면 우리는 이를 받아들임으로써 대화 재개의 계기를 잡는 슬기를 가져야 한다. 셋째, 남(南)의 각 정당, 사회단체와 영향력 있는 인사들이 민족 통일을 향한 남북대화 문제를 자유롭게 협의할 수 있는 자리가 조속히 마련되어야 한다. 이러한 제안은 박정희 정권하의 남북대화를 위한 마지막 기회였다.

김철은 박 정권 18년 집권 내내 그에게 민족 통일에 관한 민족적 차원의 제안을 했다. 일부 제안은 정권에 의해 수용되기도 했다. 통일부 설치, 남북한 유엔 동시 가입, 남북 간 당국자 대화, 북한 정권의 현실적 존재 인정, 4대국 교차승인 등은 정권에 의해 수용되기도 했고 그렇지 않은 것도 있다.

김철은 남북 분단체제는 남북의 독재를 유지시키는 배경이 되었다고 봤다. "제국주의 침략에서 해방된 후 곧 동족상잔의 기막힌 전쟁을 치른 이 나라의 국민은 거칠게 반공을 외치는 독재자들에게는 약할 수밖에 없었다"고 보고, 그 근거로 이승만 정권 12년, 장면 정권 단명, 군사쿠데타의 성공 등을 들었고, 박정희가 18년 동안이나 독재를 계속할 수 있었던 것도 빛 좋은 경제성장의 덕이라기보다 역시 남북 대치의 상황이 배경에 무겁게 작용한 데 연유[100]했다고 보았다. 그는 휴전이 성립된 뒤에도 남북의 집권자와 체제는 서로 초강대국이 지원하는 상대방의 위협을 과장하여 독재를 강화하는 구실로 이용했지만, 그러나 이 나라의 지배체제가 이처럼 예전의 틀을 벗어나지 못하고 있는 가운데서도 세계사 속에서 대한민국의 위상에는 상당한 변화가 생겼다고 진단했다. 우선 경제가 두드러지게 부상한 것을 지적하면서 그것을 박정희의 공로로 내세우려는 사람들이 있으나 당치도 않다고 비판했다.[101]

김철은 한반도의 통일에 관한 미국의 입장에 대해서도 비판적인 견해를 개진했다. 그는 한반도 및 동아시아 전반에 대한 미국의 정책은 언제나 전략적 관심이 우선하였으므로 흔히 자유, 민주적 권리 그리고 민족 통일을 향한 한국 국민의 뜨거운 소망을 외면하였다고 비판했다. 만약 미국이, 독재를 강화하려는 위험한 박 정권의 행로를 진작 경고하고 그에 협력하기를 단호히 거부하였으면 박 정권이 그처럼 오래 지탱하지는 못했을 것이라고 판단했다.[102]

김철이 보기에는 한국 정치에 대한 미국의 영향력은 분명히, 한마디로 말하여 엄청났다. 박정희의 암살에 뒤따른 과도기에 있어서의 계엄을 통한 군부 세력의 정세 통제 및 군부 내에서의 세력 교체 과정을 살펴보면, 미국이 바로 이 나라에서 오랫동안 군부독재의 옹호자였다는 지탄이 나오는 것도 우연이 아니라고 지적했다. 이렇게 하여 5·16 군사쿠데타로 집권하고 유신체제로 지탱하던 박 정권은 분단체제의 유리한 배경에서 통일 세력을 억압하여 권력을 취했으며 민족적 통일 염원을 악용하여 독재권력을 유지하다가 그 내부의 요인에 의하여 파탄을 맞이하게 되었는데, 이러한 파탄의 중요한 배경으로서 미국식 개입에 의한 독재에 대한 간접 지원을 지적한 것이다.

VI. 사회민주주의와 민족 통일(1980~1994년)

1. 남북한 권력 교체와 통일주도권 이동

1980년대는 남한 주도의 통일 공세로 전환되는, 통일 방안의 전개 과정에서 하나의 전기가 마련되는 시기이다. 남과 북에서 권력구조의 교체기에 들어가고, 새로운 권력구조의 정착을 위해 남북관계의 안정을 바라게 되고, 주변 국가들도 한반도의 현상 유지를 바라게 된다.[103] 이에 더해 남한의 경제는 고도성장의 과실을 얻었으나 북한은 경제회복에 실패하여 남북한 간의 경제적 격차가 심화되면서 자동적으로 통일의 주도권이 남한으로 이동하게 된다.

김일성은 1980년 10월 10일 고려민주연방공화국을 제안했다. 4·19 혁명 이후 제안했던 연방제와는 달리 과도적인 조치가 아니라 통일국가 형태로서 연방제를 주장하게 되는데, 그는 "북과 남이 서로 상대방에 존재하는 사상과 제도를 그대로 인정하고 용납하는 기초 위에서 북과 남이 동등하게 참가하는 민족 통일 정부를 내오고 그 밑에 북과 남이 같은 권한과 의무를 지니고 각각 지역자치제를 실시하는 연방공화국을 창립해 조국을 통일"[104]하자며 기존의 입장에서 상당히 물러난 '1민족 1국가 2제도 2정부'의 새로운 제안을 한 것이다. 이는 김일성이 북의 주도에 의한 통일은 불가능하다고 판단하고 남과의 공존을 통한 체제 유지의 의도를 나타낸 것이다.

김일성의 고려민주연방공화국 제안에 대하여 1982년 1월 22일 전두환은 민족화합민주통일방안을 제시하는데, 여기서는 통일을 이룰 때까지 잠정조치로서 '남북한 기본 관계에 관한 잠정 협정'을 체결하자는 제안을 했다. 그는 김일성이 제안한 고려민주연방공화국안과는 달리 통합된 국가를 최종적인 목표로 상정한 것이다.

2. 김철 사회당의 통일 정책(1981년)

남북의 권력 교체기에 김철도 정치 상황 개선과 통일 여건 조성을 위해 발빠른 정치 행보를 하게 된다. 그는 자신이 초안한 「1980년 연두 소신 표명」이라는 당위원장 명의의 성명[105]에서 "민족 통일을 추진할 태세를 갖춘다는 신성한 명분을 내세워 새로운 쿠데타로 1인 독재를 영구화하기 위한 유신체제를 조작하여 내고 심지어 통일주체국민회의(통대)라는 좋은 이름으로 언제까지나 자기만이 대통령의 자리를 누릴 수 있는 망측한 장치인 '통대'의 희극을 연출하던 박 정권의 가장 불성실한 태도는 민족사에 길이 큰 죄악으로 기록될 것"이라고 규정하며, '통대'는 이제 스스로 해체를 결의하라고 주장했다. 그리고 남북으로 갈린 민족의 통일을 이룩하지 않으면 안 되는 이유로서 "미·소·중·일 등 세계열강의 세력에 둘러싸여 있는 우리 민족이 어느 누구에게도 지배당하지 않고 스스로 자기의 운명의 주인이 되어 떳떳하게 살아나가면서 보편적인 자유와 평등을 향한 세계사의 발전에 값진 독자적 기여"를 다하기 위함이라고 말했다.

또한 신현확 국무총리와 김철 통일사회당 고문, 안필수 통일사회당

위원장 등을 포함하여 11명의 각계 지도자들에게 북쪽에서 대화를 제의하는 서한을 보내온 데 대하여는 "그 의도를 여러 가지로 천착할 수 있겠으나 이 중대한 사안에 정부가 적극적으로 대응하기로 결정한 것을 기뻐하며 이러한 서한에 접한 민간 지도자들로서도 일단 그것을 진지하게 받아들이고 공동으로 정부 당국과도 협의하여 적절한 대처 방안을 찾아야 할 것"이라는 입장을 표명했다. 북쪽의 의도는 남쪽의 권력 공백기를 노리고 의사를 타진할 것인데, 남쪽에서도 이전과는 달리 적극적인 대응으로 나갈 것을 표명한 것이다. 이것은 이후 대통령직에 오른 전두환이 1982년 1월 22일 민족화합민주통일방안과 '남북한 기본 관계에 관한 잠정 협정'을 제안하는 등 보다 적극적인 대북 관계 추진으로 나아갈 것을 암시한 것이다.

김철은 이 성명에서 비상계엄령을 즉각 해제하고 각 정당과 종교, 교육, 기업, 근로자, 농민, 여성, 학생 등을 포함한 각 단체의 대표들로 구성되는 '비상국민회의'를 구성하여, 여기에서 남북대화의 걸림돌로 작용하는 국가보안법, 반공법을 폐지하고 폭넓은 남북대화를 추진할 시대의 요청에 적합한, 보다 합리적인 법체계로 대처하는 문제를 협의할 것을 제안했다.

1980년대에 들어와 보다 적극적으로 남북관계가 진전되면서 김철의 통일 정책도 이에 대응하여 한층 발전된 형태를 띠게 된다. 1981년 1월 24일 창당한 사회당은 1980년 10월 27일 계엄령에 의해 해체된 통일사회당의 후신으로서 기본적으로 통일사회당의 통일 정책을 승계하면서도 새로운 정세에 맞는 정책을 개발하였다. 사회당 정책의 외교정책 부문[106]을 보면, 통일사회당 때의 원칙을 승계하면서도 비동맹중립 외교를 한층 구체화하고 수동적인 외교에서 능동적인 제3세계 외교를 제시하고 있다. 이러한 적극적인 태세에는 사회주의권을 둘러 싼 국제정세의 변화와 북의 대남 노선의 변경 그리고 우리 국력에 대한 자신감 등이 배경으로 작용했다고 본다.

사회당의 통일 정책은 "한반도를 둘러싼 내외 정세는 남북 상호 간의 긴장의 완화를 요구하고 있으나 국지전쟁 도발의 가능성은 내재되어 있으므로 군사력 균형으로 무력 도발을 미연 방지한다"는 통일사회당의 평화통일 방안을 그대로 수용하면서, "휴전협정을 평화협정으로 대체하고 상호 감군과 상호 민병 조직의 점진적 해체로 남북 간의 긴장을 완화하여 남북대화가 발전적으로 지속될 수 있도록 한다"는 것과, 경제·사회·문화·체육 교류와 이산가족 재결합을 통해 남북 상호 간의 이해와 이익을 확대해 나간다는 기존의 통일사회당 정책을 수용했다.

특히 1973년 12월 2일 통일사회당 「제2차 당 재건대회 선언」[107]에 나온 통일 방안이 자구 하나 바뀌지 않고 그대로 1981년 1월 24일 「사회당 창당선언문」[108]에 나타나 있다. 이 8년의 시차를 두고 발표된 두 개의 선언문으로 볼 때, 이것은 김철의 통일관이 굳건하게 그대로 유지되어 왔다는 사실을 증명하는 것이다. 우리 체제의 민주화, 자주화, 사회화가 통일을 이루는 내적 조건인 셈이다. 이 조건을 포괄하는 이념이 '민주적 사회주의' 혹은 사회민주주의이고 김철 통일관의 내부를 형성한다.

김철은 같은 날 발표한 사회당 창당에 즈음한 메시지[109] 중 「세계 각국 인민에게 보내는 메시지」에서 "우리는 자주적·민주적·평화적 민족 통일을 원칙으로 하며 그 선결 조건으로 남북 쌍방은 전 세계를 향하여 통일된 비동맹중립국을 지향함을 공동선언하고 관계 당사국인 미·일·중·소에게 이의 공동 보장을 책임지도록 협정케 하고자한다"고 선언했다. 비동맹중립화 통일 방안은 김철 통일관의 외부를 형성한다.

3. '남북분단 현실에서 절대로 넘을 수 없는 라인'을 넘다

당시 국가보위입법회의를 통하여 만들어낸 헌법을 비롯한 정치활동 규제법, 정당법, 선거법 등 정치관계법에는 시급히 개정되어야 할 비민주적인 조항이 많고, 법으로 보장되어 있는 권리들도 힘으로 행사를 봉쇄당하는 상황에서 김영삼은 1983년 5월 민주화를 촉구하면서 목숨을 건 무기한 단식에 들어갔다. 이에 많은 민주 인사들이 이에 동조하면서 역시 무기한 단식에 들어갔는데 김철도 1983년 6월 3일 단식에 동조하면서 성명[110]을 발표했다. 그는 여기에서 핵무기 위협을 거론했고, 13일간의 단식을 끝내는 성명[111]에서도 연이어 핵무기 사용에 대해 경고했다.

김철의 이러한 자주적 통일 외교 노선은 제3세계 외교를 위해 사회민주주의 정당의 존립을 이용하려 했던 전두환 정권의 원래의 계획을 수정하게 만들었다. 김철의 이러한 입장에 대하여 한 언론에서 평가하기를 "남북분단 현실에서 절대로 넘을 수 없다고 생각한 라인을 그는 지키려 하지 않았어요. 중정 쪽에서 최종적으로 교체 방침을 정했습니다. 그래서 고정훈 씨로 바뀐 거지요"[112]라고 하여 남북분단 체제를 넘고자 한 그의 통일관이 정권에 의해 봉쇄된 사실을 증언하고 있다. 이것은 김철의 '민족적 차원'에서 나온 통일관이 현실 정치에서 실행되는 것이, 남북분단하에 남과 북 각각 서로의 체제를 유지하려고 하는 데에 가장 근본적이고도 본질적 도전이라는 사실을 역설적으로 증명해 주고 있다고 본다.

4. 사회민주당의 통일 정책(1985년)

한반도 문제는 객관적 국제정세와 민족 내부의 주체적 태세의 상관관계로 인해 발생한 논의 구조의 변화에 따라 진행되어 왔다. 그 구조는 1980년대 중반에 들어서면서 서서히 변화되는 조짐을 보이는데, 동구에서 시작된 탈냉전이 동북아시아와 한반도에 영향을 미치면서 더욱 내부의 주체들의 새로운 대응을 야기했다. 또한 자본시장의 국제화 추이와 세계시장으로의 통합의 움직임으로 인해 세계자본주의는, 김철의 말에 따르면 "현 단계의 자본주의가 호락호락 물러설 만큼 쉬운 상대가 아니며, 필요하면 자본의 도피나 '자본의 스트라이크'도 서슴지 않을뿐더러, 신용 통제의 수단으로 국민이 선출한 정부를 굴종시킬 힘을 가진 국제적 제도까지도 동원하여 저항하는 것"[113]까지 나아간 자본주의 체제의 눈부신 변모를 목도하게 된다.

이러한 내외의 정세에 즈음하여 김철의 통일관의 면모를 확인할 수 있는 것은 새롭게 창당한 사회민주당 강령[114]을 통해서이다. 이

강령은 그동안 주장해 온 '사회민주주의의 실현을 통한 비동맹중립 통일의 달성' 방안을 한층 구체화하고 있다. 이 강령에서 "그동안 개인의 우상화에 따른 스탈린주의적 폐쇄성을 유지해 온 북한은 중·소의 개방화와 대(對)서방 접근 정책으로 더 이상 지금까지의 체제를 유지하기 어려운 입장"에 있다고 분석하고, 자의든 타의든 북한이 국제적인 고립 상태에서 벗어날 경우 북한에서도 체제적인 변화의 물결이 일 것으로 판단했다. 따라서 이와 같은 변화에 따라 사회민주주의 세력이 대두될 수 있음을 기대하며 통일 주도 세력으로서의 제휴 가능성을 주의 깊게 검토했다. 또한 소련을 비롯한 중공 등의 대(對)공산권 외교에의 획기적인 전환을 요구하고, 마찬가지로 미국, 일본을 비롯한 대(對)서방권에 대한 북한의 외교적인 접근은 폐쇄적인 북한 체제의 변화를 초래할 수 있으므로 환영하는 자세를 취했다. 아울러 "평화적인 통일을 목표로 할 때 통일된 한반도 국가의 영구중립은 필연적"이라고 강조하고, 이것은 "외부로부터의 강요된 영구중립이 아니라, 남북한 간의 자발적인 요구에 의한 영구중립을 목표로 할 경우 민족의 주체성을 기본으로 하지 않으면 안 된다"고 지적했다. 이에 따라 남북한의 유엔 동시 가입이나 미·소·중·일이 참가하는 6자 회담보다는 남북한의 직접 대화에 의한 합의를 제안했다.

주한미군을 철수할 것을 성급하게 촉구하는 것은 아니지만, 민족 전체의 멸망을 초래할 위험이 있는 핵무기는 철수되어야 하며, 한반도를 겨냥해 배치된 핵탄두 장착의 미사일은 제거되어야 한다고 밝혔다. 또한 강령에서는 "상호 군사력의 감축과 긴장 완화로 통일의 분위기를 촉진시키는 것도 중요하지만, 군사력의 정치적 중립의 견지

및 군대 내부의 민주화로 전체 국민의 신뢰를 회복하는 것이 무엇보다도 시급한 과제"라고 강조했다. 결론적으로 미·소·중·일의 이해가 상충되는 한반도의 중립화를 목표로 각 계층의 국민들이 참여하는 남북한 간의 대화를 통한 평화적 통일을 지지하며, 예상되는 일부의 극우 및 극좌 세력의 방해 책동을 경계한다고 밝혔다.

정치제도에서도 통일된 한반도의 중립성을 보장할 수 있는 제도적 장치가 요구되는데, 그것은 군사 외교에 대한 정당을 초월한 대통령의 관장, 그 외의 부분에 대해서는 정당을 기초로 한 내각책임제를 제안했다. 강령은 "사회민주주의가 민족의 염원인 국토 통일에 군사적인 방법을 사용하지 않는 유일한 길"이라고 단언하고, 모든 군사동맹과 외국 기지를 철폐하여 모든 외국군을 철수시키고 군비를 방어 목적에 제한하면서 '느슨한 연방제'[115]로부터 비동맹중립에 입각한 단일주권 국가에로의 단계적인 통일 달성과 이를 보장하기 위한 관련 국 간의 다국간 조약 체결을 명시하고 있다.

5. 흡수통일 지향과 남북대화(1988~1994년)

1988년 7월 7일 노태우는 북·중·소에 대한 개방 정책을 표방한 6개항 대북 정책을 '민족자존과 통일 번영을 위한 특별 선언'[116]이라는 이름으로 발표하였다. 최종적인 목표를 1국가 1체제로 한다는 점과 단계적인 접근은 형식상으로는 김철의 통일 노선과 유사하지만 내용 면에서는 상이하다. 김철의 통일관에서는 내부 체제의 변화가 우선적이다. 내부 체제의 민주화, 자주화, 사회화를 이루는 것이 통일 지향적 체제 개혁의 과제이다. 노태우의 통일 방안은 남한 체제의 변화를 전제하지 않는다는 점에서 논리적으로 결국은 남한 체제를 유지하는 통일인 흡수통일인 것이다. 김영삼의 민족공동체 통일 방안은 노태우 통일 방안의 골격을 유지해 점진적·단계적 통일론을 제시한 것인데, 남북연합이라는 중간 과정을 걸쳐 궁극적으로 1민족 1국가와 하나의 경제공동체를 상정한 것으로 볼 때, 또 자유민주주의의 세계사적 승리라는 현실 등으로 볼 때, 그의 통일 방안은 흡수통일을 전제로 했다는 비판이 제기되었고 그 과정에서 정책적 혼선이 발생하기도 했다. 노태우와 김영삼의 통일 방안이 흡수통일을 전제로 했음에도 불구하고, 이들의 통일 방안은 김대중에 이르러서는 1단계인 남북 연합 단계와 2단계인 연방 단계를 거쳐 마지막 단계에서 완전 통일을 이루는 3단계 통일론으로 발전하는 토대가 되었다.[117]

노태우의 7·7 선언이 있은 후 1989년 12월 2일 지중해의 몰타 해역 선상에서 미국의 부시와 소련의 고르바초프 사이에 미소정상회담이 개최되었다. 여기서 냉전을 종식하고 평화를 지향하는 새로운 세계질서를 수립한다는 역사적인 선언이 이루어졌다. 이 선언이 나온 지 1년도 되지 않아 1990년 10월 분단국 독일이 마침내 통일이 되었다. 동독이 사실상 서독에 의해 흡수되는 방식의 통일이 이루어지자 흡수통일의 위기를 느낀 김일성은 1991년 신년사에서 1980년의 고려연방제를 완화한 '느슨한 형태의 연방제'로 수정 제안을 했다. 그리고 이어 1991년 9월 18일, 김철이 1971년 처음 제안했던 바 있는 남북한 유엔 동시 가입이 마침내 성사되었다. 이어 3개월 후인 12월 13일 남북기본합의서와 한반도비핵화공동선언이 이루어졌는데 이것들은 모두 국제정세와 남북관계가 모두 남한 쪽에 유리한 국면으로 전개되고 있는 상황을 반영하는 것이다. 북한은 냉전이 종식되고 자본주의와 공산주의 양 체제 간의 우위가 분명히 드러나고 동독이 서독에 의해 사실상 흡수통일되는 사태를 심각한 체제 위기로 판단했던 것이다.

북한의 체제 위기에 대한 대응은 미국과의 직접 대화를 통한 수교로 귀결된다. 1992년 1월 21일 북한의 김용순 국제담당비서는 주한미군과 북미수교를 일괄 타결하려는 직접 거래를 시도했다. 이후 북한은 1993년 3월 12일 NPT 탈퇴 등의 초강경 대응과 핵 카드를 적극적으로 활용하여 북미관계를 자신들의 의도대로 주도하려 했다. 1994년 6월 15일 미국의 네오콘이 제기한 6월 북폭설이 나온 후 지미 카터가 방북하여, 남북정상회담을 제안했다. 이어 1994년 6월 28일 정상회담 예비 접촉이 있었고, 마침내 7월 25일에서 27일까지 3일간의 평양 남북정상회담이 합의되기에 이르렀다. 그런데 정상회담 날짜를 보름 앞둔 7월 8일 돌연 김일성이 사망한 것이다. 그 후 1994년 10월 18일 마침내 미북 제네바기본합의가 타결되었다. 이는 1992년 1월 21일 김용순과 아놀드 간의 북미 접촉이 있은 지 2년 9개월 만의 타결이었다. 이 합의서에서 북한은 핵 동결의 대가로 경수로 발전소와 연락사무소 개설을 보장받았다. 이로써 북미관계의 정상화와 핵 위기의 종식으로 한반도의 평화 구조가 현실화되는 것 같았다.

6. 김일성과 김철의 사망(1994년)

김철은 김일성이 사망한 지 약 한 달 후인 8월 11일 사망했다. 시기적으로 볼 때, 그는 역사적인 남북정상회담의 합의와 그 좌절을 알고 있었을 것이다. 실향민이었기에 정상회담에 대한 기대가 실망으로 바뀐 것이 그의 죽음에 한몫한 것이 아닌지 의심하는 것은, 그가 1970년 통일사회당 대통령후보였을 때부터 사반세기 동안 지속적으로 남북 정상 간의 대화를 주장하였기 때문이다.

1970년대의 남북대화 교착 이후 북한의 미·북 양자 대화 제의에 이은 북·미 간의 교섭과 이에 따른 미국의 남북과 미국의 3자 회담 제의, 나아가 중국을 포함한 4자 회담 제의는 또다시 일본과 러시아를 포함한 6자 회담 제안으로 전개되는 등 한반도를 둘러싼 초국적 이해관계는 복잡하게 얽히게 되어 대화의 형식이 본질을 규정하는 상황으로 전개되고 있는 형편이었다. 김철도 이미 1985년 3월 사회민주당 강령에서 "남북한의 유엔 동시 가입이나 미·소·중·일이 참가하는 6자 회담보다는 남북한의 직접 대화에 의한 합의"를 제안한 바 있다. 김철이 최초로 유엔 동시 가입을 제안했던 1970년대의 남북 대결 상황에서는 북한의 현실적 존재를 인정하는 것이 긴장을 완화하고 민족 통일에 유리하다는 판단이었지만, 객관적 정세가 변화했기 때문에 그에 대한 주체적 태세도 다르게 나타난 것이다. 김철이 견지한 '민족적 차원'에서 볼 때 6자 회담은 남북한의 주체적 태세를 실천하는 데 바람직하지 못한 방식이었다.

김철은 1989년 4월 민족 통일을 위해 북한의 조국평화통일위원회

(조평통)의 초청을 받고 당국의 허가 없이 방북한 문익환 목사에게 "그의 방북이 민족 통일을 앞당기는 돌파구가 되기를 차라리 하늘을 우러러 뜨거운 눈물로 기도하련다"[118]고 호소한 바 있다. 문익환 목사는 자신의 시 「잠꼬대 아닌 잠꼬대」에서 "난 오래 안으로 평양으로 걸 거야"라는 시구 그대로 그해 봄 4월 평양으로 '기어코 가고 말았다.' 그리고 김일성을 두 번씩이나 만나 통일 문제를 협의[119]했다.

문익환 목사의 방북 사건은 민주화 투쟁과 민족 통일의 내적 연관의 상징이다. 민주화 투쟁의 전국 조직인 전국민중민주연합(전민련)의 상임고문인 그가 북한의 통일기구인 조평통의 초청을 받아들인 것은 남한의 민주화 세력의 힘을 민족 통일의 민족적·민중적 에너지로 끌어들이려는 시도이다. 김철도 이미 1980년대 초반에 신군부가 쳐놓은 '남북분단 상황에서 넘지 말아야 할 라인'을 넘은 바 있었는데, 문익환 목사도 남북분단의 체제가 그어놓은 넘지 말아야 할 라인을 넘은 것이다. 문익환 목사가 지니는, 남한의 민주화 세력의 상징성이자 구심점으로서의 놀라운 힘이 분단의 장벽을 넘는 데까지 나아갔다는 사실이다. 민족 통일을 염원하는 민주화 세력의 정치력이 분단체제의 집권자들에게 강한 파괴력을 지닌 메시지로 전달됐다. 분단의 장벽은 그로부터 허물어지기 시작했다. 1994년의 남북정상회담의 합의나 이후 2000년 6·15 선언과 2004년의 10·4 남북정상회담의 민족적·민주적·민중적 차원의 단초가 그로부터 만들어진 것이다.

VII. 결론: 김철 통일관의 현재적 의의

난 올해 안으로 평양으로 갈 거야

기어코 가고 말 거야 이건

잠꼬대가 아니라고 농담이 아니라고

이건 진담이라고

(…)

벽을 문이라고 지르고 나가야 하는

이 땅에서 오늘 역사를 산다는 건 말이야

온몸으로 분단을 거부하는 일이라고

휴전선은 없다고 소리치는 일이라고

서울역이나 부산, 광주역에 가서

평양 가는 기차표를 내놓으라고

주장하는 일이라고

(…)

— 문익환, 「잠꼬대 아닌 잠꼬대」 중에서

1. 김철 통일관의 의의

김철이 '객관적 정세와 주체적 태세의 상관관계'의 통일 방법론으로부터 도출한 많은 통일 정책은 지난 반세기 동안 남북관계의 발전과 개선에 지대한 영향을 미쳤다. 통일부 설치, 남북한 유엔 동시 가입, 북한의 현실적 존재의 인정, 주변 4강의 교차승인, 북괴라는 호칭 대신 북한 정권으로 호칭하자는 제안, 남북대화와 교류의 제안, 남북한 정당·사회단체의 협의 등은 전부 혹은 부분적으로나마 수용되었다. 그러나 주한미군 철수, 평화협정 체결, 한반도 비핵화, 연합국가제의 검토, 느슨한 연방제로부터 비동맹중립에 입각한 단일주권 국가에로의 단계적인 통일 달성과 이를 보장하기 위한 관련국의 다자간 조약 체결 등의 실현은 아직 더 먼 과제로 남겨두고 있다.

김철의 통일관의 내부적 구성 요소로 작용하는 민주적 사회주의는, 일반적 국가의 실현 과제이기도 하지만, 동서 냉전으로 분단된 남북 각각의 공산주의의 유제와 자본주의의 모순 양자의 변증법적 지양을 실현해 내는 세계사적 의의를 지닌 유력한 수단이기도 하다. 그러므로 보편적 적용으로서의 사회주의와, 동서 이념으로 분단되어 냉전의 유제가 온존하는 마지막 지역 문제의 세계사적 해결책으로서의 사회주의가 동시에 요구되는 이중의 의의를 지닌다.

김철의 통일 방법론은 객관적 정세와 주체적 태세의 상관관계에서 파악하는 동태적 방법론이다. 따라서 그의 통일관은 체제 고정적 해결책이 아니라 체제 변화적 해결책으로서의 통일 방법을 요구한다. 일방 변화적 흡수통일이 아니라 쌍방 변화적 및 체제 발전적 통일 방법을 요구하는 것이다. 나아가 그가 바라는 통일된 민족국가는 기존의 국가의 연장이나 확장이 아니라 '제2의 해방'을 이룬 새로운 민족국가인 것이다. 요컨대 동서 냉전의 분단체제가 발전적으로 극복된 세계적 평화 국가인 것이다. 공산주의와 자본주의의 모순이 지양된 새로운 공동체인 것이다.

지금까지 살펴본바, 김철의 통일관은 그의 사상과 정치활동의 전모를 파악하게 하는 데 매우 중요한 고리로서 작용한 것을 확인했다. 통일관과 관련하여 그의 사상을 규정해 보자면 다음과 같다.

첫째, 처음부터 남북 및 좌우 어느 편에도 서지 않고 '민족적 차원'을 견지한 민족주의(1945~1994년).

둘째, '선민주 후통일' 노선을 견지한 민주주의(1957~1994년).

셋째, 민족 통일의 내부적 조건이자 통일국가의 이념 체제로서 '민주적 사회주의'를 실천한 사회주의(1963~1994년).

넷째, 민족국가 안위를 국제적으로 보장받을 비동맹중립 통일국가를 목표로 한 평화주의(1971~1994년).

본 논문에서 김철의 한반도 통일관의 구조와 내용을 이루는 이상의 사상적 궤적을 추적하면서 그의 통일관이 객관적 정세와 주체적 태세에 대응하여 드러나는 과정을 살펴봤고 그것의 총체적 모습을 개념화해 내고자 했다. 김철의 통일관에서 보면 민족 통일은 민족주의, 민주주의, 사회주의가 창조적으로 결합된 한반도적 해결책을 마련하는 것이고 그것은 동서 냉전의 완전한 종언을 의미하는 평화주의를 내포한다. 김철의 통일관에 내재된 사상적 맥락은 민족주의, 민주주의, 사회주의, 평화주의의 구조를 갖추었다. 그러한 사상들은 각각 발원의 시점은 달리하지만 일단 형성되면 그 궤적이 단절되지 않고 상호작용하면서 그의 통일관의 내부구조를 형성하면서 그 내용을 풍부하게 채우며 체계화되는 과정을 확인했다.

본 논문에서 '민주주의의 실현을 통한 민족 통일의 달성'이라는 그의 통일관이 그의 정치 역정을 통하여 어떻게 현실화되는지를 밝혔고 그러한 역사적 경험이 내포하는 그의 통일에 대한 통찰과 대안을 그의 통일관으로 개념화하고자 했다. 1972년 7·4 남북공동성명, 2000년 6·15 남북정상회담, 2004년 10·4 남북정상회담 등은 남북 관계에 새로운 기원을 만들어냈다. 그 하나하나가 '민족적 차원'에서 '객관적 정세에 대한 주체적 태세의 상관관계'의 결과를 어쨌든 반영한 것이리라. 민족 통일과 관련하여 크게 보면 앞으로 진전될 것 같지만 그러나 현재의 내외의 상황은 거꾸로 가고 있다. 민족 통일이 '민족적 차원'에서 견지되어야 한다면, 지난 분단 70년의 우리의 '민족적 차원'에서의 통일론에 대한 소중한 경험들을 역사적 지혜로서 만들어야 할 것이다. 백범 김구의 통일정신과 몽양 여운형의 민족연합, 그리고 죽산 조봉암의 평화통일론, 그리고 당산 김철의 민주적 사회주의와 비동맹중립 통일 방안은 지나간 역사적 유물이 아니고 현재에도 되새겨야 할 살아 있는 민족정신이다.

김철에게 있어 민주적 사회주의는 민족 통일의 내적 조건이고 비동맹중립은 민족 통일의 외적 조건이다. 이러한 그의 통일관은 지난 남북관계의 발전에 직간접의 관련을 지니고 있었음을 확인했다. 통일은 정권적 차원이나 남북의 차원을 넘어서는 '민족적 차원'의 고차원의 방정식이기 때문에 민족적 지혜가 도출될 수 있는 제도를 만들 수 있게 해야 할 것[120]이다. 민족적 차원을 견지한 국가기구로서의 통일

전담 기구의 창설을 주장한 것도 그러한 맥락이다. 지금의 통일부의 전신인 국토통일원이 창설된 것이 1969년이니 그로부터 6년 전에 이미 그것의 설치를 주장한 것이다. 김철은 이에 대하여 정파 차원에서 주장되는 "통일의 방법에 관한 논의는 한낱 '논의를 위한 논의'에 떨어지기 쉬운 것으로 그다지 실제적인 것이 못 된다"고 했으며, "실상 통일의 방법은 일정한 정적(靜的)인 상태를 놓고 논의에 의하여 가장 타당한 불변의 방법을 발견할 성질의 것이 아니라 객관적 정세와 주체적 태세의 상관관계에서 그 방법이 결정될 성질의 것"이라고 갈파한 바 있다.[121]

작금의 상황은 객관적 정세에 대한 통일부의 인식도 문제이거니와 주변 4강과 미국에 대한 주체적 태세도 문제이다. 이러한 인식이 단지 정권이 바뀌는 것으로 해결될 문제만이 아닐 것이다. 민족적 역량을 모아나가는 데 전 민족적 지혜가 동원되어야 한다면 일생을 민족적 차원에서 일관되게 민주주의와 민족 통일의 미션을 추구한 김철의 통일관을 살펴보는 것은 단지 과거에 관한 일이 아닐 것이다. 그의 사망(1994년 8월 11일)과 김일성의 사망(1994년 7월 8일) 이후 지난 20년 간 남북관계에 나타난 주체적 태세의 진전과 퇴보라는 양극단의 요동과 한반도 주변의 미·중 및 일·중 간에 형성될 객관적 정세의 변화를 어떠한 '민족적 차원'에서 헤쳐 나아가야 하는지에 대하여 김철의 통일관과 그 실천에서 대안을 찾아야 할 이유가 충분히 있다고 할 것이다.

2. 통일을 위한 남북 체제 변화적 수렴 모형으로서의 사회민주주의

지난 민주 정부가 추진한 대북 포용 정책의 결과로 조성된 개성 공단은 천안함 사건이 나고 남북 간의 긴장이 최고조가 되었어도 유지되었다. 개성 공단은 어떠한 위기 상황에서도 남북관계의 되돌릴 수 없는(irrevocable) 진전의 교두보이다. 빌리 브란트의 오른팔이자 독일 통일의 최고 설계자인 에곤 바르는 한반도의 통일은 개성 공단식 통일[122]이라고 언급한 적이 있다. 이러한 진전은 일찍이 '분단의 벽(壁)을 문(門)이라고 지르고 나간' 선구자의 희생의 값진 결과일 것이다. 남북의 정부가 각각 세워지기 전에 분단을 막고자 했던 백범 김구와 몽양 여운형, 우사 김규식, 그리고 남북의 정부가 세워진 이후 서로를 죽이는 통일이 아니라 공존하는 평화통일을 주장한 죽산 조봉암과 당산 김철도 그 넘지 말아야 할 분단의 문을 넘었다. 이들은 모두 분단체제가 절대로 수용할 수 없는 라인을 넘어간 것이다.

그런데 이제는 국제정세와 내부 권력의 변화로 분단체제가 지난 시절 쳐놓은 그 라인을 체제 스스로가 넘을 수밖에 없는 상황에까지 이르렀다. 그래서 1994년 김영삼-김일성의 정상회담이 합의되었고, 2000년 김대중-김정일의 정상회담, 2004년 노무현-김정일의 정상회담에까지 이르게 된 것이다. 이것은 밑으로부터의 민족 통일의 염원이 권력 최고의 상부에까지 도달하도록 전 민족적 역량으로 분단체제를 극복하고자 노력한 역사의 결과이다. 그러던 것이 이명박-박근혜 정부에 들어와 남북관계는 뒷걸음치고 1980년대 이후부터 유지되어 온 통일에 대한 남한의 이니셔티브마저 상실하고 말았다.

김철이 사망한 지 20년이 지났다. 그가 살아 있었다면 무엇을 했을까? 지난 시절 그가 넘으려 했던 분단의 라인은 다소 퇴색은 되었지만 여전히 존재한다. 형식적인 민주화는 이루어진 것처럼 보이지만 통일 지향적인 체제 개혁의 3원칙(민주화, 자주화, 사회화)의 나머지 두 개인 자주화와 사회화는 아직 이루어지지 않았다. 다만 1987년 민주화의 결과로 노동자 농민의 정치세력화의 움직임은 활발하게 전개되어 김철이 당대에 한 번도 이루어내지 못했던 노동자·농민 계층의 세력화에 기초한 진보 진영의 대통령선거 출마와 진보정당인 민주노동당의 원내진입[123]이 이루어졌다. 그 득표율과 의석 숫자를 논하기 전에 그 자체도 엄청난 변화이다.

이제 김철 평생의 실험의 주제이자 결론인 '사회민주주의와 민족 통일의 내적 연관'을 되새겨보아야 할 때이다. 나아가 비동맹중립 통일의 길을 열기 위하여 미·중·일 일변도의 한반도 정세의 틀에서 통일 외교의 다변화를 시도해야 할 때이다. 김철이 유지해 왔었던 사회주의인터내셔널(SI)과의 연대를 복원해 내야 할 것이다. 김철의 통일관에서 민족 통일을 지향하는 양 체제의 체제 변화적 개혁과 체제 수렴적 변화를 이루기 위하여 '민주적 사회주의(사회민주주의)'를 노선으로 진지하게 정비하고 재구축해 나가는 노력을 해야 할 시점인 것이다.

김철의 통일관을 현실화하기 위해서는 남북한 이념 통합의 가교로서 사회민주주의에 대한 진지한 성찰과 검토가 요청되고 있는 것이다. 독일 통일이 우리에게 통일의 가능성과 믿음을 준 것은 사실이지만 그와 같은 자발적인 흡수통일은 우리에게 맞지도 않으며 된다고 하더라도 이후의 사회경제적 비용이 너무 크다. 그렇다면 한국에서의 통일은 양 체제의 변화를 동반하는 '제3의 길 찾기' 작업일 수밖에 없다. 다행히도 역사 속 다양한 실험에서 배울 수 있다. 자본주의의 수정으로서 사회민주주의와 사회주의의 변형으로서 시장사회주의의 실험들이 그것[124]이다. 사회민주주의의 모델로 설정되어 있는 스웨덴은 자본가와 노동자의 타협이 가능하며, 이것이 국민들 전체에게 최소한의 물질적 부를 보장할 수 있다는 교훈을 보여주고 있다. 반면, 시장사회주의는 계획과 시장의 조화가 가능하며, 시장의 사회적인 역할을 통해 전체 경제에 활력을 줄 수 있다는 경험을 남겨주고 있다. 외부적으로는 이러한 세계사적 실험들이 진행되고 있고 내부적으로는 지난 우리 정치사의 제3의 실험이 있었다. 이 경험들이 종횡으로 연결되어 한반도의 통일의 세계사적 실험을 진행해야 한다.

민주적 사회주의(사회민주주의)는 최소강령적 원칙을 지닌다. 「프랑크푸르트선언」(1951년)의 "자유 없는 사회주의는 없다. 사회주의는 민주주의를 통해서만 성취되고, 민주주의는 사회주의를 통해서만 완전하게 실현된다"는 구절 속에 모두가 함축되어 있다. 그래서 원칙의 추상성과 내용적 애매성에도 불구하고 오히려 그로 인한 유연성과 확장성이 장점이다.

임현진도 사회민주주의의 그 유동적인 형태가 우리의 통일에 더 많은 도움이 될 것이라고 지적했다. 그는 "그간의 통일 정책이 이것 아니면 저것이라는 식의 사고에 사로잡혀 있는 조건에서 오히려 함께 만들어가는 과정으로서의 통일이라는 점을 분명히 하는 계기가 됨과 동시에 서로가 양보할 수 있는 여지를 제공해 주기 때문"[125]이라고 통일을 위한 사회민주주의의 장점을 밝혔다. 임현진의 이러한 견해는 '객관적 정세와 주체적 태세의 상관관계'라는 김철의 통일관의 동태적 방법론과 맥이 닿아 있다.

통일을 과정으로 이해한다는 것은 느슨하지만 포괄적인 기본 원칙에 대한 합의가 반드시 전제되어야 한다. 그 합의는 바로 사회민주주의적 원칙에서 나온다. 그래서 목표로 설정된 최종의 체제를 미리 설정하고 나아가는 것이 아니라, 지금부터 하나의 체제를 건설해 나갈 중간적 조치들을 실행해 나가는 과정에서 포괄적인 원칙에 부합되는 '수렴적이면서도 새로운' 체제가 생성·도출된다고 본다. 물론 사회민주주의적인 통일 모델이 쉽게 실현되지는 않을 것이다. 그러나 현재의 조건에서는 김철이 반세기를 갈고 다듬어온 결론으로서 사회민주주의적인 통일관보다 더 나은 것을 찾을 수 없었다.

6

김철과 사회주의인터내셔널

신필균(사무금융우분투재단 이사장)

1. 배경

김철의 본격적인 정치활동의 시작은 1960년 한국사회당 창당 발기 이후라고 할 수 있으며 그 후의 역정을 살펴보기로 한다. 김철의 사상과 특징은 간략하게 두 가지로 정리할 수 있다. 하나는 사회민주주의에 대한 투철한 철학을 기반으로 하였다는 점이며, 다른 하나는 국제 연대를 강조한 것을 특징으로 들 수 있다. 김철이라는 진보정치가의 사상과 활동을 이해하기 위해서는 우선 1960-70년대 한국의 정치상황과 특히 당시 진보 진영의 실상을 파악하는 것이 필요하다.

분단과 한국전쟁 이후 한국 사회에서 사회주의라는 용어는 금기어가 되어 왔으며 이 현상은 오늘날까지도 계속되고 있다. 이것은 한국 전쟁 이후 최초의 대중적 사민주의 정당이라고 할 수 있었던 조봉암과 그의 정당이 '진보당'이라는 명칭을 내세웠던 것을 비롯하여 현재에도 사회주의 혹은 사민주의의 대체어로 진보주의를 사용하고 있는 데에서도 나타난다. 오늘날 또한 객관적으로 보아 사회주의 혹은 사민주의를 지향하는 정당인 것으로 보이는 정당들도 '사회' 자가 들어가는 당명을 내세우지 못하는 것이 현실이다.

이러한 사회 환경 속에서 최초로 금기를 깬 사건은 1960년 4월 혁명 이후의 자유로운 정치 공간에서 이른바 혁신계라고 하는 당명에 사회자를 붙인 '사회대중당(1960년 6월 17일)', '통일사회당(1961년 1월 21일)'을 위시한 진보정당, 사회주의정당이 출현한 것이다. 그러나 이런 정치 공간은 1961년 박정희의 5·16 군사쿠데타가 발생하면서 불과 몇 개월 만에 다시 원점으로 돌아갔고 이후 한국은 50년대보다 더욱 엄혹한 반공 질서하에 놓이게 된다. 1960년 4월 혁명 이후 출현한 진보정치 세력은 5·16 군사쿠데타나 이후 소멸되거나 지하로 잠복하였으며 합법적 진보정당이 숨 쉴 수 있는 공간은 어디에도 없었다. 남북대립이 극에 달했던 60, 70년대에 가혹한 반공 체제하에서 지하로 잠복한 진보세력은 박정희 정권하에서 발생한 수차례의 '지하당 사건'을 통해서 거의 소멸되기에 이른다.

유사한 사례를 초기 사민주의자들의 운동에서도 찾아볼 수 있다. 제2차 세계대전 이후 동서 냉전체제하에서 유럽의 사회주의정당들도 유사한 곤경에 처해 있었는데, 그것은 소련이 주도하는 공산주의운동에 동참하거나 혹은 미국이 주도하는 반공 질서를 인정하는 보수주의로 전락하느냐 하는 양단의 선택을 강요받았던 것이다. 이때 유럽에서의 민주적 사회주의자들은 전후 독일, 스웨덴 등이 주도한 사민주의 국제운동 속에서 소련으로 대표되는 전체주의화된 공산주의와 명확히 선을 긋고 그러나 무절제한 자유 자본주의가 아닌 사회적 자본주의를 지향하는 '제3의 길' 혹은 '중도 노선'을 지향함으로써 이 딜레마를 벗어날 수 있었다. 그리고 이후 이들은 서유럽의 복지국가화, 사민주의화라는 세계사적인 새로운 사회모델의 형성을 통해 대성공을 거두게 된다.

2. 김철의 사상과 정치

1961년 이래 박정희 정권하에서 존속할 수 있는 정치는 기본적으로 반공 체제를 수용하는 보수주의 정당뿐이었다. 5·16 이후 일본에 망명하면서 세계의 움직임을 통찰할 수 있었던 김철은 북한식 사회주의 노선과는 분명하게 선을 그으면서도 박정희 정권하에서 자행되는 민주주의, 인권, 노동운동의 탄압에 저항하는 진보정치운동으로서의 '통일사회당' 활동을 계속하였다.

3년의 망명 생활을 마치고 1964년 말 귀국한 김철은 통일사회당을 재발기하면서, 혁신정당의 존립에 필요한 내용을 두 가지로 소개한다. 그는 우선 서민 대중의 요구를 반영하기 위한 정치로서의 민주적 사회주의를 강조하며, 또한 민족 통일을 이룰 유일한 정당으로 혁신정당을 내세웠다. 1965년 4월 《사상계》에 발표한 글에서 "우리가 보수정당에 대립하는 것으로서 혁신정당이라고 하는 것은 현존의 사회·경제 체제를 어느 정도까지 근본적으로 개혁함으로써 역사적 발전을 촉진하려는 목적을 가진 정당을 말한다. (…) 이른바 혁신정당은 구체적으로는 민주적 사회주의의 정당을 가리키게 되는 것이다"[1]라고 그는 설명한다.

그러나 유럽에서의 상황과는 달리 남한에서 이러한 좌우에 치우친 이념을 피해가려는 정치는 좌우 양쪽의 공격을 받아 극도의 고립 상태에 빠지기 십상인데 김철의 사상과 활동 역시 예외는 아니었다. 민주적 사회주의에 대한 이해가 전무하여 사민주의가 용공주의로 매도되는 상황 속에서 김철은 당시 한국의 어느 정당과도 달리 이러한 고립상을 현대적 사민주의 이념 속에서 그리고 사민주의자와의 국제적 연대 속에서 벗어나려는 시도를 하였다. 이러한 점에서 김철의 정치는 현재의 시점에서 특별한 주목과 평가를 요한다고 볼 수 있다.

김철은 1960-70년대 당시의 정치가와 운동가로서는 매우 드물게 세계의 정치 현황과 이념적 움직임에 밝았으며 따라서 매우 유연하고 현실적인 이념을 추구하였다. 그는 60년대 당시 전통적 사회주의가 서구 사회민주주의로 진화하는 것과 아울러 서구의 개혁적 공산주의자들이 사민주의를 노동자계급의 적으로 보는 종래의 경직적 태도를 수정하는 추세를 잘 알고 있었다.

그는 민족 통일 문제에 관하여 공산주의나 자본주의 방식이 아닌 민주적 사회주의 방식으로써만 해결이 가능하다고 보고 있었다. 여기에서 그는 빌리 브란트(Willy Brandt)의 "오직 우리의 노선만이 분단된 독일의 통일을 가져올 수 있다"[2]는 주장에 뜻을 같이하였으며,

"우리 민족의 미래 역시 이러한 세계사적 발전에 주체적으로 참여한 이 나라의 혁신정당인 통일사회당에게 달려 있다"고 주장한다.[3] 남북의 보수주의자들이 팽팽하게 대립하여 한 발자국도 나가지 못하고 있는 한국의 현실에서 통일의 주체가 될 수 있는 새로운 정치세력에 대한 김철의 생각은 당시로서는 매우 앞선 것이었다.

다른 한편, 김철은 당대의 여느 정치인에 비해 깊은 정치철학을 지녔다. 그는 개인과 사회에 대한 이해에 있어서, 개인의 자유를 중요한 가치로 보며 이를 존중해야 한다고 강조한다. 개인이 모여 사는 공동체(사회)에서는 다양한 개인(구성원)의 자유가 고르게 실현돼야 하는데 이것이 민주주의이며 동시에 공동체의 이익을 구현하기 위한 사민주의 복지국가적 국가 개입에 주목한다. 그리고 그는 이것이 사회민주주의의 핵심이라고 보았다. 그러나 "우리 사회에서 적지 않은 사람들이 공공의 손실이나 타인의 희생을 무릅쓰고라도" 자기만 생각하는 이기주의에 고착하며,[4] 더욱이 이들은 "나라를 사랑하는 사람들이 자기들뿐이라고 주장하고 대중을 고난에 빠뜨린다"[5]고 개탄한다. 이러한 태도는 사실 보수 진영뿐만 아니라 진보 진영에서도 찾아볼 수 있다고 비판한다. 그는 자유, 평등, 연대의 개념이 상호보완적으로 작동한다고 믿으며, 사회정의를 핵심 가치관으로 삼고 있는 민주적 사회주의만이 이를 해결할 수 있는 유일한 길로 보았다.

3. 사회주의인터내셔널에서의 활동

1) 1960년대: 국제사회주의 연대에 가담

1961년 통일사회당(이후 통사당) 창당에 참여할 즈음, 김철은 이미 1951년의 사회주의인터내셔널(Socialist International, SI)의 「프랑크푸르트선언」에 관해 깊은 이해와 공감을 새기며, 국내에서 혁신정당이 살아남을 수 있고 발전할 수 있는 길을 국제적 정당 간 연대에서 찾았다. 김철의 이러한 판단과 의지는 2개월 이후 실천으로 옮겨지며, 그해 3월 SI 가입에 대한 협의를 위해 일본의 민주사회당과 사회당 등을 방문한다. 일본 체류 2개월 뒤 5·16 군사쿠데타가 발생했으며, 통사당 간부들의 전원 구속과 당의 강제해산에 이르면서 그는 어쩔 수 없이 일본에서의 망명 생활을 시작한다.

이후 통사당의 활동은 일본을 거점으로 하여 훗날 한국 사민주의 운동으로 이어지게 된다. 김철은 1962년 오슬로에서 개최된 사회주의 인터내셔널 이사회에 처음으로 참석하여, 객원 연설로 각광을 받는다. 이것이 SI와의 직접적인 연대 활동의 시작이다. 그의 나이 36세, 국제적십자사위원회(ICRC)가 발행한 여행증명서와 동지들에 의해 갹출된 여비로 시작된 오슬로 SI 참석은 스웨덴, 덴마크, 서독, 네덜란드 등 유럽 국가, 이스라엘, 레바논, 이집트 등의 중동 국가, 그리고 미국과 캐나다를 거쳐, 인도, 필리핀 등 20여 개국을 순방하며 국제적 관계의 장을 여는 계기가 되었다.

또한 오슬로 대회를 유럽 사회, 더 나아가 전 세계에 당시의 한국의 실정을 알리는 절호의 기회로 활용하였으며, 다음 해(1963년) 한국의 통사당은 SI의 옵서버 회원 자격을 획득한다. 사실상 국내에서 해체된 통사당은 김철에 의해 국제무대에서 재기하여, 1969년 6월 제11회 SI 총회에서 정회원 자격을 획득하기에 이르렀다. 당시 SI의 정회원은 불과 35개 정당으로 이루어졌는데 이 중 거의 절반은 집권 정당이거나, 아니면 제1야당으로 활약하는 거대정당들이었다. 이 외로운 망명 정치가는 그때의 심경을 "'용공'의 누명 밑에 혹독한 탄압을 받아왔으나 이미 국제적으로 외롭지 않은 통일사회당으로서는 앞으로 탄압을 두려워할 것은 없다"라고 적고 있다.[6]

60년대 국제무대에서의 그의 활약은 고무적이었다. 거의 매년 주요한 회의에는 빠짐없이 참석하며(그 과정과 어려움의 극복은 김철만이 해낼 수 있었다고 본다[7]) 1966년에는 국제사회주의청년연맹(International Union of Socialist Youth, IUSY)의 의장단의 일원이 되어 아시아 청년 사회주의자로서도 활약한다. 당시 사회주의인터내셔널에서 받은 영감과 유럽 각지에서의 연대적 지원은 곧 국내 혁신정당 재건에 커다란 밑거름이 된 것으로 보인다. 김철은 3년 반의 망명 생활을 끝내고 귀국한 이후 한국의 미래를 위한 혁신정당의 필요성을 더욱 적극적으로 그리고 논리적으로 설파한다.

2) 1970년대: 한국의 사회주의정당 대표로 활약

과거 10년 동안 김철은 국제적 발판을 견고히 하였으며, SI 안에서 유능한 아시아 국가 지도자의 하나로서 신임을 받았다. 70년대에 들어와 국내에서는 유신체제가 선포되었고 김대중 납치사건 등 억압과 탄압이 기승을 부렸으나, 다른 한편 민주화 운동의 세력 또한 성장하고 확대되었다. 이러한 환경하에서 김철의 역할은 이 시기에 대내외적으로 가장 활발하였다고 여겨진다.

김철은 1971년 대통령선거를 앞두고 통사당 대통령후보로 선출되었으며, 이를 기화로 모처럼 떳떳하게 유럽 순방길에 나설 수 있었다. 유럽의 사민당 대표들과의 공식 면담에서는 당시 남유럽의 독재체제와 남아프리카의 혹독한 인종차별 문제와 더불어 한국에서 자행되고 있는 독재정권의 만행, 인권 탄압과 정치적 구속자 문제에 대한 SI의 연대적 관심을 이끌어내는 데 성공하였다. 이후 긴급조치 9호로 구속된 김철에 대한 SI의 구명 운동도 이러한 연대 활동의 하나이며, 김대중 석방을 위한 SI의 활발한 활동 또한 마찬가지다. 1970년대 세계 각지에서 벌어지는 억압과 불평등에 항거한 사회주의인터내셔널의 연대 활동은 대단히 역동적이었으며 그 영향력 역시 대단히 컸다고 할 수 있다.

김철은 1977년 말 석방 이후, 도쿄에서 열린 SI 지도자 회의에 참석할 수 있었으며, 여기에서 아시아에서의 민주적 사회주의에 대한 강조와 남북한의 긴장 완화, 미군 철수 및 비핵화 발언을 담은 연설은 유명하다.

3) 1980년대: 통사당 분열이 불러온 SI의 혼돈

그동안 사회주의인터내셔널 운동에 비교적 조용(무지)해 왔던 전두환 정부는 이에 대한 본격적인 방해 작업을 시작한다. 1980년 스페인 마드리드에서의 제15회 SI 총회 당시는 독일의 빌리 브란트를 의장으로 스웨덴의 올로프 팔메, 오스트리아의 브루노 크라이스키 그리고 주최국인 스페인의 펠리페 곤잘레스 등 유럽의 거장들이 활동하는 시기였으며, 70년대에 이어서 민주적 사회주의운동의 전성기였다. 한편 한국에서는 광주항쟁과 김대중 사형선고 등 군부독재가 극단을 치닫고 있었던 시기였기에 한국 문제는 SI에서도 주요한 관심사의 하나였다. 총회가 종료되는 11월 14일 마드리드 결의문에는 한국 정부에 대한 비판과 민주화를 촉구하는 내용이 들어 있었으며 이를 선언하는 브란트 의장의 단호한 음성이 아직도 귀에 생생하다.[8]

김철이 신군부의 국가보위입법회의 일원이 된 그 이듬해 1981년 2월 호주 시드니에서 SI 아태 총회가 개최되었는데 여기에 고정훈과 홍숙자가 민주사회당이라는 신당의 이름으로 참석하였다. 이들은 민사당이야말로 통사당이 군부에 의해 해체되면서 남은 당원으로 조직된 개명한 통사당의 계승 정당이라고 주장했다. 결국 김철이 20년에 걸쳐 쌓아온 국제 연대에 큰 흠집을 낸 것이다. 이 결과 당시의 SI 사무총장 칼슨은 시드니 총회 이후 조사차 한국을 비공식적으로 내방하였으며 SI 집행부는 고정훈의 민사당을 거부하는 명분으로 통사당의 정회원 자격을 일단 정지시켰다. 이것으로 전두환 정부는 다소의 성공을 거둔 셈이다. 1989년까지 이를 회복하기 위해 지속되는 김철의 대 SI 활동을 보면 목적의식이 분명한 한 민주적 사회주의자의 강한 의지와 행보를 읽을 수 있다.

김철의 SI 활동 연혁

1953년   「프랑크푸르트선언」 이후 사회민주주의에 대한 깊은
         관심과 이해의 폭을 넓힘

1961년 3월　SI 가입에 대해 일본 우당과의 협의차 일본 방문

　　　　　　※ 5·16 군사쿠데타 발생으로 일본 망명 생활 시작,
　　　　　　1964년 11월에 귀국

1962년 6월　노르웨이 오슬로에서 개최된 SI 이사회에 초대, 이를
　　　　　　계기로 이후 스웨덴, 덴마크, 독일 등 유럽 여러 나
　　　　　　라 방문(SI 최초 방문)

1963년 9월　제8회 SI 총회(네덜란드 암스테르담) 참가, 통일사회당
　　　　　　은 SI 옵서버 회원 자격 획득

1964년 6월　SI 창립 100년제 및 총회(벨기에 브뤼셀) 참석

1966년 1월　제10회 SI 총회(스웨덴 스톡홀름) 참석. 이후 오스트
　　　　　　리아 빈에서 개최된 국제사회주의청년연맹(IUSY) 대
　　　　　　회 참가. 의장단에 선출됨

1969년 6월　제11회 SI 총회(영국 이스트본)에서 통일사회당 정회
　　　　　　원으로 승격

1971년 3월　통일사회당 대통령후보로서 서독, 스웨덴, 오스트리
　　　　　　아 공식방문

1972년 5월　SI 아시아태평양 총회(싱가포르) 참석

　　　　6월　제12회 SI 총회(오스트리아 빈) 참석

1974년 6월　SI 지도자 회의(영국 런던) 참석

　　　　　　※ 1975년 9월~1977년 3월 긴급조치 9호 위반으로
　　　　　　징역 2년, 집행정지 2년. SI 지도자들의 구명 운동에
　　　　　　의해 5개월 앞당겨 출소

1977년 12월 SI 지도자 회의(일본 도쿄) 참석

1980년 11월 제15회 SI 총회(스페인 마드리드) 참석

1981년 2월 SI 아시아태평양 총회(호주 시드니) 참석(민주사회당

분열 책동에 의한 회원 자격 상실)

1985년 5월 SI 이사회(오스트리아 빈) 참가

1986년 6월 제17회 SI 총회(페루 리마) 참가

1989년 6월 제18회 SI 총회(스웨덴 스톡홀름) 참가

4. 사회주의인터내셔널

오늘날의 사회주의인터내셔널은 1951년 「프랑크푸르트선언」을 중심으로 창설된 민주사회주의, 사회민주주의, 사회주의, 노동계열 정당 및 조직들의 국제적 연맹체로서 민주적 사회주의를 핵심 이념으로 하고 있다.

1) SI의 역사적 배경

사회주의인터내셔널의 원초는 1864년 국제노동자협회가 런던에서 창립한 '제1인터내셔널'로 거슬러 올라간다. 제1인터내셔널은 1848년 프랑스의 2월 혁명을 발단으로 영국, 독일, 이탈리아 등 유럽의 여러 나라에서 일어났던 혁명운동의 실패 이후 영국과 프랑스를 중심으로 한 국제노동운동연맹이다. 여기에는 피에르조제프 프루동(Pierre-Joseph Proudhons), 미하일 바쿠닌(Mikhail Bakunin), 카를 마르크스(Karl Marx)와 프리드리히 엥겔스(Friedrich Engels) 등이 참여하였다.

이는 12년 만에 마르크스와 무정부주의자 바쿠닌의 갈등으로 몰락하고 만다. 이 무렵 유럽의 여러 국가 내에서는 사회민주당이 창설(독일 1875년, 프랑스 1879년, 스웨덴 1889년)되고 있었고, 국제적 연대의 필요성이 강조되면서 국제사회주의자들은 1889년 7월 14일 파리에서 '제2인터내셔널'을 창립한다. 제1인터내셔널이 노동자협회의 성격을 띠었다면 제2는 각국에서 성장해 온 사회민주주의 정당의 국제적 연합으로 볼 수 있다.

제2인터내셔널 창립대회에서는 당시 미국의 노동자들이 투쟁하고 있었던 8시간 노동제를 국제적 연대로 결의함으로써 5월 1일을 노동자의 날로 정한 '메이데이'를 탄생시켰다. 그 후 1910년 코펜하겐에서 SI 총회와 동시에 열렸던 제2차 사회주의 여성대회에서는 여성참정권 운동의 상징으로 3월 8일을 국제여성의날로 제안하였고 SI 총회는 이를 만장일치로 의결하였다.[9] 메이데이와 국제여성의날 제정은 제2인터내셔널의 가장 큰 세계사적 업적으로 여겨지고 있다.

제2인터내셔널은 제1차 세계대전을 전후하여 혁명주의(revolutionary)와 개혁주의(reformist)의 갈등으로 다시 해체위기를 맞는다. 제1차 세계대전 이후 혁명적 공산주의자들은 볼셰비키혁명 이후 1919년 공산주의 인터내셔널(comintern)을 조직하였으며, 이에 동조하지 않은 사회주의자들은 1923년 그 이름을 바꾸어 '노동자·사회주의자 인터내셔널(Labour and Socialist International, LSI: 오늘날의 사회주의인터내셔널의 기원)'로 인터내셔널의 재건을 다짐하였다. 그러나 이 조직은 히틀러의 대두와 제2차 세계대전의 개시로 인하여 1940년 결국 해체되고 만다.

2) SI의 발전과 변화

1단계: 「프랑크푸르트선언」과 SI의 재건

제2차 세계대전 종전 이후 1951년 7월 서독의 프랑크푸르트에서 LSI가 재건되며 이로써 사회주의인터내셔널(SI)은 새로운 시대를 열게 된다. SI는 '민주적 사회주의와 임무'라는 주제 아래 창립대회를 가지며 이 대회에서 결의된 'Socialist International'이란 명칭과 원칙을 오늘날까지 사용하고 있다.

「프랑크푸르트선언」의 특징은 민주적 사회주의의 목적과 임무를 분명히 함으로써 제2차 세계대전 이후 동서 냉전하에서 규제되지 않은 자본주의에 대한 비판과 동시에 소련식 공산주의에 대한 거부를 분명히 한 당시로서의 '제3의 길'의 성격을 가진 점이다. 그 내용으로는 정치적 민주주의, 경제적 민주주의, 문화적 진보주의 그리고 국제적 민주주의를 담고 있다. 전후 서유럽의 복지국가가 건설되는 과정에서 프랑스, 독일, 오스트리아 등지에서 사민주의 대중정당이 협애한 계급정당에서 국민정당으로 성장하였다. 지금까지의 SI는 주로 유럽의 사회주의, 사민주의 정당으로 구성되어 있었으나 이 총회 이후로는 아시아와 아프리카 등지의 사회민주주의 정당들이 참여할 수 있는 문호가 개방되기 시작하였다.

2단계: 1970-80년대 황금기

SI는 북유럽과 서유럽의 주요 국가에서 사민주의 정당이 집권 정당으로 자리를 잡으면서 사민주의의 전성시대를 이룬다. 이 시기에는 독일의 브란트, 스웨덴의 팔메, 오스트리아의 크라이스키 등 북부 유럽 사민주의 지도부가 SI의 핵심 세력을 이루며 국제적 연대활동을 활발히 하였다. 특히 SI는 그리스, 스페인, 포르투갈 등 남부 유럽의 군사정권과 독재정권에 대한 적극적 반대를 보임으로써 사회민주주의 정당의 입지를 도왔으며, 아울러 아프리카, 중남미의 해방운동, 칠레, 아르헨티나 등 군사독재에 대한 저항운동에 지원을 아끼지 않았다. 이러한 연대적 정치활동은 아시아와 특히 한국의 유신 독재체제에 대한 비판으로도 이어졌다. 이 시기에 그리스를 비롯한 칠레, 아르헨티나의 독재체제가 무너진 배후에는 국제사민주의의 큰 역할이 있었다.

특히 1970-80년대 동서 냉전시대에 SI는 군축과 평화를 강조하면서 미국과 소련의 긴장 완화에 기여하였다. 이 시기에 독일의 빌리 브란트가 1976년부터 1992년까지 16년간 가장 오랜 기간 의장직을 맡았으며, SI는 유럽의 한계를 벗어나 세계적으로 전성기를 누렸다.

3단계: 1990년대 이후 침체와 신생국가 참여

90년대 초반에 이루어진 독일 통일과 동서 간의 냉전체제가 해체되면서 전 세계적으로 긴장 완화가 이루어졌다. 이는 SI가 주창하던 바였으며 동구권의 사회주의 해체 이후 80년대와 90년대에 걸쳐 SI의 핵심 세력을 이루었던 북부 유럽의 정치가들이 사라지기 시작하였다. 1986년 스웨덴의 올로프 팔메가 피살되었고, 1992년 빌리 브란트가 사망하면서 SI의 리더십이 남부 유럽으로 옮겨가는 현상이 발생하였다. 1999년 포르투갈의 안토니우 구테흐스(António Guterres)에 이어 2006년 그리스의 요르요스 파판드레우(Georgios Papandreou)가 현재까지 SI의 의장을 이어가고 있다. SI의 회원 정당 또한 동구권의 신생국가, 아프리카, 중남미 등에서 많은 신생정당이 참여함으로써 세계적 확산이 이루어지며 전통적인 북부 유럽 중심주의가 약화되었다.

SI의 침체 이유는 70, 80년대를 휘어잡았던 거장들의 퇴장만이 그 원인은 아니었다. 동구권의 몰락과 함께 닥쳐온 세계화와 신자유주의의 범람은 SI로 하여금 제3의 대안 대신 경제위기의 타격과 고용불안으로 이어지는 어려운 사회경제적 문제를 감당하게 만들었다. 유럽의 많은 국가들은 오늘날까지 고실업률의 문제를 가장 큰 사회적 문제로 안고 있는 실정이며, 이 와중에 시장주의를 들고 나온 보수정당이 약진하는 사태가 빈발하였고, 결과적으로 국제 연대의 약화가 초래되었다.

4단계: 2008년 금융위기와 새로운 발전 방향 모색

지구촌을 휩쓴 세계화와 신자유주의의 물결 속에서 국가 간 그리고 집단과 계층 내에서의 경제적, 사회적 불평등의 확산과 빈곤의 증가라는 세계적 현상이 나타났다. 또한 동서 냉전의 종식 이후 세계는 종교 간, 민족 간, 인종 간 갈등이 특히 중동, 아프리카 도처에서 격화되고 있으며 동구 사회주의 몰락과 아랍 세계의 민주혁명 이후 민주주의의 세계적 확산은 동시에 신생민주주의의 실패와 이들 지역에서 인간의 기본권이 위협받는 위험한 사태가 빈번하게 발생하곤 하였다.

SI는 2012년 제24회 총회에서 이러한 경제사회적 위험과 세계적인 민주주의, 인권, 평화의 위협에 대응하기 위하여 '신국제주의와 새로운 연대 문화'라는 구호를 내세웠다. 이는 세계적인 차원의 협력과 제도화를 통하여 투기자본의 활동 규제 등 정치·사회·경제 정책의 영역에서 이러한 위협에 대하여 통합적으로 대응하자는 것이다. 지난 SI 총회에서 발표한 선언을 간추린 내용은 아래와 같다.

① 고용, 성장, 사회적 보호(social protection)를 내용으로 한 경제발전

금융위기에 대한 사회민주주의적 대응으로 금융시장의 개혁과 투기자본의 규제를 강화하여 사회적 혼란을 방지하고 진정한 민주적 경제 시스템을 구축하여 모두에게 균등한 기회와 금융정의 (financial justice)를 누리게 한다. 금융·경제·사회·환경을 동등하게 중요시하는 통합적 접근에 의한 문제해결을 추구한다.

② 권리와 자유를 위한 투쟁

대의민주주의의 강화와 새로운 민주주의(최근의 민주화로 탄생한 민주주의 국가)의 확대를 이루되 '아랍의 봄' 이후 출현한 민주주의의 정착 및 러시아, 우크라이나 등지에서의 민주주의 문제에 관한 염려와 연대를 강화한다.

③ 평화, 지속가능성, 협력(cooperation): 다자주의(multilateralism)의 확보

인종, 민족, 종교, 문화의 다원성을 인정하는 위에서 평화와 국제 세계의 다자들 간의 갈등 해소와 협력이 가능하다고 보며, 강대국 중심의 국제질서에서 벗어나, 약자와 소수집단의 정체성 인정과 이에 대한 존중을 기반으로 한 새로운 국제질서를 만들어야 한다.

④ 국민과 함께(among the peoples) 그리고 국가들 사이(between the nations)에서의 신국제주의를 이루자

신국제주의란 세계경제를 민주적 지배질서와 규제를 갖춘 새로운 것으로 변화시켜 인간을 위한 '정의로운 세계사회(a just global society)'가 가능하게 하자는 것이다. 신국제주의를 통하여 세계의 진보적 변화, 민주주의의 확산, 협력적 안보의 증진, 민주적 국제기구의 강화와 부담의 배분이 이루어져야 한다.

이를 종합하면 금융·경제·사회·환경을 동등하게 중요시하는 통합적 접근만이 불평등, 빈곤, 저성장의 문제를 해결할 수 있다고 보며, 인종·민족·종교·문화의 다원성을 인정하는 위에서 평화와 국제세계의 다자들 간의 갈등의 해소와 협력이 가능함을 강조하고 있다. 강대국 중심의 국제질서에서 약자와 소수집단의 정체성의 인정과 존중 위에 기반한 새로운 국제질서를 중요시하며, 이를 위하여 국가와 사회 간의 연대와 협력을 재삼 강조하는 것이다.

3) SI의 회원과 조직

사회주의인터내셔널의 회원은 각각 정회원(full member), 자문회원(consultative member) 그리고 참관자격을 갖는 옵서버 회원(observer)의 세 종류가 있다. 회원 자격은 위에서 언급한 것과 같이 민주적 사회주의를 추구하는 정당 및 조직이 가능하며 드물게는 개인도 회원 자격이 부여된다. 2015년 기준 총 회원 정당 및 조직체는 168개이며, 이중 62개국에서 민주적 사회주의정당이 집권하고 있다. 2022년 이

후 SI의 의장은 스페인의 페드로 산체스(Pedro Sánchez)이며 사무총장은 가나의 베네딕타 라시(Benedicta Lasi)이다.

대표적 자매 기구로는 사회주의인터내셔널 여성(Socialist International Women, SIW), 국제사회주의 교육운동(International Falcon Movement/ Socialist Educational International, IFM/SEI)과 사회주의청년연합(International Union of Socialist Youth, IUSY)이 있다.

5. SI와 김철, 그 업적과 평가

앞에서 밝힌 것처럼 김철의 정치활동의 특징은 국제적 연대의 강조성이다. 한국의 정당과 정치는 국제적으로 고립화된 특성을 지니고 있다. 이에 반해 김철은 일찍이 세계정치의 변화와 발전에 대한 관심과 식견이 넓었으며 진보일수록 국제적 연대가 중요하다는 점을 강조한다.

김철은 거의 매년 혹은 격년으로 SI의 주요 대회에 참여하였으며, 30여 년간 국제적 관계와 소통을 밀접하게 유지해 왔다. 일본에서의 망명 생활이 이를 가능하게 하였다고 볼 수도 있으나 그보다는 민주적 사회주의에 대한 투철한 신념으로 이를 설명할 수 있으며, 국내에서의 험난한 정치를 지속할 수 있었던 용기와 인내를 사회민주당 중심의 유럽 여러 나라의 발전상을 통해 얻곤 했다. 그가 정치적·사상적 탄압과 빈번한 당의 해체 속에서도 '사회당'이라는 명칭을 사용하기를 두려워하지 않았으며 그러한 혁신정당을 한국 역사상 가장 길게 유지해 올 수 있었던 점을 지금의 우리는 주목할 필요가 있다.

김철의 사회주의인터내셔널을 중심으로 한 국제 활동의 업적과 성과를 세 가지로 정리해 본다. 첫째로 유신독재하의 인권탄압과 정당활동의 어려움은 물론 남북분단의 문제를 국제적 관심사로 끌어올리고 이 과정에서 SI와의 동지적이며 연대적 관계를 만들어낸 점이다. SI의 정치 문화는 전통적으로 유럽중심주의적이었다. 여기에 아시아에 대한 관심을 불러일으켰으며, SI 내에서 아시아적 관점과 아시아 정책을 새로이 형성하는 데 크게 기여한 점을 두 번째로 들 수 있다. 셋째로는 역으로 국제 세계의 정보를 국내에 소개한 점이다. 90년대까지도 국내 저널들은 미국이나 일본 외에는 여타 세계에 대하여 폐쇄적이거나 무지한 상태였다. 김철은 국제정치의 변화상 특히 유럽 세계와 더 나아가 아프리카와 아시아 저변의 문제까지를 망라하여, 이를 분석적이며 상세하게 소개하여 지식인들을 일깨우는 데 일조하였다. 김철이 맺은 국제적 동지 관계는 대단히 넓고 깊었으며 특히 스웨덴 동지들로부터의 신임은 생애 마지막까지 이어졌다.

김철의 업적과 성과와는 별개로, 김철의 정치활동에서 가장 논란이 되며 결국 통사당을 사회주의인터내셔널에서 배제하게 만든 80년의 전두환 신군부의 국가보위입법회의 참여에 대해서 언급하고자 한다. 이로 인하여 김철은 국제적으로뿐 아니라 국내적으로도 진보운동의 흐름에서 지탄을 받으며, 누구도 이를 정치적으로 옹호할 수 없게 되었다.

그러나 이 시점에서, 우리가 해야 할 일은 비판이나 변호가 아니라 이러한 일이 발생한 구조와 환경을 솔직하게 살펴보아야 하며 이것이 시사하는 바에 주목해야 한다. 김철은 진보운동가가 보수 일색의 한국 정치 특히 80년대의 엄혹한 상황에서 일체의 현실적 발판을 박탈당한 상황의 한 예다. "민주적 사회주의라는 이념 정당이 탄압을 넘어서 재야 운동권에서마저도 무관심시되는 당시의 현실에서 정당의 존속을 위한 마지막 수단을 모색"하였으나(1981년 시드니에서의 대담), 결과적으로 이는 명분과 실리를 모두 상실하는 결과를 가져왔다. 그러나 그 역시 이러한 상황을 예견하고 있었던 듯하다.

세상은 상이한 다른 정치세력과의 연립과 연합에 대하여 이것이 성공했을 경우에는 탁월한 전략이었다고 평가하나 실패했을 경우에는 무원칙한 야합이었다고 비판한다. 역사적으로 엄청난 논란과 또는 후한 평가를 받는 좌와 우 혹은 극좌와 극우의 연합의 사례는 많다. 최근의 한국 역사에서는 1992년 김영삼, 김종필과 노태우의 '3당 합당', 1997년의 'DJP 연합'과 노무현 대통령에 의한 연정 제안도 이러한 범주에 속한다고 하겠다.

6. 맺는말

세계는 빈부격차, 빈곤의 확대와 이로 인한 갈등 속에서 고민하고 있으며, 한국에서도 산업화와 민주화 이후의 이런 갈등과 고민 또한 매우 깊어가고 있다. 더욱이 준비되지 않은 고령사회와 저출산의 문제는 사회의 지속가능성마저 위협하고 있다.

위에서 보았듯이, 사회주의인터내셔널은 신자유주의적 세계질서하에서 날로 증대하는 빈곤과 사회적 격차의 심화, 또한 인종·종교적 갈등과 환경파괴, 그리고 노동력의 국제적 이동 등의 문제를 심각한 당면 과제로 인식하고 있다. 이러한 문제들은 세계적 차원의 상호연관성을 가지고 있는 것으로 이에 대한 해결책 역시 이를 극복하려는 세력들의 국제적인 조직화와 연대를 통해서만 이루어질 수 있다고 보고 있다. 이것이 '신국제주의와 새로운 연대 문화'를 강조한 배경이다.

김철은 비록 당시에 오늘날 같은 신자유주의의 범람과 이에 대응하기 위한 고도의 국제적 상호 연대의 필요성을 예상치는 못했겠지만, 당시에 이미 한국의 정치, 경제, 통일 문제를 국내적 차원에서만 고찰해서는 되지 않으며, 이를 해결하는 과정에서 세계의 민주주의 세력과의 협력과 연대가 필수적이라는 것을 이해하고 있었다. 과거의 한국 민주화 운동이 인식과 실천에 있어서 세계의 여타 운동에 비해 국제적으로 매우 고립되어 있었다는 사실과 민주화 이후 한국의 정치와 사회 문제의 어려움은 과연 관련이 없는 것인가라는 질문을 이제던져볼 필요가 있다. 한국의 정치와 정당의 후진성을 극복하려는 한방안으로서의 국제화와 국제 연대의 강화는 오늘날 분명히 큰 의의를 지니고 있으며, 여기에서 김철은 큰 시사점을 준다고 하겠다.

김철 서거 30주년을 맞아 사회민주주의 운동과 정당이 21세기의한국과 세계 속에서 어떻게 뿌리내리고 발전하여 갈 것인가에 관한고민을 김철의 생애와 그의 선구자적인 활동 속에서 찾아볼 필요가있다. 특히 그가 보여준 사민주의 운동에서의 국제적 관점을 비롯해민주주의와 인본주의의 원칙에 대한 강조는 오늘날의 진보운동과 진보정치에 시사하는 바가 지대하다고 하겠다. 아울러 현대 한국의 사회운동과 정당운동의 역사를 살펴보는 데에서도 그에 대한 고찰은 중요한 대목이 되고 있으며, 복지국가 건설이라는 새로운 사회운동의 구도 속에서도 김철의 사상과 철학은 지나간 역사가 아니다. 마지막으로 오늘날까지 제대로 자리 잡지 못하고 있는 한국 진보정치운동의 과정에서 김철의 정치 역정을 역사의 잊혀진 장(missing page)으로 만들어서는 안 됨을 강조하고자 한다.

7

스웨덴 기자가 본 김철과 한국 사회주의운동

에바 헤른벡(《다겐스 뉘헤테르》 기자)

이 글에서 필자는 두 가지를 말하고자 한다. 먼저, 정확히 40년 전인 1974년 11월 처음으로 한국을 방문한 이야기다. 당시의 많은 기억들 중에서도 잔혹한 독재에 맞섰던 용감한 사람들을 만난 기억과 그때 느꼈던 감동은 지금도 잊을 수 없다. 필자는 그 기억과 감동을 스웨덴으로 가져가, 스웨덴 최대 조간신문인 《다겐스 뉘헤테르(Dagens Nyheter)》('오늘의 뉴스'라는 뜻)의 기사와 사진을 통해 사람들에게 알렸다. 사실 그 무렵 한국은 스웨덴에는 거의 알려져 있지 않은 나라였다.

두 번째는 스웨덴 사회민주당(사민당)과 한국의 자매당인 통일사회당 사이에 있었던 긴밀한 관계에 관한 이야기다. 우리는 이 역사적 사실을 확인하기 위해 '스웨덴 노동운동기록보관소'를 방문했다. 필자는 여기서 박정희 군사쿠데타가 발생한 60년대 초반부터 기록된 흥미로운 문서들을 꽤 많이 발견했다.

우리가 이미 알고 있듯이, 이 군사쿠데타로 인해 3천 명이 넘는 통일사회당의 당원과 지지자들이 감옥에 갇히게 되었다. 그들 중 대다수가 장기형을 선고 받았고, 당수였던 이동화 교수도 그중 한 명이었다. 당시 당의 국제국장으로서 사회주의인터내셔널(Socialist International: SI) 가입 문제를 논의하기 위해 마침 일본에 머물던 김철은 일본에 계속 체류하기로 결정했다. 그는 한국에서 어떤 일이 일어나는지에 대해 외부 세계와 소통할 수 있었지만, 그 후 수년 동안 가족들을 볼 수 없었다. 그는 일본 망명 기간 중에 통일사회당을 재정비했다. 1962년 오슬로에서 열린 사회주의인터내셔널 이사회에 참석했고, 곧이어 스웨덴으로 향했다. 이것이 그의 첫 스웨덴 방문이었다.

1963년 통일사회당은 사회주의인터내셔널의 옵서버 회원이 되어, 이 국제사회주의 기구에 첫발을 내딛게 되었다.

미국 대통령 제럴드 포드의 방한에 맞춰 우리도 한국에 오게 되었다. 당시 독재자 박정희는 작은 '민주주의 쇼'를 준비하고 있었다. 그 내용은 사면과 한시적인 언론 자유의 허용이었는데, 이 사면에서 정치범은 제외되었다. 하지만 이런 정치 쇼에 감동한 포드 대통령은 감축 예정이던 3만 8천 명의 미군을 계속 주둔시키고, 신무기를 지원하기로 결정했다. 한국에서 활동하던 82명의 미국 선교사들이 한국의 인권 상황을 알리기 위해 포드 대통령을 만나고자 했으나 성사되지 않았다. 미국 대사관 앞에서는 한국 시민들, 특히 한 무리의 여성들이 시위를 벌였다.

우리는 박정희 정권에 맞서 매우 위험한 투쟁을 이어가고 있는 유명 정치인들을 만났다. 그들은 우리에게 강렬한 인상을 주었다.

그중 가장 먼저 언급할 정치인은 이 심포지엄의 주인공이기도 한 당산 김철이다. 그가 당수로 있던 통일사회당은 독재정권 아래서 수도 없이 강제해산당했기 때문에, 당명을 계속 바꿔야 했고, 또 당을 새로 꾸려야 했다. 우리가 그를 만났을 때, 그는 열악한 재정으로 인해 한겨울에도 난방시설이 없는 당 사무실 안에서 두꺼운 코트를 입고 있었다. 당시 그가 말해 준 한국의 끔찍한 정치 상황을 고려하면, 그의 태도는 놀라울 정도로 차분했다. 당 사무실은 가구가 듬성듬성 배치된 두 개의 작은 방으로 이루어져 있었고 커튼이나 카펫, 난방 장치는 없었다. 그리고 모든 캐비닛에는 번호 자물쇠가 채워져 있었는데, 이는 불시 방문하여 수색을 일삼는 한국의 중앙정보부로부터 당의 문서들을 지키기 위한 조치였다. 정보부 요원들이 사무실 근처에 세워놓은 차 안에서 밤낮으로 사무실 주변을 감시했다. 그들은 김철이 어디를 갈 때면 언제나 뒤를 밟았다. 김철은 수년 동안 수차례 투옥되었다. 그는 언제 길거리에서 납치될지 모르는 상황에 놓여 있었다. 그는 당원이 3만 명 정도 되지만, 대부분 비밀 당원이라고 말했다. 이 인터뷰에서 그는 당이 아직은 참된 노동자들의 정당이 되지 못했다고 아쉬워했다. 대부분의 당원들은 청년들이었고, 그중 일부는 잘 교육받은 사람들이었다. 당 지도부 중 한 명과, 13명의 당원들이 그 무렵 감옥에 수감되어 있었다. 당산 김철이 그 시기에 감옥에 갇히지 않고, 심지어 외국 언론과의 접촉이 허용된 이유는 그의 국제적 관계망이 넓었기 때문이라고 필자는 생각한다. 그가 감옥에 갇힐 때마다 각국의 사회민주당과 정부가 한국 정부에 항의서한을 보냈다.

우리는 후일 신민당의 당수가 되었지만, 그 당시에는 당의 고문직을 맡고 있던 김대중 씨와도 인터뷰했다. 그는 망명 중에도 정치와 관련된 일을 계속했다. 도쿄에서 한국으로 돌아오기 1년 전 그는 한국 중앙정보부에 의해 납치되어 거의 바다에 수장될 뻔했다. 이 이야기는 독자들이 더 잘 알 것이다. 그는 1974년 11월 가택연금을 당했고 그의 집 주변에는 무장한 군인들이 경비를 섰다. 그에겐 오직 일주일에 한 번 교회에 가는 것과 가족을 방문하는 것만이 허용되었다. 그는 친구들을 만나려 하지 않았는데, 그들이 혹시 위험에 빠질까 염려하는 마음에서 내린 결정이었다. 그는 수많은 재판을 받았고, 또 다시 선거법 위반으로 고소당했다. 그런 와중에도 외국 언론과 만나는 것은 가능했는데, 아마도 포드 미국 대통령의 방한 때문이었을 것이다.

우리는 김대중 씨의 정치적 경쟁자였던 신민당의 김영삼 씨도 만났다. 그는 일본에 망명 중이던 김대중의 뒤를 이어 당수가 되었다. 우리에게 호감을 주었던 김철, 김대중과는 달리, 그는 다소 거만하다는 인상을 주었다. 그러나 경찰에 연행될 때도 끊임없이 민주주의에 대한 요구를 굽히지 않는 것을 보고 독재정권에 저항하는 강인한 정치인이라는 인상도 받았다. 이는 많은 한국인들이 박정희에 대해 공공연하게 저항하는 완강한 태도를 보인 것과 유사했다. 그는 김대중을 만나려는 우리에게 강한 어조로, 그가 방문객들을 원치 않는다고 말했는데, 이는 잘못된 정보였다. 실제로 우리는 김대중과 그의 아내인 이희호 여사로부터 극진한 환대를 받았고, 그 후 10년간 그들 부부로부터 크리스마스카드를 받았다.

우리는 평화주의자이자 퀘이커교 수장이었던 함석헌 씨도 만났다. 그는 동지들 대부분이 감옥에 있었기 때문에 독재에 맞서 홀로 저항하고 있다는 생각을 갖고 있었다. 그는 종종 한국 중앙정보부에 의해 심문을 당했지만, 감옥에 갇히지는 않았다. 만약 그랬다면 순교자가 되었을 것이고, 저항의 상징이 되었을 것이다. 혹은 그의 나이가 너무 많았기 때문일 수도 있다. 그는 북한에서 태어나 그곳에서 교사가 되었지만, 김일성에 의해 감옥에 끌려갔다. 그래서 남한으로 오게 된 것이다. 그는 김철과 마찬가지로 스웨덴을 비롯한 유럽 국가들을 여러 차례 방문했다. 1974년 우리가 그를 만났을 때, 그는 출간되자마자 심한 검열을 받은 작은 잡지 《씨알의 소리》를 내고 있었다.

우리는 대학으로 가서 한국 민주주의 투쟁사에서 항상 중요한 역할을 해온 대학생들을 만났다. 이화여대 학생들의 매우 인상적인 시위도 목격했다. 4천 명의 학생들이 시위에 참여했다고 한다. 학생들은 몹시 용감했고, 목적의식이 뚜렷했다. 그들은 일련의 독재자들에 의해 극심한 탄압을 받았고, 고문을 당했으며, 때론 사형선고까지 받았다. 우리가 한국을 방문하는 동안 학생들의 저항은 날로 격렬해졌다. 감옥에서 전해져 나온 목격담에 따르면, 그곳에서 잔인한 고문이 자행되고 있었다. 하지만 학생들은 여전히 강력하고, 일치단결된 모습으로 끈질기게 민주주의를 쟁취하기 위한 투쟁을 이어갔다.

우리는 독재정권을 위협하는 시와 글 때문에 수년간 감옥에서 고문을 당한 김지하 시인은 만나지 못했다. 그는 사형선고를 받았다가 풀려났고, 또 다시 재판에 넘겨져 사형선고를 받았다. 1975년에 다시 한국을 방문했을 때 필자는 그의 새로운 시들을 위험을 무릅쓰고 몰래 가지고 나왔다. 그 시들은 그가 수감되어 있던 감옥에서 비밀리에 빠져나온 작품들이었다. 필자는 스타킹 안 발바닥 패드 아래에 그것을 숨기라는 조언을 들었다. 한국을 막 떠나려 할 때쯤 호텔에서 한 남자가 급히 필자를 만나고 싶어한다는 말을 전해 들었다. 필자는 그가 반정부인사일 거라고 생각하고, 짐을 싸는 동안 이야기를 나눌 수 있겠다는 생각에 그를 필자의 방으로 오라고 했다. 그러나 필자의 예상과는 달리 그는 중앙정보부 요원이었다. 그는 매우 예의 바르게 처신했지만, 필자에게 김지하 대신 다른 시인들을 스웨덴에 소개하는 게 낫지 않느냐고 말하며, 공항까지 태워주겠다고 했다. 그가 필자의 방에 앉아 있는 동안 필자는 호텔 욕실 문을 걸어 잠그고, 김지하의 시를 스타킹 속에 숨겨야 했다. 다소 번거로운 일이었지만, 독재정권에 맞서 싸우던 사람들이 끊임없이 부딪혀야 했던 위험들과는 비교조차 할 수 없는 작은 사건이었다. 이 시들은 결국 국외로 나가는 데 성공하여, 스웨덴어로 번역 출판되었고, 그의 두 번째 재판이 열린 1975년 9월 13일자로 여러 스웨덴 신문 문화면을 장식했다.

우리가 만난 사람들 중에는 김지하 시인과 매우 가까운 사람이 있었다. 그의 대단한 어머니 문영형 여사이다. 그녀는 농성, 단식투쟁, 집회, 시위 등과 같은 여러 가지 이유로 감옥에 갇힌 다른 수감자들의 어머니들, 부인들과 함께 있었다. 아들이 고문당한 일에 통탄하면서도 그녀는 올곧은 영혼과 유머 감각, 사랑으로 가득 찬 태도를 잃지 않았다. 일반적으로 한국 여성들은 인권을 위한 투쟁에 있어서 매우 적극적이었고, 육체적 위험을 감수했다. 그들의 용기는 항상 필자를 감동시켰다.

후일 일본에서, 우리는 북한의 대규모 조직인 조총련과 송환선 만경봉호를 니가타 부두에서 본 적이 있다. 만경봉호는 차별정책 때문에 일본을 떠나려는 한국인들을 고향인 북한으로 실어 나르던 배였다. 이것은 무고한 망명 한국인들을 상대로 한 터무니없는 정치게임이었다. 많은 송환자가 일본에서 태어나, 사실상 남북한 어디에도 연고나 집이 없는 이들이었고, 나이 든 사람들은 과거 일본제국주의 시절 강제로 나라를 떠나야 했던 경험이 있었다. 하지만 일본 당국은 그들 모두에게 남한과 북한 중 한 곳을 골라서 가라고 압박했고, 북한은 그들의 정치적 순진함을 이용했다. 아마도 그들은 만경봉호로 일본을 떠나면서 생애 처음으로 어딘가에서 환영받을 수 있을 거라고 생각하지 않았을까? 이것은 실제로 1959년부터 1974년까지 9만 명이 넘는 한국인이 만경봉호를 타고 일본을 영영 떠나기로 결정한 것에 대한 유일한 납득할 만한 설명이다. 그들은 일말의 자부심을 갖고, 존엄한 삶에 대한 희망을 품은 채 배에 올랐으나, 그것을 이루지 못했으리라고 필자는 생각한다.

1974년 한국에서 격동의 3주를 보낸 후 필자에게 남은 인상은 두 장의 사진으로 요약될 수 있다. 서울의 한 슬럼 지역에서 만난 가난한 아이들과, 국회의사당 입구를 막고 있는 완전무장한 폭동 진압 경찰의 사진이다. 재야인사들은 플래카드를 들고 지속적으로 민주주의와 정치범의 석방을 요구했다. 우리는 이처럼 투쟁하는 영혼들과 그들의 담대함에 깊은 감명을 받았다. 한국인들은 필자의 기억 속에 언제나 놀라울 정도로 용감한 국민들로 남아 있다.

필자는 1970년대와 80년대 초반까지 한국을 몇 차례 더 방문했다. 가장 기억에 남는 것은 1979년 10월 말과 11월 초에 걸친 방문이다. 박정희가 10월 26일 그의 친구이자 중앙정보부장이던 김재규로부터 사살당하는 사건이 일어난 무렵이다. 필자는 11월 3일, 장례식에서 만난 스위스 기자와 함께 국민의 미움을 산 독재자가 땅에 묻히는 광경을 현장에서 목격했다. 아무도 우리를 막지 않았다. 우리는 박정희의 시신이 묻히는 언덕 꼭대기까지 올라가 아주 무거운 대리석이 그의 시신을 덮는 것을 보았다. 솔직히, 필자는 눈물 한 방울도 흘리지 않았다. 김영삼 신민당 대표가 장례 행렬을 따라 함께 걸어갔을 때, 그것은 세계의 시선 앞에서, 특히 북한의 시선을 향하여, 국가의 통합을 표현하는 것이었다.

이제 필자는 스웨덴의 사회민주당(사민당)과 한국의 통일사회당 사이에 맺어진 연대와 우정에 대해 말하려 한다. 이러한 우호관계는 60년대 초반부터 지금까지 수십 년간 이어져왔다. 이러한 관계의 중심에는 늘 당산 김철이 있었다. 그는 스웨덴과 다른 유럽 국가들, 그리고 각국의 사민당을 여러 차례 방문했고, 또한 독일과 독일 사민당의 당수였던 빌리 브란트(Willy Brandt)의 지원에 힘입어 1964년 사회주의인 터내셔널에 가입할 수 있었다. 그는 1962년을 시작으로 1964, 1966, 1974, 1980, 1984, 1989년에 스웨덴을 방문했고, 1971년에는 당시 스웨덴 수상이던 올로프 팔메(Olof Palme)를 만났다. 그는 또한 여러 차례 사회주의인터내셔널 회의에 참석했는데, 그중에는 1989년 6월 스톡홀름에서 열린 회의도 있었다.

사실 문서상으로는 1961년 당시 한국에 5개의 사회주의정당이 존재했지만, 스웨덴 사민당은 단 하나의 정당, 즉 진정한 민주적인 모습을 갖추고 있던 통일사회당만을 지지하기로 결정했다. 1983년, 스웨덴 사민당 국회의원으로 방한한 스투레 에릭손(Sture Eriksson)은 사회주의를 표방하는 한국의 두 정당 대표를 만났다고 보고했다. 한 사람은 국회에 3개의 의석을 갖고 있던 민사당(DSP)의 고정훈이었고, 다른 한 사람은 이미 1962년부터 5~6차례 만난 바 있는 김철이었다. 그는 1983년 10월에 김철을 세 번 더 만났다. 당시 김철은 김대중, 김영삼과 같은 민주인사들과 활발히 협력해 오고 있었다. 스투레 에릭손은 사회주의인터내셔널이 민사당이 아닌 통일사회당, 그리고 김철과 협력해야 한다는 결론을 내렸다.

1975년에 열린 스웨덴 사민당 전당대회에서 올로프 팔메는 이렇게 연설했다. "우리는 한국에서 벌어지고 있는 자유를 위한 투쟁을 다시 기억해야 합니다. 우리와 함께해 온 김철 동지가 며칠 전 독재정권에 의해 또 다시 투옥되었습니다." 3년 후 열린 1978년 스웨덴 사민당 전당대회에서 전 외무부 장관 스텐 안데르손(Sten Andersson)은 김철이 1975년에 투옥된 것은 스웨덴 사민당 전당대회에 가기 위한 준비를 하던 중이었다는 사실을 전했다. 그는 김철의 석방을 위해 스웨덴 정부가 나서야 한다고 역설했다. "이번에는 그의 소식을 들은 것이 없어서 상당히 우려됩니다. 공식적인 한국 방문을 앞둔 스웨덴 정부에게 김철이 국내외에서 자유롭게 활동할 수 있도록 조치를 취해줄 것을 요구해야 합니다." 전당대회는 그의 제안을 받아들였다.

이 모든 국제적 관계들은 김철이 한국에서 위험한 일을 행할 때마다 든든한 보호막이 되어주었다고 생각한다. 그는 참으로 많은 스웨덴 인사들과 관계를 맺었다. 스웨덴 사민당 국제국장 스벤 에리크 베키우스(Sven Erik Beckius), 스톡홀름 신문 도쿄 특파원으로 김철이 도쿄에서 망명 생활을 하던 1961~1964년 사이에 막역한 친구가 된, 활력이 넘치던 기자 호칸 헤드베리(Håkan Hedberg), 사회부 장관 스벤 아스플링(Sven Aspling), 아르네 묄레르(Arne Möller), 안데르스 툰보리(Anders Thunborg), 외무부 장관 스텐 안데르손, 국회의원 스투레 에릭손, 사민당 국제국장 베른드트 칼손(Berndt Carlson), 그리고 현재 생존해 있는 유일한 인물인 피에레 쇼리(Pierre Schori) 등이 김철과 가까웠던 스웨덴 인사들이다. 필자는 얼마 전 피에레 쇼리를 만나 김철에 관해 이야기를 나누었다. 그는 김철을 수년에 걸쳐 5~6차례 만난 적이 있다. 김철이 공산주의 사상을 가졌다고 군사정권에 의해 고발당했던 일로 우리의 화제가 옮겨갔을 때, 그는 웃으며 고개를 가로저었다. "그렇지 않습니다. 나는 그런 신사를 본 적이 없습니다. 그는 매우 엄혹한 시대에 독재에 맞섰던 용기 있는 사람입니다."

김철은 스웨덴 수상 타게 엘란데르(Tage Erlander)와 서신을 교환했고, 또 다른 수상 잉마르 칼손(Ingmar Carlsson)과도 만났다.

군사쿠데타가 일어난 지 얼마 지나지 않은 1962년 2월, 주지하다시피 통일사회당의 지도부 전원이 투옥되었고, 수년간의 징역형을 선고받았다. 당시 도쿄에 있던 김철은 국제관계를 넓히고 망명 정당을 건설하는 일을 하면서 몇 년 동안 머물렀다. 이 무렵 김철의 제안에 따라 사회주의인터내셔널은 통일사회당 지도부의 석방을 요구하는 서한을 한국 정부에 보냈다.

1962년 2월에 쓰인 스웨덴 사민당 기밀문건은 스칸디나비아 세 자매 정당이 통일사회당에 상당한 재정지원을 했음을 보여준다. 스웨덴으로부터 5천 크라운, 그리고 노르웨이와 덴마크로부터 각각 2,500크라운, 총 1만 스웨덴 크라운이 보내졌는데, 이는 오늘날의 가치로 1만 5천 달러에 해당한다. 송금자는 스웨덴 사민당 국제국장 스벤 에른스트 베키우스와 재무국장 에른스트 닐손(Ernst Nilsson)이었고, 이 돈을 전달한 사람으로는 하칸 헤드베리 기자가 선택되었다. 헤드베리는 여러 차례 한국을 방문해 테러와 억압, 그리고 정치범과 고문 등을 다루는 기사를 쓴 인물이다. 이 돈은 통일사회당 소속 정치범들과 어려운 처지에 있는 그들의 가족들을 돕기 위한 것이었다.

이 돈을 목적에 맞게 전달하는 일이 간단치 않았다. 마침내 하칸 헤드베리가 찾은 채널은 도쿄에 머물고 있던 김철과 서울에 있는 그의 부인이었다. 당시 김철 또한 어쩔 수 없이 망명 중이었기 때문에, 그의 부인도 지원을 받았다. 문건에 따르면 헤드베리는 이 돈을 잘 관리했다. 돈이 나갈 때마다 체크를 했고, 사용처를 꼼꼼하게 챙겼다. 그는 민주주의를 위한 진정한 활동가였다.

'스웨덴 노동운동기록보관소'에서 우리는 스웨덴과 북유럽 국가들의 도움에 감사한다는 내용을 담은 김철의 편지들을 발견할 수 있었다. 그중 하나를 직접 인용하겠다. 1964년 3월 20일자 편지다. "여러분의 지원금은 중요한 시기에 우리 당에 들어왔습니다. 저는 스웨덴 사민당과 스칸디나비아 국가들의 기부자에게, 여러분들이 보내준 선물을 결코 잊지 않을 것이라고 말씀드리고 싶습니다. 이 지원금은 우리가 살아남을 수 있도록 도와주었고, 더 나은 한국을 만들고자 노력하는 우리에게 큰 도움을 주었습니다."

필자는 피에레 쇼리에게 이 금전적 기부에 대해 물어보았지만, 그는 자세히 설명하지는 않았다. 이런 문제는 일반적으로 비밀에 부쳐지지만, 필자는 당 차원의 지원이 이후에도 있었다는 느낌을 받았다. 수년에 걸쳐 지속적인 접촉이 있었다. 예를 들어 주한 스웨덴 대사관과 서울에 있는 익명의 보고자가 스웨덴 외무부에 1980년에 보낸 보고서를 보면, 대부분이 국회의원인 311명의 정치인에 대한 정치규제 조치가 내려졌고, 이것이 1988년까지 계속되었음을 알 수 있다. 여기에는 김종필, 김영삼, 김대중, 이철승 등이 포함되어 있다.

1975년 우리가 《다겐스 뉘헤테르》 신문을 통해 한국에 대한 기사와 사진을 내보낸 후, 자유를 위한 한국인들의 투쟁을 돕겠다고 나선 스웨덴 사람들이 줄을 이었다. 그들은 '한국위원회(Sydkoreakommitte)'를 조직하여, 회의를 열고 한국의 상황을 스웨덴 일반 대중에게 알리기 위해 군부독재가 무너질 때까지 시위를 계속했다. 한국위원회는 또한 이러한 목적을 위해 수많은 기사, 서적, 팸플릿 등을 출판했고, 정기적으로 스웨덴 기자들과도 만났다. 이 위원회의 주요 인물 3인방은 총무인 카린 오케를룬드(Karin Åkerlund), 위원장 칼-악셀 엘름퀴스트(Karl-Axel Elmquist), 그리고 장학생으로 수년간 스웨덴 대학에서 공부한 신필균 여사이다.

"어떤 사람들은
우리들의 인생관이 너무나 단순하다 할지 모른다.
사회의 발전에 이바지하려는 큰 포부를 펼 수 있기 위하여
무슨 짓을 하여서라도 권세와 재부를 잡는
최단거리를 달려야 한다는 인생관도 있다.
그러나 우리들은 부정한 수단으로
고매한 목적을 이룩한다는 것을 믿지 않는다.
부정한 수단에는 고매한 목적까지를 부식시키기에 충분한
그 자체의 병리가 숨겨져 있지 않은가."
—김철, 「통일사회당의 역사적 임무」 중에서

1977년 도쿄 SI 지도자 회의에 참석한 김철. 그의 오른쪽이 빌리 브란트 의장, 왼쪽이 프랑수아 미테랑 프랑스 대통령.

제2부

시대적 증인이 바라본 김철

1
투철한 사회주의자 김철

임종철(전 서울대학교 교수)

일찍이 클래레 티슈(Cläre Tisch)는 "사회주의는 자본주의 경제의 이기적·개인주의적 생각을 가진 사람으로는 절대로 생각할 수 없다"고 단언한 적이 있다. 그것은 에두아르트 하이만(Eduard Heimann)도 말했듯 "진정한 사회주의는 기본적 협력을 토대로 할 때만 가능하며 물질적 이해관계에 근거할 때는 불가능한 것"이기 때문이다. 사생활에 있어서나 또 다소의 괴리가 없다고 할 수는 없겠지만 사회주의정당인으로서의 활동에 있어서나 김철 선생만큼 티슈나 하이만이 요구한 사회주의자적 자격에 합당한 사회주의자는 드물 것 같다.

그가 사회주의운동에 몸을 던지지 않았던들, 그는 『당산 김철 전집』이 증명하는 그 재주를 가지고 평생을 유복하게 살아갈 수 있는 능력을 가진 분이었다. 또 설혹 사회주의운동에 가담했다고 하더라도 티슈나 하이만의 요구에 충실한, 투철한 사회주의자가 아니었던들 아무리 보수가 소용돌이치는 한국 정치계라고 하더라도 정치인으로서, 또는 정당인으로서 편안한 생활과 높은 공직을 보장 받을 수 있었을 것이다. 그는 평생을 '사회주의야말로 최고 형태의 민주주의'라는 신념에 투철하였기 때문에 민주주의가 계속 짓밟혀온 해방 후 한국의 정치계에서 형극의 길을 걷다가 삶을 마친 것이었다.

사회주의자는 별을 관찰하는 데 열중한 나머지 웅덩이에 빠져 "먼 것은 보시면서 눈앞의 것은 못 보시냐"라고 하녀에게 핀잔을 들은 탈레스처럼 이상만 좇는, 그렇기에 현실에 어두운 사람같이 생각되는 경우가 많다. 비민주가 날뛰는 이 세상에 최고 형태의 민주주의인 사회주의를 실현시키겠다고 하는 것부터가 몽상가로 낙인찍힐 충분한 요소를 가지고 있는 것이다. 그리고 현실적으로 이러한 경향을 가진 공상적 사회주의자 —마르크스가 말한 것과는 다른—, 문자 그대로 꿈을 좇는 사회주의자가 많은 것은 사실이다.

그러나 열정적으로 사회주의운동에 몸 바쳐오기는 하였지만 김철 선생은 어디까지나 냉철한 현실주의자였다.

군사정권의 서슬이 시퍼렇던 1965년에 그는 「혁신정당은 가능한가」라는 글에서 혁신정당이 취할 첫 단계 과제가 혁신정당운동에 대한 반성이어야 한다고 말한다. 첫째, 주권자인 대중의 정당한 요구를 정치에 반영하기 위해서, 둘째, 정체(停滯)를 타파하고 정치 안정과 경제발전을 가져오기 위해 혁신정당이 꼭 필요하다고 강조한 그는 사회주의 실현의 장애요인으로 사회주의에 대한 인식 부족과 보수세력의 방해를 든 다음 사회주의운동이 취할 3단계 과업을 아래와 같이 말한다.

첫 단계가 앞서 지적한 혁신정당운동에 대한 반성인데 이 대목에서 그는 지금까지 혁신정당의 정치노선이 애매했다는 점, 정치 행동의 책임이 결여되었다는 점, 장기적 전망 시야가 부족하였다는 점, 그리고 폐쇄적 분파성이 있었다는 점을 들고 있다. 그리고 그는 이러한 결함을 극복하고 천신만고 끝에 탄생시킨 통일사회당이 반동적인 5·16 쿠데타에 의해 박살된 것을 소리 높여 항의하였다.

혁신정당운동에 대한 반성이라는 1단계적 노력을 계속하면서 그가 생각한 2단계적 과제는 대중적인 기반을 구축한다는 것이었다. 그러기 위하여서는 첫째, 밖으로는 당 노선을 적극 선전하고, 둘째, 안으로는 부단한 연구와 이를 통한 정책 개발을 강조하였다.

그가 흑석동 판자촌에 살면서 국회의원 선거 등에 출마한 것은 세속적인 명리(名利)를 위한 것도 아니고 당시의, 그리고 지금까지도 한국이 사회주의의 불모지대라는 것을 몰라서도 아니었다. 스웨덴의 노동운동, 사회주의운동의 역사가 증명하듯 당의 노선, 사회주의 이념을 적극 실천하는 데는 각급 선거에 직접 참여하는 것 이상으로 좋은 수단이 없기 때문이었다.

물론 선거에서는 패배했다. 패배한 이유는 사회주의적 토양이 성숙되지 않았다는 데도 있지만 돈이 없었다는 것도 큰 이유였다. 노량진동의 허름하고 좁은 2층 사무실에서 몇 안 되는 젊은 볼런티어들이 주스 한 잔 제대로 못 마시면서 뛰어다닌 것이 한국적 선거 풍토 속에서 얼마의 표로 연결되었겠는가. 낙선 후 싸구려 음식점에서 안주도 없는 소주를 마시면서 분루(憤淚)를 흘리던 청년들이 지금은 무엇을 하는지 모르지만 아직도 그 광경이 눈에 선하다.

돈이 없었던 것은 물론 김철 선생 잘못이지만 그것은 그가 무능해서 그런 것이 결코 아니었다. 그가 제가(齊家)부터 하고 치국(治國)하려 했다면 충분한 선거자금을 낼 수 있었을 것이다. 그러나 본질적으로 애타적(愛他的)이어야 하는 사회주의에 투철했던 그는 "세상을 위해 일하는 사람은 집안일을 돌보지 않는다[爲天下者不顧家事]"라는 옛말에 맞듯 금전을 도모하지 않았기 때문에 가난했던 것이다.

이러한 가난 중에서도 그는 부단한 연구와 이를 통한 정책 개발에 지극히 열성적이었다. 묘동에 있던 조그만 사무실에서는 매주 사회주의 이론이나 사회주의자의 입장에서 보는 한국 현실 분석 및 장래의 청사진 등이 강의·토론되었고, 특히 젊은 사회주의자들을 길러낼 목적으로 사회민주문화연구소를 설립하기도 했다.

마지막 단계적 과제로 그는 국민운동을 주도할 것을 생각하고 있었다. 불행히도 하늘이 수(壽)를 아껴 사회주의가 국민운동을 이끌어가는 단계까지 사시지 못하였다. 그러나 그보다도 더 그를 위해서나 사회주의를 위해서나 불행한 것은 그의 서거 후 사회주의운동이 구심점을 잃고 왕년의 사회주의자들이 여러 보수정당 사이에서 동가식서가숙(東家食西家宿)하고 있다는 사실이다. 언젠가 투철한 신념을 가진 또 다른 김철이 나타난다면 지금은 지하로 스며든 사회주의 수맥이 하나의 큰 흐름으로 부상하여 그의 꿈을 이 땅에 실현시켜 줄 수 있을 것으로 기대한다.

1965년이 군사쿠데타의 서슬이 시퍼렇던 때였다면 1975년은 소위

10월유신, 또 다른 쿠데타와 월남 패망 등으로 한국 사회의 표면이 온통 반동으로 물결치던 때였다. 이때 그는 「통일사회당의 역사적 임무」라는 글을 발표하여 사회주의정당인 통일사회당은 첫째 우리 겨레를 떳떳한 국민으로 살게 하는 것, 둘째 권력의 억압이 없는 자유로운 사회의 일원으로 살게 하는 것, 셋째 온 이웃이 가난에서 해방되며 고루 잘사는 국민, 사회에 능력껏 이바지하는 슬기로운 일꾼으로 살게 하는 것을 주장하였다.

떳떳한 국민으로 살게 하겠다는 것은 물질적 가치보다 인간적 가치를 존중하는 사회주의자의 투철한 신념을 토로한 것이다. 온갖 떳떳치 못한 수단을 쓰더라도 물질적 성취만 이룩하면 그것이 모든 잘못에 대한 면죄부로 통용되던 박정희 정권 말기, 물질만능 사조 속에서 가난하더라도 떳떳한 국민으로 살자는 것은 당시의 한국 정치로선, 그 가치관과는 완전한 대조를 이루는 용감한 주장이었다.

민주주의란 모든 인간이 자기 자신의 주인(his own master)이 된다는 것, 다른 사람이 주인이 되거나 다른 사람의 주인이 되어 자의적 강제를 하지 않는다는 것을 의미했다. 최고 형태의 민주주의라고 자부하는 사회주의를 신봉하고 그 실현에 몸 바쳐온 그로서는, 더구나 온갖 압제에 시달리고 영어의 몸이었던 일이 항다반사(恒茶飯事)였던 그에게는 겨레를 자유로운 사회의 일원으로 살게 한다는 비원은 비록 그의 생전에는 실현되지 않았지만 너무도 당연한 주장이 아닐 수 없다.

사회주의란 본시 민주적인 방법을 통하여 자유롭고 평등한 사회를 실현하고자 하는 이상을 말한다. 그리고 그 자유와 평등이란 인류애 또는 동포애라는 영속적 기반 위에서 평등한 자유(equal freedom), 자유로운 평등(free equality)이어야 함은 물론이다. 사회에 능력껏 이바지하고(from each according to his ability), 고루 잘사는 국민(to each according to his needs)이라는 사회주의자의 비원을 그는 어떠한 압제 속에서도 잊지 않고 부르짖었던 것이다.

한때 족청에 가담했던 그도 사회주의에 눈뜨면서 민족주의를 초월한 국제주의자로 차원을 높여갔다. 민족 지상을 부르짖는 반동적 풍조에 대하여 그는 "민족 성원의 자유와 복지를 떠나서 어디에 민족이 있다는 것인가" 하고 날카롭게 질문했다.

그는 '눈을 밖으로 돌려' 전 세계 사회주의 정치세력은 꾸준한 국제적 운동으로서 더욱 높은, 정의로운 세계질서를 추구하려 노력해야 한다고 믿고 한국 사회주의운동의 국제적 연대에 대하여 그가 아니면 이룰 수 없는 기여를 하여왔다. 그는 사회주의인터내셔널(SI)의 언제나 존경받는 지도자 중 한 사람이었고 언제나 한국 사회주의를 대표하는 국제인이었다. 그의 서거와 더불어 국제 연대의 고리도 끊어진 것이 아닌가 무척이나 걱정된다. "통일사회당은 벌써부터 국제민주사회주의운동의 대열 속에서 국제적 연대를 강화해 왔다"고 그는 떳떳이 주장하였는데 그 연결고리였던 그가 죽음으로써 그 고리도 단절되지 않았는가 싶다.

1970년대에 있어서도 그는 한국에서의 사회주의 기반이 여전히 취약한 것을 걱정해 왔다. 노동자, 농민, 학생, 청년, 여성, 문화, 종교 등의 각 분야에 걸친 대중조직 기반이 취약하고 지역적 조직 기반 역시 취약한 것을 안타까워했다. 또 선전, 교육, 조사, 연구, 이론 등 부문별

활동도 초기 단계에 있는 것을 걱정하였다.

그리하여 그는 몇 안 되는 동지들에 의한 도움, 동지들과의 협동에 기대하면서 그 모든 취약성을 덜고 없애는 데 온몸을 바쳤던 것이다. 선전도 몸소하였고 교육도 그가 하였고 조사·연구와 이론 개발에도 밤낮을 가리지 않았다. 그러한 노력, 불모지대에서의 혼신의 몸부림을 우리는 『당산 김철 전집』이라는 이름으로 나온 다섯 권의 책에서 찾아볼 수 있다.

한 알의 씨가 아니라 그는 닷 섬의 씨를 뿌리고 갔다. 아무리 불모한 땅이라고 하더라도 구석구석 뿌려진 그 수많은 씨가 모두 싹트지 않는 일은 절대로 없을 것이다. 사회주의운동에 평생을 바친 그의 피와 땀이 거름이 되어, 그보다도 더 탁월한 이론을 전개하고 그보다도 더 강력한 지도력과 활동력을 가진 사회주의자들이 수없이 나타나 그가 닦은 기반 위에서 그를 능가하는 활동을 하여 이 땅 위에 사회주의의 꽃을 만개시킬 때 그의 노고, 그의 희생은 비로소 보답 받을 것이다. 그날은 반드시 올 것이다.

2

선구적인 일본 현대사 연구

지명관(전 한림대학교 일본학연구소 소장)

김철 선생은 우리나라에서 민주사회주의운동의 선구자라고만 알려져 있지만 사실은 일본 연구의 선구자이기도 하였다는 것을 기억해야 한다. 어떻게 생각해 보면 선생의 정치적 이념이 한국의 황무지 같은 정치 현실 속에서 너무 빨리 돋은 싹이었던 것처럼 선생의 일본 연구도 그랬다고 볼 수 있는 것이 아닐까.

그 당시는 마치 우리들은 일본을 다 아는 것처럼 생각하고 전후의 일본이 어떠한 길을 걷고 있는지 주시하고 그것을 연구하려고 하지 않았다. 일본 연구의 황무지였다고 해야 한다. 여기에서도 김철 선생은 선구자로서 외로웠고 일본에 대한 바른 인식을 외치는 광야의 목소리였다.

선생은 1954년 10월에 이미 부흥서원에서 『일본. 민주화의 좌절』이라는 저서를 출판했는데, 그것이 『당산 김철 전집』제2권의 제1부이다. 선생의 전집 간행이라는 뜻깊은 기획이 진행되면서야 나 자신도 이 귀한 글을 접하게 됐다. 내가 일본을 주목하게 된 것이 1970년대라고 한다면 나는 20년이 가까운 세월이 지나서야 선생의 뒤를 따르기 시작한 것이라고 해야 하겠다.

『일본. 민주화의 좌절』이라는 책은 그렇게 본다면 그 제목이 보여주듯이 1950년대에 이미 오늘의 일본을 예견한 '지혜의 서'라고 할 수 있다. 한일회담 예비회담이 막 시작할 무렵에 앞으로 겪어야 할 한일회담의 우여곡절, 한일 관계의 어려움을 내다보고 우리에게 각성을 촉구하면서 경고했다고 해야 한다. 그래서 이 책 서문 첫머리에서 선생은 "일본의 동향"은 "아시아 제 국민의 장래에 영향을 줄 것"이니 그 움직임에 주의를 "조금도 게을리할 수 없는 것"이라고 했다.

선생은 이처럼 언제나 조국에 대한 우국지심에서 현실을 보고 그 근원으로서의 역사를 더듬었고 정치와 역사의 흐름을 이념적으로 파악하려고 했다. 그리고 그러한 통찰은 곧 선생의 정치적 실천과 연계됐다. 『일본. 민주화의 좌절』은 1945년의 일본 패전 전후부터 1951년의 샌프란시스코 강화회의를 거쳐서 그야말로 일본이 재기해 가는 불과 10년 미만의 일본의 현대사를 한국의 한 정치인으로서, 그리고 일본 전문가로서 참으로 객관적으로 서술한 것이다.

그리고 그 출발점에 놓여 있는 역사적 물음은 서문에 기록되어 있는 것처럼 일본 자신 또는 미국이 선전하고 있는 대로 정말 일본은 민주국가의 길을 걷고 있는가 하는 점이었다. 여기에 대해 김철 선생은 그 역사는 시작부터 "정복자의 명령에 대한 완전한 외면적 복종과 정복자의 의사에 대한 끊임없는 정신적 저항"이라는 이중성을 띤 전략적인 것이었다고 내다봤다. 그래서 전쟁 후에 등장한 일본의 유화론자들은 군국주의자들만 제거된다면 "일본의 천황 숭배 제도는 미국을 위하여 귀중한 재산이 될 것"이라고 했다.

미·소 대립의 냉전체제가 더욱 굳어지면서 일본의 이러한 전략은 맞아떨어졌다. 그들 유화론자들이 뜻한 바대로 일본의 천황제는 유지됐고 1951년의 조속한 샌프란시스코강화조약으로 일본은 국제사회에 복귀해서 이른바 자유 진영의 일원으로 재군비마저 할 수 있게 되었다. 그리하여 "구 군부의 쟁쟁한 소장간부와 한국전쟁으로 소생하게 된 독점적 군사 공업자본가의 일단"이 암약하기에 이른 것이다. 이들은 한국전쟁은 물론 한일회담마저, 특히 회담이 결렬이라도 되면, 일본 국민을 '역행'시키는 방향으로 동원하는 데 이용하려고 했다.

이러한 정치 상황 속에서 일본 사회에는 에로티시즘이 범람하였고 신흥종교가 판을 쳤으며 폭력단의 난무, 범죄와 자살의 증가 등이 이어졌다. 김철 선생이 1954년에 『일본. 민주화의 좌절』에서 이렇게 그려낸 일본이란 바로 오늘 우리가 바라보는 일본의 근원이라고 할 수 있다. 그후 일본이 풍요로운 사회를 이룩했다고 해도 일본 사회의 이러한 기본 성격은 변하지 않고 내려왔다. 오늘 우리가 일본의 대중문화에 대하여 문호 개방을 해야 한다고 하면서도 우려하는 것은 바로 이러한 점들 때문이다. 그리고 아직도 한반도 상황이나 한일 관계조차도 일본이 '역행'에 이용하고 그들의 좁은 의미에서의 국익에서만 생각하는 것이 아닌가 우려하는 것이다.

1950년대 초반에 패전 이후 그때까지의 일본 현대사를 이렇게 극명하게 제시해 준 저서는 그 당시는 물론 지금도 찾아보기 어려운 것이 아닌가 생각된다. 우리는 지금 그러한 일본이 21세기를 향하여 동북아시아의 새로운 역사를 위해 다른 면모를 보여줄 수 있을 것인가 하고 생각하게 된다. 그런 염려와 기대를 가지고 오늘 많은 사람들이 김철 선생의 『일본. 민주화의 좌절』을 읽어주었으면 한다. 이 저서는 정말로 뛰어난 역사관을 가지고 일본을 객관적으로 그려낸 선구적인 명저로 남게 될 것이라고 생각한다.

제2부와 제3부는 1960년대를 전후하여 주로 《사상계》를 통해 발표된 논문과 대담을 한데 묶은 것이다.

제2부는 제2차 세계대전 후 일본의 외교와 재군비 과정 그리고 정치 풍토 등을 다루고 있다. 여기에서도 김철 선생은 거시적인 시야에서 전후 일본의 전체적인 상황을 민주주의의 좌절 과정으로 파악한다. 패전 후 일본의 보수세력이 승전 점령국인 미국을 상대로 벌인 절충은 일종의 외교 활동이며, 그들은 자신들의 권위와 이익을 지켜내기 위해 맥아더 사령관이 이끄는 미 점령군의 민주화 정책을 지연시켰다. 특히 전후 세계정세가 미·소의 대립으로 치달으면서 점령군이 추진해 오던 재벌해체 등의 조치가 중단되어 결국 일본의 민주화도 좌절을 겪게 되었다. 또한 한국전쟁을 계기로 일본의 재군비가 이루어지게 되었는데, 이 과정에서 일본의 정치지도자들이 침략전쟁 포기를 규정한 일본의 신헌법 제9조의 내용 중 '전력(戰力)'이라는 용어의 의미를 자의적으로 해석하여 재군비를 합리화했다고 김철 선생은 지적한다. 결국 일본은 미·소의 대립 구도에서 미국에 대해 중립 정

책 대신 동맹관계를 유지하는 대가로 미국에 반대급부를 요구하였다는 것이다.

김철 선생은 일본 외교정책의 목적이 국제적 지위 회복, 국가안전 보장, 경제적 실리 획득 등에 있다고 하면서, 거기에는 어떤 국민적 이상도 결여되어 있음을 비판하고 있다. 일본 외교에 있는 것이라고는 정부의 인기 정책 같은 것뿐이며, 국제공산주의의 위협에 대항하는 데 책임을 분담하겠다는 의지를 가졌는지조차 의심스럽다는 것이다. 그는 나아가 일본 외교의 이러한 성격이 대한(對韓) 정책에 여실히 반영되어 있다는 점에 주목한다. 그들은 한국에 대해 깊은 도의적 가책을 느낀 적이 없으며, 북송 교포 문제만 해도 일본의 재정상 부담이 된다는 이유에서 재일 교포들을 내쫓으려 했다는 것이다. 이러한 일본의 행위가 괘씸하기는 하겠지만, 발작적인 감정만으로는 우리가 일본 외교를 이겨내지 못할 것이니 장기적 전망을 가진 합리적인 정책을 수립해 그것을 꾸준히, 줄기차게 추진해 나가야 한다고 그는 주장한다.

김철 선생은 또한 일본의 정치 풍토는 내일에 대한 비전이 없으며 복고주의로 흐를 염려가 있다고 지적한다. 전근대적인 주종 관계와 전전(戰前)의 구 일본식 사고방식의 잔존 때문에 일본인의 정치의식이 높아질 수 없다고 일본 정치의 미래를 비관적으로 진단한다. 제2부의 마지막 글은 1955년 재일본대한민국거류민단 사무총장을 지냈던 김철 선생이 실제 현장 경험을 바탕으로 재일 동포들의 황량한 현실을 생생하게 증언하는 글이다.

제3부의 3편의 논문에서는 일본 사회주의운동을 냉정하게 평가한

다. 김철 선생은 지나치게 좌경화되어 공산당과도 구별하기 어려운 일본 사회당의 외교정책, 특히 대한(對韓) 정책을 신랄하게 비판하면서, 일본 사회당이 마르크스·레닌주의에서 민주사회주의로 방향 전환 할 수 있는 길을 제시하고자 했다.

김철 선생은 전후 재건 과정에서 드러난 일본의 한계를 전통사회에서 현대 민주주의사회로의 질적 전환의 실패로 요약한다. 이러한 분석은 오늘날에도 여전히 유효하다. 일본 민주화의 좌절에 대한 여러 측면의 분석 중에서 특히 정당정치에 대한 것은 그가 이후 한국의 혁신정당운동을 정초하는 데 있어 귀중한 타산지석이 되었다. '민주주의 없이는 사회주의 없다'는 명제로 정리되는 그 교훈은 일본 사회당의 이념 편향 노선과 일본 민사당의 원칙 없는 현실 노선을 비판하는 근거가 되며, 60년대 이후 통일사회당의 일관된 반독재 민주화 투쟁 노선의 바탕이 된다.

최근 일본의 우경화는 전후 일본의 민주화의 좌절의 필연적 귀결이다. 20세기에서 21세기로 이행하는 대전환의 시점에서 일본은 국가주의 방향으로 그 모습을 잡아가고 있다. 태평양전쟁에서 죽어간 '300만 사망자'의 복권 움직임과 그 전쟁을 '해방전쟁'으로 가르치려는 역사교육의 흐름 등 그 사례는 허다하다.

국가 간의 벽이 허물어지고 세계시장이 블록 단위로 재편되는 추세는 일본에게 새로운 경제적 도전이기도 하지만 동시에 소위 '대동아공영권'의 허구로 분식한 국가주의의 유혹을 강렬하게 자극하는 것이다. 그러나 역사에 대한 냉철한 반성이 없는 민족은 역사적 과오를 필연적으로 반복한다. 이것은 일본과 우리나라 모두에게 해당되는 말이다. 이런 점에서 김철 선생의 일본 연구는 아시아에서 일본의 장래를 예측하고 미래의 바람직한 한일 관계를 정립하는 데 귀한 실마리를 제공해 주리라 믿는다.

3

유신체제 말기 한 사회민주주의자의 육필 증언

이만열(전 국사편찬위원회 위원장)

『당산 김철 전집』 3권은 이 전집의 주인공 김철이 1978년과 1979년 두 해에 걸쳐 매일 쓴 일기와 1983년 6월 4일에서 15일까지 쓴 일기를 수록한 것이다. 1978년과 1979년 두 해는 유신정권의 마지막 해로서, 아마도 그의 일생에서도 가장 어렵고 가장 중요한 활동기간이었는데, 이때의 활동상을 매일 일기로 적어놓았다. 1983년 6월경에는 신군부에 저항하는 민주 인사들의 단식 투쟁이 계속되었는데, 그 자신도 단식에 동참하면서 이때 상황의 일부를 적어놓았다. 유신정권 말기의 포악한 상황과 신군부 파쇼정권의 등장 국면에서 일기를 써서 남긴다는 것이 매우 어려웠을 터인데, 다행히 그 일부가 남아 있어서 자신의 행적은 물론 당시의 정치적인 상황을 생생하게 증언하고 있다.

이 일기만으로 그의 사상과 행적을 다 파악한다는 것은 곤란하지만, 자세히 검토해 보면 당시 그의 관심사와 주된 활동, 그의 활동의 테두리를 중심으로 한 우리나라와 국제적인 상황을 파악하는 데에 큰 도움이 된다.

1970년대 후반, 이 일기의 주인공 김철은 '민주화를 위한 대연합과 혁신 세력의 통일'을 시대적인 과제로 인식하고 있었다. 실제로 그는 70년대 중반 이후 유신체제가 긴급조치 등으로 그 독재적 성향을 보다 노골화하자 민주 회복을 위한 국민 연합의 결성에 적극적으로 참여한다.

1974년 민주회복국민회의의 결성에 그가 주도적으로 참여한 것은 그 한 예다. 당시 그가 발표한 글을 보면, 그는 민주화를 이룩하지 않으면 노동자 및 서민 대중의 권익과 복지를 위한 진보적인 정책을 실천할 사회주의정당이 그 활동 공간을 확보하기 힘들다고 판단하고 있었다. 그러므로 그에게는 민주화란 민주적 사회주의정당의 활동을 가능케 하는 최소한의 정치적 조건이었던 셈이다.

이 일기에는 그가 만난 인사들이 실명으로 등장한다. 그 대부분은 민주화를 위해 투쟁하다가 감옥살이를 한 학생운동가들이나, 교수 및 문인들, 그리고 종교인들이다. 김재준 목사, 문익환 목사, 강원룡 목사, 김정례, 천관우, 한완상, 박현채, 이우재, 이효재, 황한식, 김규동 등의 당시 재야인사와 유인태, 이철, 조성우, 한경남, 최열 등 학생운동가들과의 동지적 유대가 이 글을 통해 드러난다. 이들과의 만남을 통해 그가 민주화 운동 세력의 연대와 지지기반 확보에 부심하고 있었음을 알 수 있다. 그는 또 재야인사와 학생청년들 외에도, 민주화를 위한 일이라면 당시 보수 정치인들과의 만남도 소홀히 하지 않았다. 김대중 현 대통령, 김영삼 전 대통령, 윤보선 전 대통령, 양일동 통일당 당수 등 많은 정치인들과도 민주화와 민주적 연대를 위해 쉴 새 없이 만났다. 권력의 기피 인물과의 만남 자체가 정보 당국의 촉각을 건드린다는 것을 알면서도, 그가 이들을 만나 격려하고 연대를 꾀한 열정은 일기라는 제한된 지면에서도 뚜렷하게 드러나 있다.

통일사회당이 국제사회당기구인 사회주의인터내셔널의 정회원이 된 것은 김철의 국제적인 노력 때문이다. 이 일기는 그의 해외 우당과의 관계를 통한 국제적 연대 노력이 얼마나 중요한 것이었는가를 잘 보여주고 있다. 통일사회당의 존립은 기본적으로 그와 통일사회당 동지들의 헌신적인 희생과 노력에 의한 것이지만, 그것 못지않게 국제적인 연대의 힘이 컸음을 알 수 있다. 이 일기를 통해 일본과 독일, 스웨덴 등 해외의 동지들과의 동지적 연대를 위한 긴밀한 접촉이 있었음을 알 수 있게 된다. 이것은 통일사회당의 주체적 노력과 국제사회당기구의 동지적 연대야말로 그 극악한 조건 속에서도 한국에서 민주적 사회주의 이념과 그 정당이 존립할 수 있게 하였음을 알 수 있게 하는 대목이다.

혁신운동은 이전부터 다양한 갈래로 분열되고 합하는 이합집산의 복잡한 과정을 겪어왔다. 5·16 쿠데타 이후 이른바 혁신 세력은 군사정권에 의해 철퇴를 맞았다. 일본에 체류하다가 귀국한 김철은 정치활동이 허용되자 통일사회당 재건 사업에 들어갔다. 그러나 고착된 냉전의 분위기에서 박 정권의 독재가 점차 강고해지자 혁신운동의 활동 공간은 매우 협소해졌다. 김철의 진영을 제외하고는 모두 전향하거나 운동 선상에서 이탈했던 것은 이 때문이다. 그럼에도 불구하고 김철은 1965년 당을 재건하고 꾸준히 혁신 세력의 단결에 전력을 기울였다. 독재정권의 무자비한 철권통치에 저항하던 국민들의 민주화 열기가 고조되어 가자, 그는 민주화를 위한 국민 대단결 운동에 몸을 던지는 한편 그러한 운동의 가장 선진적인 이념 세력이었던 혁신계의 연대에 능동적으로 대처하게 되었다. 이 일기에서는 1978년과 1979년 2년에 걸쳐 혁신 세력의 단합을 위한 그의 처절한 노력이 참으로 집요하게 전개되고 있음을 보여주고 있다. 윤길중, 이동화 양인과 김철, 안필수 등 한국의 혁신계를 대표하는 원로들의 지속적인 접촉과 통합 논의의 과정에서 볼 때, 그 실패의 원인이 어디에 있었는지 이 일기만으로는 잘 파악되지 않지만, 앞으로 이 방면의 연구에 중요한 과제를 제기하고 있는 것만은 틀림없다.

이 일기는 공사 간의 그의 경제생활에 관한 어려움을 보여주고 있다. 그는 혁신 조직을 이끌어가는 데에 필요한 자금에는 늘 궁색을 면키 어려웠고, 한 가장으로서의 가계 생활의 책임에도 늘 한계를 느꼈다. 그의 가정생활은 장마 때에 부엌과 방에 물이 떨어지는 생활을 면치 못했고, 점잖은 모임에 나가기 위해 양복을 맞추고도 한꺼번에 대금을 지불하지 못할 정도였으며, 노동자들과 서민들이 다니는 이발소에 가서 이발하는 일 등 서민적으로 살 수밖에 없는 그의 면모가 거짓 없이 드러난다. 가정의 이러한 경제적인 곤란으로 선생의 부인이 계를 하다가 그것이 깨어지자 사흘이나 집으로 돌아오지 않는 장면을 써놓은 대목에서는 코가 '찡'해지는 연민과 분노를 동시에 느낀다.

이 일기는 한 공인이며 정치인인 김철의 모습뿐만 아니라 그의 인간적인 면모도 유감없이 보여주고 있다. 그는 일을 성사시키기 위해 발로 뛰어다니는 운동가였다. 많은 사람들을 방문하고 설득하되, 민주화를 위한 더 큰 목표를 위해서는 개인 간에 나타나는 조그마한 차이는 극복하려고 노력하였다. 그는 인간의 한계를 알기에 다른 사람의 처지를 헤아리면서 일을 추진하였다. 그러나 표리가 부동하고 이중적인 인격자에 대해서는 일기 곳곳에서 간단한 인물평을 곁들이고 있어서 그의 예리함은 가슴을 서늘하게 한다.

무엇보다 이 일기에는 그의 예언자적인 통찰력과 촌철살인 격의 시평이 곳곳에 번득이고 있음이 엿보인다. 1979년 5월, 신민당이 어렵게 김영삼을 총재로 선출하자 그는 "힘을 합하여 민중의 소망을 이룩할" 것으로 기대한다. 7·4 남북공동성명 7주년을 맞는 날, 그는 그 성명이 "우리 민족에게 벅찬 감격과 기대를 안겨주었던 역사적 사건"이었음을 회상하면서, 그것을 남북의 지배권력이 자기의 권력체제를 강화하는 수단으로 이용하였다고 비판한다. 즉 남쪽이 유신체제로써 권력을 강화하자, "북은 북대로 역시 개헌 작업을 해서 김일성의 지위와 권한을 더욱 강화하면서 남쪽의 사태 발전에 대해서도 비난 없이 '양해'하는 것 같이 보였다"는 것이다. 이 얼마나 예리한 통찰인가. 이 일기는 또 YH무역의 여종업원들이 노동자의 당인 통일사회당에 오지 않고 신민당에 가는 것을 보고 "부끄러워 얼굴을 들 수 없다"고 솔직히 토로한다. 1979년 10월 3일 김영삼 신민당 총재의 국회 제명 계획을 보면서, 일기는 "결국은 이 체제가 국민과 대결하여 종말을 고하는 마지막 국면이 이제 시작된다"고 유신정권의 말로를 예언하고 있다.

이 일기는 한 사회민주주의자가 혼신의 힘으로 민족의 고난을 극복하려는 노력을 그대로 전해주는 귀중한 자료다. 당시의 시대적 과제인 민주화와, 또한 사회주의자로서의 당면 과제인 혁신 세력의 통합에 바친 그의 열정은 아쉽게도 이 두 해의 일기만으로밖에 알 수 없다. 그럼에도 불구하고 이 일기가 씌어진 시기는 그의 인생에서 그 가능성과 성공을 가늠하는 최대의 고비였고, 그가 이제까지의 모든 열정과 지혜를 다 바쳐 민주주의와 사회주의 사회의 건설의 명제를 선명히 했던 그의 가장 값진 시기였다고 할 수 있다. 그러므로 비록 짧은 기간의 기록이지만, 이 육필 일기는 그의 생애를 압축적으로 드러내는 데에 다른 어떤 자료보다 소중하고 생생한 것이다. 그리고 이 일기는 군더더기 없는 간결한 문체로 기록되어 있어서 독자로 하여금 기록자의 깨끗한 인격을 바로 접할 수 있도록 인도해 준다.

추측컨대 그의 일기에 나타난 꼼꼼함과 치밀함으로 볼 때 또 하루도 거르지 않고 일기를 썼던 것으로 볼 때, 이 기간 이외에도 일기를 남겼으리라고 기대해 본다. 만일 그가 이 기간 이외에는 이러한 일기를 남겨놓지 않았다면 그 이유는 무엇일까를 생각해 본다. 상상이 허용된다면, 그의 생애에서 이 기간은 일기를 남겨놓지 않을 수 없는 귀한 시기였다고 역으로 추측할 수는 없을까. 1983년 14일간의 단식 기간 중의 일기는 다행히 남아 있다. 어쨌든 이 일기만으로도 정치인 혹은 운동가로서의 그의 치열했던 삶의 단면을 생생하게 느끼게 해 줄 뿐 아니라 그의 전 생애의 삶의 자세를 복원하는 데에도 많은 도움이 된다고 할 것이다.

따라서 이 일기의 자료적 가치는 한국 현대사의 가장 험난했던 시대에 살았던 한 사회민주주의자가 하루하루를 어떻게 살아갔는가를 보여주는 증언이면서, 그가 살았던 군산(軍産) 복합적, 군사 파쇼적 천민자본주의 시기에 대한 증언이며, 그런 시기를 고민하던 한 지식인의 민족과 민중을 향한 이상을 통해 그 시대와 그 시대의 지배자를 어떻게 심판하고 있는가를 보여주는 데에 있다고 할 것이다.

4

민족적 민주사회주의자로 일관했던 김철 선생

한완상(전 상지대학교 총장)

한 시대를 외롭게, 그러나 뜻깊게 살다 간 김 선생은 얼마간의 기복이 있긴 했으나, 40여 년간을 민족적 민주사회주의자의 삶으로 일관해 왔다. 그의 삶의 뜻과 뜻깊은 삶을 다섯 권의 책으로 정리한 일은 보다 밝고 맑은 우리의 앞날을 위해서 필요한 것 같다. 또한 선생의 삶과 사상을 민주사회주의의 시각에서 조명해 보는 것도 뜻있는 일이라 하겠다.

그는 기품 있는 집안에서 태어나 어릴 때부터 민족의 자립과 자주의 가치를 배웠다. 조선조 말 민족의식에 불탔던 조부로부터 강렬한 반일 의식과 민족주의 의식을 전수받았다. 원래 그는 문학에 뜻을 두기도 했으나, 그가 태어나고 성장했던 일제 시기가 그로 하여금 민족,

민주, 평화 등 큰 사회적·역사적 문제에 몰입하도록 했다. 그가 20세 되던 해에 서울로 올라와서 당시 정치적 거물이었던 장덕수 씨를 찾아간 적이 있다. 그때 장씨가 그에게 좁은 민족주의에서 벗어나야 함을 강조했다. 김 선생은 그의 말에 승복하지 않았으며 그를 비겁한 인물로 보았다고 한다. 일제시대에 장 씨가 했던 언행에 대해 그는 올곧은 판단을 이미 20대 전후에 내리고 있었다. 비슷한 시기에 그가 만난 분 중에 몽양 여운형 씨가 있다. 몽양과의 만남은 그의 삶과 사상에 있어서 소중한 길잡이가 된 듯하다. 몽양의 사회주의 노선 속에 용해되어 있는 민주주의와 민족주의의 자원을 그는 꿰뚫어 보았으며, 몽양의 폭넓은 인품과 인격에서 받은 커다란 감동을 평생 깊이 간직했던 것 같다.

그는 1952년 당시 자유당 선전부 차장으로 있으면서 여러 가지 곤혹스러운 경험을 하였는데 그다음 해 도일하여 사회주의인터내셔널 (SI)이 발표한 「프랑크푸르트선언」을 읽고 그의 원래의 관심이 바로 민주사회주의 사상과 일치함을 확인한 것 같다. 그때부터 세계 지평에서 벌어지는 사회주의 조직과 강령의 발전에 주목하면서 그의 꿈을 키워오던 중 1957년에 민주혁신당 창당에 참여하게 된다. 그후 그는 한국의 민주사회주의 정당의 대표로 국제 활동에 적극 참여하게 된다. 그후부터 줄곧 사회주의인터내셔널의 구조틀 속에서 밖으로 한국의 얼을 알리고 안으로 조직을 다지는 일에 심혈을 기울였다. 그러면서 군사통치하에서 국내 민주화 운동에도 적극 가담하였다. 그 결과 그는 비민주적 권력 주체에 의해 끊임없이 감시 받고 또 박해 받아왔다.

이제 민주사회주의자로서의 그의 생각의 특징을 간추려보기로 하자. 한마디로 그는 민족적·민주적 사회주의자다. 민주주의 없이 사회주의는 있을 수 없고, 또한 사회주의 없이 민주주의도 없다는 확신이 바로 그의 변함없는 신념이었다. 바로 이 점에서 처음부터 그의 사상이 교조적 공산당의 사상과는 전혀 다른 것임을 우리는 잊지 말아야 한다. 그러니 그의 민주적 사회주의는 바로 반공적 특성을 지닌다. 특히 북한의 공산주의 체제와 사상을 그는 단연히 거부하고 비판한다. 그곳에서는 민주적 절차도 없고, 민주적 제도 장치도 없기 때문이라고 했다. 그러면서도 그의 사회주의는 생존권적 기본권 확보를 통한 노동자들의 권익 보호를 중요시한다. 사회, 경제, 문화 각 방면에서 민주적 제도가 제대로 운영되고, 다수 국민이 정책 결정 과정에 참여할 수 있어야만 민주사회주의가 꽃필 수 있다고 확신했다. 다수 국민 중, 천만 명의 산업노동자가 중심이 되고 그외 소외된 농어민, 중소상인, 여성, 학생, 양심적 지식인이 주인이 되어야 함을 역설했다. 이들의 생존권적 기본권과 함께 국민의 자유권적 기본권의 신장 속에서 반공적 민주사회주의는 착실히 발전한다고 확신했다.

이러한 민주사회주의적 신념의 빛 아래서 그는 이승만 권위주의 정권과 박정희 군사정권에 대해서도 날카로운 비판을 서슴지 않았다. 특히 군사정권의 기본권 유린 정치에 대해서 신랄하게 비판했다. 그러니 북한의 김일성 체제나 남한의 군사통치 체제 모두가 사회민주주의에 걸림돌이 된다는 점에서는 유사한 것임을 그는 날카롭게 인식했다. 바로 이러한 뜻에서 그의 반공 사상은 반군사독재 사상으로 이어진다. 이것은 군사통치가 반공의 이름 아래 민주주의를 훼손시켰던 우리의 비극적 정치 현실 속에서 새삼 음미해 볼 만한 가치가 있다. 이것은 무슨 뜻인가?

우선 두 가지에 주목해 보자. 하나는 반공을 군사통치의 수단으로 활용했던 사실에 대한 김 선생의 비판이고, 또 하나는 진정한 민주화가 이루어지면 공산주의를 원천적으로 두려워할 필요가 없다는 그의 인식이다. 먼저 반공을 민주화 세력의 탄압 구실로 활용한 군부 세력에 대한 그의 비판은 그가 문익환 목사의 방북을 높이 평가한 데서 확인할 수 있다. 문 목사를 좌경용공으로 몰아붙였던 권력 주체와 보수언론의 광기에 찬 매카시즘의 작태를 그는 신랄하게 비판했다. 일찍이 김구 선생께서 외롭게 38선을 넘었을 때 자기의 오늘 발자취가 뒤에 오는 후배들의 표식이 될 것이라고 선언했음을 상기시키면서, 문 목사를 김구 선생의 그 표식에 따라 민족 통일을 위해 외롭고 괴로운 길을 걸어간 훌륭한 분으로 칭찬했다. 문 목사의 행동이 철없는 짓이 아니라 오히려 민족사적 정당성을 지닌 행위요, 김구 선생의 뒤를 따르는 정당한 결단이라고 높이 평가했다. 철없는 것은 문 목사를 좌경용공으로 몰아치는 일에 호들갑을 떨었던 반공주의자들의 행위라고 했다. 바로 이 점에서 김 선생의 반공민주사회주의는 격정적 낭만주의가 아니라 합리적 민주 의식임을 확인하게 된다.

한 걸음 더 적극적으로 나아가, 김 선생은 정부가 생존권적 기본권과 자유권적 기본권을 신장시키는 데 앞장서고, 특수 계층의 이익만을 위하지 않고 전 국민의 복지를 향상시키는 데 적극적이며, 경제성장의 혜택을 공정하게 분배하는 일에 실적을 보인다면, 공산주의자들의 침투를 두려워할 필요가 없다고 확신했다. 진정 민주적 정치발

전이 충실하게 이루어진다면, 공산주의 세력이 침투할 구조적 취약
지구가 없어진다는 것이다. 뿐만 아니라 이 같은 민주화의 진척은 평
화와 자주적 민족 통일에도 도움이 된다고 했다. 한마디로 그의 생각
은 선민주화 후 통일에 가깝다고 하겠다. 그만큼 그는 온건한 민주주
의자였다.

바로 이런 시각에서 그는 반공법의 특정 조항(제4조 1항)이 반민주
적 군사정권에 의해 조직적으로 악용되어 왔음을 날카롭게 지적했
다. 그의 동지들이 바로 이 조항에 의해 형사처벌되었을 때, 그는 법
치국가임을 스스로 부정하는 정부라고 군사정부를 비판했다. 그의
말을 인용해 보자.

"김일성이 쌀밥을 먹고 사는 데 대하여 우리가 쌀밥을 먹는다고 해
서 이것이 동조일 수 없을 것이며, 김일성이 잠꼬대처럼 선전하고 있
듯이, 남한 사람들이 모두 빈궁에서 허덕인다고 해서, 못사는 사람들
이 모두 그 말의 동조자일 수는 없는 것이다."

이같이 지적하면서 그는 공산당이라면 덮어놓고 벌벌 떠는 공공병
(恐共病) 환자들이 되지 말고 이념적으로나 실력 면에서 북한을 제압
할 수 있기 위해 먼저 철저한 민주사회주의자가 되어야 한다고 역설
했다. 바로 그러한 시각에서 그는 그의 동지들을 반공법으로 형사처
벌했던 반민주 정권을 통렬하게 비판했다. 그 비판은 그의 확고한 민
주주의에 대한 신념에서 나온 비판이었다. 한마디로 그는 정치적 매
카시즘이 민주주의를 훼손시킨다고 확신했던 민주주의 신봉자였다.

그의 정치적 판단은 오늘의 현실에서 보면 아직도 적절하며, 그의
선견지명은 놀랍다. 그는 1987년 메이데이 메시지에서 이렇게 강조했

다. 먼저 사회민주당은 민주화의 편에 확고히 서야 한다는 원칙을 강조하면서, 당시 상황에서 문제로 부상했던 권력구조 선택의 문제에 대해 적절한 논평을 하고 있다. 대통령중심제냐 내각책임제냐의 선택은 정태적 제도론을 넘어서서, 이 중에 어느 것이 민주화 쟁취에 기여하는가에 따라 결정되어야 한다고 했다. 이것이 바로 민주사회주의자들의 마땅한 선택이라고 했다. 중요한 것은 군부통치의 종식이라고 했다. 오늘 우리의 현실에서 똑같은 선택의 문제가 정치 현안이 되고 있다. 지금도 우리는 정태적 제도론(두 권력구조는 각기 장단점을 지닌 제도다)에 매여 있을 것이 아니라 어느 것이 민주적 개혁을 구현하는데 도움이 되느냐를 현명하게 판단해서 선택해야 한다. 김 선생의 정치 논평은 이 점에 있어 아직도 적절한 선견지명의 논평이라 하겠다.

나아가 그는 국회의원 선거에서 일정한 득표율 이상을 얻은 정당에게 비례배분한 의석이 돌아가게 하는 북유럽 복지국가들의 선거제도를 도입해야 한다고 역설했다. 정당명부식 선거제도도 그중의 하나이다. 이 같은 그의 탁견은 오늘 우리의 정치개혁 과제 중 한 가지를 오래전에 지적한 것이기도 하다. 이렇게 하여 민주사회주의정당이 의회에 진출할 수 있게 되면 공산주의 위험도 줄어든다고 그는 믿었다. 공산권과 접경하고 있는 스칸디나비아 나라들과 서독 그리고 오스트리아가 모두 민주사회당을 활성화시켰기에, 교조적 공산당의 세력을 막아낼 수 있었음에 그는 주목했다. 그리고 민주사회주의가 오늘의 세계에서 바람직한 제3의 길임을 그는 이미 간파하고 있었다.

또 하나 그의 정치적 통찰력은 평화 문제, 곧 비핵 문제에서 확인된다. 하기야 이것은 사회주의인터내셔널의 입장이긴 하나, 그는 한반도의 상황에서 핵 확산 금지를 철저하게 강조했다. 1983년 6월 단식에 들어가면서 그는 "나는 무서운 핵무기로 이 땅을 허허로운 쑥밭으로 만들지 않도록 하는 것이 오늘의 우리 세대에 대한 민족사의 엄숙한 요청임을 알고 있을 따름이다"라고 했다. 1983년 현재 비핵 문제는 우리의 긴급한 현안이 아니었으나, 그는 이미 이것이 심각한 문제임을 알고 있었다. 그에게 한반도의 통일과 평화는 민주사회주의의 전통적 가치인 자유, 평등, 연대와 함께, 분단된 우리의 특수한 민족 상황에서 절박한 구조적 문제였던 것이다. 이런 뜻에서 그는 성실한 평화주의자였다.

그의 삶과 생각을 되돌아보면 얼마간 부끄러운 편린도 없지 않다. 그가 한국 정치사에서 가장 불행한 학살 행위를 자행했던 신군부의 권력구조에 참여했던 것은 비록 그가 불민(不敏)의 탓이라고 후회했다 하더라도, 옥의 티로 남는다. 신군부가 복지사회 구현, 정의로운 사회 구현을 내세웠다고 해도, 그것이 이데올로기적 왜곡임을 제대로 파악하지 못했던 당의 결정에 따랐다고 해도, 그것은 지식인의 바람직한 선택이라 하기 어렵다. 마치 히틀러가 사회주의 단어를 애용했고, 군사독재자들이 자유민주주의를 항상 즐겨 사용했듯이, 신군부도 정의, 복지, 자유, 평화를 강조했었다. 이런 정치 분위기 속에서 당의 합법적 공간을 확보하기 위한 결정이 역사적으로는 현명한 결정이 아님을 그는 당시 잘 몰랐던 것 같고 이 점을 후일 자괴(自愧)한 것 같다. 그런데 인간은 실수에서 배우는 법. 그는 이 실수 이후 더욱더 충실하게 민주적 사회주의자로 살기로 결심하고 민주화 투쟁에 헌신했다.

이제 이 글을 마치면서 그의 인간적 향기를 소개하고 싶다. 그는 평생 자기 이름으로 등기된 부동산을 갖고 있지 않았다. 집 한 채 자기 것이 없었다. 그의 사상이 그러했겠지만, 그래도 합법적 정당의 당수를 했던 분인데 보수 정객들과 달리 그는 평생 청빈하게 살았다. 그의 청빈은 그의 정치사상에 연유하기도 하겠으나, 우리의 전통적 선비 정신에서 나온 것이기도 하다. 그는 철저한 보편적 민주주의자이면서 한국적 선비였다. 그의 깨끗한 삶은 바로 그의 사상의 실천이요. 이것은 그의 삶이 그의 생각의 거울이었음을 뜻한다. 한국 정치사에서 이토록 청빈했기에 아름다운 정치인은 별로 없다. 정치는 곧 부패의 재생산 행위로 인식되는, 악취 나는 우리 정치 풍토에서는 그의 삶 자체가 신선한 향기라 하겠다.

그는 정치인이로되 국회의원이 되기보다는 민주사회주의 사상을 널리 알리는 이론가로 남고자 했다. 그는 학자적 소양을 지닌 정치인이요, 정치적 통찰력을 지닌 이론가였다. 그러나 그는 동시대 정치인들보다 한 걸음 앞서간 선구자였기에 그만큼 외롭고 괴로운 삶을 살아야 했다. 하기야 모든 선각자들은 고독한 길을 갔지만, 역사에는 큰 길을 남겼으니, 바라기는 그의 생각과 삶이 후학들과 후배들에게 큰 용기와 희망을 계속 줄 수 있어야 할 것이다. 그의 책이 바로 희망과 용기의 샘물이 되었으면 한다.

5

군사독재하 한국 사회민주주의의
도전과 시련의 기록

양호민(전 한림대학교 석좌교수)

『당산 김철 전집』 5권에는 1960년대에서 1980년대 말까지 우리나라 혁신정당사에서 중요한 시대적 역할을 수행하고 그 존재를 마감한 통일사회당·사회당·사회민주당의 당 문건들을 수록했다. 여기서 당 문건이라 함은 김철 씨 지도하에 있던 당시의 당의 강령, 정강 정책, 당헌, 결정서, 성명서, 선언문 등 일련의 사료(史料)를 가리킨다.

4·19 이후 태동하고 있던 혁신정당을 하나로 통합하여 통일사회당의 창당을 보게 된 것은 1961년 6월이었다. 그런데 통일사회당은 5·16 쿠데타에 의하여 해체되었다가, 1963년 1월 군사정권의 정당 활동 재개 방침에 따라 활동이 허용되자 그 기회를 포착하여 당 재건 운동을 추진하여 우여곡절 끝에 1967년 4월 부활했다. 그렇지만 그 후 통일

사회당은 적나라한 폭력과 간교한 정보 정치, 교묘한 대중조작을 배합한 군사정권의 강권 통치와 장기간 대결해야 했다.

군사독재 정권의 영구화 계획은 1972년 10월의 소위 '유신체제'의 강행에서부터 시작되었다. 그리고 '유신체제'는 1979년 10·26 사태로 박정희 정권이 붕괴될 때까지 계속되었다. 10·26 사태 이후 '서울의 봄'으로 구가된 민주주의의 소생기가 잠시 찾아왔으나 곧 신군부의 대두를 의미하는 '12·12 사태'가 일어났다.

이듬해 5월 17일에는 비상계엄이 전국으로 확대되었고, 이에 저항하는 광주의 학생·시민들의 항의시위가 발생하자 계엄군은 이것을 무자비하게 진압하여 처절한 유혈사태를 일으켰다. '유신체제'는 1979년의 10·26 사태에 의하여 끝났지만 신군부는 사실상 이것을 계승, 신유신체제라고 볼 수 있는 군사독재 체제를 구축했다. 그들은 1988년 민주화와 대통령직선제를 요구하는 전국적 항의시위에 밀려 노태우의 6·29 선언이 나올 때까지 군사독재를 강행했다. 따라서 군사독재의 기간은 1961년 5월에서 1988년 6월까지 장장 30년 가까이 지속되었던 것이다.

이 기간은 일종의 정치적 연옥기였다. 통일사회당·사회당·사회민주당은 이 시기에 많은 항의 문서들을 발표했다. 불행하게도 그 문서들, 특히 초기의 것들은 상당수가 산일(散逸)되어 구하기가 어렵다. 그러나 중요 자료들은 대부분 보존되어 있으므로 당의 기본 성격과 목표, 주요 활동 등을 살피는 데는 큰 어려움이 없을 것으로 생각된다. 다행히 1975년에 발간된 『오늘의 민족노선』, 1967년에 발간된 『내일에의 민족노선』, 그리고 1969년도에 관계 당국에 의하여 폐간된

당 기관지 《민족전위》 등에 수록된 당 관계 자료들은 매우 소중한 원사료로 남아 있다.

정당에 있어서 강령이란 그 이념, 성격, 정책의 기조들을 명시하고 있는 것으로서 극히 중요한 위치를 차지한다. 그리고 강령은 변화하는 시대적 상황에 조응하도록 부분적으로 천착·수정되는 것이 통례이지만 그 이념(이데올로기)의 본질은 일관하여 유지된다. 이것은 사회주의정당의 경우 특히 그러하다. 4·19 이후 통일사회당은 '민주적 사회주의'를 그 강령에서 명료하게 표방하면서 발족했다. 그리고 5·16 이후 급변하는 정치 정세에 비추어 5·16 이전에 제정한 구 통일사회당의 '강령 초안'(1960년 12월)을 1965년 통일사회당 1차 재건 대회에서 약간 다듬어 정식 강령으로 삼았다. 당 관계자들은 이것을 편의상 '구강령'(1965년 5월 1일)이라고 불렀다. 1970년대에 들어서면서 당은 구강령을 새로운 정치 정세에 맞도록 고치고, 민주적 사회주의운동의 원칙과 구체적 방향을 보다 자세히 제시할 필요성을 느끼면서 그 작업을 진행하고 있었다. 그러던 중 '10월 유신'을 맞게 된다. 독재 권력의 횡포가 극심해지고 있던 1973년 12월 20일 통일사회당은 제2차 당 재건 대회에서 새로운 강령을 당 정책, 당헌, 당원 행동강령 등과 함께 채택하였는데, 이것이 '신강령'이었다.

그러나 신강령은 유신체제의 삼엄한 분위기 속에서 시급히, 간략하게 그 대강만을 나열하는 데 그쳤다. 이상의 강령들 중 민주적 사회주의 이념과 당의 기본적 정책 노선을 가장 충실하게 설명한 것은 김철 씨가 직접 기초한 구강령이다. 구강령은 사회주의인터내셔널의 '프랑크푸르트선언'(1951년), '오슬로선언'(1962년), 고데스베르크 당

대회에서 채택된 '독일사회민주당 기본 강령'(1959년) 등에 큰 영향을 받았다. 이 문서들은 유럽의 사회주의자들이 나치즘과 공산주의의 악몽을 거친 후에 나온 것들이다. 이것들은 민주적 사회주의의 목적과 임무, 정책의 지침, 선진공업국과 사회주의, 사회주의와 개발도상국, 사회주의와 공산주의, 사회주의와 국가 질서, 세계 평화 등에 관한 예리한 통찰력을 제시한 문서들로서 국제적으로 상당한 공감을 불러일으켰다.

그러나 이것들은 선진적 유럽에서 나온 이념이요, 착상이요, 관념이었으므로 군사독재하에 있는 분단 한국에 글자 그대로 적용될 수는 없었다. 그리하여 통일사회당의 구강령은 '민족적 주체성', '국토의 통일', '민족 이성', '어떠한 형태의 제국주의에도 반대' 등 민족주의 에토스를 강하게 내세웠다. 구강령은 다음과 같이 주장했다.

민주적 사회주의는 실로 인류의 보편적 이념이므로 어떠한 나라에도 타당한 것은 말할 것도 없다. 그러나 그 구체적 적용은 사회의 발전과 과학의 진보에 따라 달라져야 하며 또 그것이 적용될 나라의 제 조건에 상응하여야 한다. 식민지 상태에서 벗어나 완전한 자주독립 국가로 발전하려는 사회층에 있어서는 민주적 사회주의는 당연히 민족주의와 분리될 수 없게 결부된다.

그러면 민주적 사회주의란 무엇인가. 구강령은 민주적 사회주의가 "자본주의를 지양(폐기)하고 공공의 이익이 사적 이윤의 이해에 우선하는 제도"이며, "근로대중을 생산수단을 소유·관리하는 소수자에게

의존하는 상태로부터 해방"하여 "자유로운 근로대중이 평등하게 공동으로 일하는 사회를 건설하는 것"을 그 목표로 하고 있다는 원칙을 선언한다. 그러나 국가권력이나 물질적 재부가 민주적 사회주의에 있어서 "가치의 기준이 될 수 없으며 인격의 자유로운 발전이 최고의 가치 기준"이라는 휴머니즘을 천명하고 있다. 그리하여 인간의 능력을 최대한으로 발휘할 수 있게 되지 않고서는 인간의 참다운 해방은 있을 수 없다는 결론을 유도한다.

구강령은 근대 자본주의가 사회의 생산력 발전에 크게 기여하고 시민적 자유의 사상을 신장시킨 사실을 인정한다. 동시에 인간의 '상품화', 사회적 부의 '불평등 분배', 최대한의 이윤추구가 야기한 '생산력 그 자체의 저해'라는 자본주의의 내재적 결함을 지적한다. 사회주의는 본래 자유롭고 평등한 사회를 실현하려는 정의감, 즉 윤리적 요구에 뿌리박은 것이며, 이것이 곧 민주주의의 이념이라고 한다. 그런데 근로대중의 빈곤과 실업, 예속이라는 자본주의의 폐해는 자유와 평등을 한낱 공론으로 만들어버렸으며, 여기서 자본주의의 타도를 외치는 사회주의자들이 나왔다고 주장한다.

구강령은 첫째로는 자주독립 통일국가를 지향하는 민족주의와 일체의 독재를 반대하는 정치적 민주주의, 둘째로는 자의적인 이윤추구와 독점체에 의한 대중 수탈의 방지, 완전고용, 근로대중의 복지 향상, 생산물의 공정한 분배 등을 목표로 하는 경제적 민주주의를 천명하였다. 그리고 셋째로 경제 형태로는 필요한 한의 주요 산업의 공유와 사적소유와의 병존을 뜻하는 "계획 원리와 시장원리를 조정한 계획경제"를 제창하였다.

'사회주의' 하면 흔히들 곧 공산주의로 이해하는 한국의 지적(知的) 풍토에서 통일사회당은 스스로의 사회주의를 공산주의와 엄밀히 구별하기 위하여 '프롤레타리아계급'이니, '계급투쟁'이니, '프롤레타리아독재'니 하는 용어를 일절 사용하지 않고, 사회주의라는 용어도 자제하면서, '민주적 사회주의'라는 말로 그 성격을 집약했다. 구강령에 의하면 "공산주의는 사회주의운동에서 분열되어 나간 것이지만 인간의 존엄을 부정하고 민주주의를 유린하며 독재정치를 합리화함으로써 명백히 사회주의의 전통을 배반했다. 더욱이 오늘날 공산주의는 새로운 제국주의의 도구가 되었으며, 정치권력을 잡으면 반드시 인민의 기본적 자유를 말살한다"고 현대 공산주의를 단죄한다.

이상과 같은 민주적 사회주의의 이념은 사회당을 거쳐 사회민주당에로 계승되어, 그 강령에 그대로 수용되었다. 그러나 당의 강령만으로는 그 정당의 정체를 온전히 파악할 수 없다. 중요한 것은 강령에 입각하여 구체적으로 어떤 정책과 주장을 그때그때 내걸고, 어떻게 투쟁하였느냐 하는 것이다. 여기서 그 방향, 방법, 행동 기준을 제시한 것이 『당산 김철 전집』 5권에 수록된 강령 이외의 일련의 문건들이다. 그중 주목할 만한 것만을 든다면, 첫째로 박정희 정권의 영구 집권을 위하여 강행된 3선개헌에 대한 강경한 반대투쟁 문건이다. 「3선개헌 반대에 정당과 정치인은 희생을 각오해야 한다」(1969년 3월 31일)라는 성명에서는 당시 국민의 보편적 정치 불신이 여당은 물론 야당, 재야에 이르기까지 팽배하고 있음을 지적하면서 다음과 같이 호소했다.

3선개헌 반대운동이 승리를 거두기 위하여서는 무엇보다도 정치인의 높은 자기희생적 투쟁이 요구된다. 이러한 투쟁이 용감스럽게 전개될 때 비로소 (…) 국민 대중은 정치 문제에 외면하는 무기력한 패배주의적 체념에서 벗어나기 시작할 것이다.

성명은 이렇게 정당, 정치인이 선봉에 나선 투쟁이 있을 때 여태까지 행동을 보류해 온 많은 학생들, 통제를 받고 있는 언론인들이 과감하게 궐기할 것이라고 고무하면서 다음과 같이 정치인들의 비장한 각오를 촉구했다.

준독재체제의 사실상의 절대권력과 맞서는 3선개헌 반대운동의 대열에 나선 정당과 정치인은 안이한 생각을 버려야 한다. 4월 혁명 때처럼 학생과 신문과 그리고 어떤 외세가 독재를 물리쳐줄 것을 기대해서는 안 된다. 정당과 정치인은 (…) 이 역사적 판가름의 투쟁에서 응당한 희생을 각오한 슬기로운 행동에 어서 나서야 한다.

1970년대의 한반도에서는 냉전이 급속히 격화되고 있었다. 1960년 8월 14일 김일성이 처음으로 남북연방제를 제안한 후로 북한은 대남 평화통일 공세를 강화하는 한편 해상으로, 육상으로 무장 게릴라와 간첩을 잇따라 남파하여 남북관계는 긴장 일로를 달리고 있었다. 김일성은 1962년 12월 '4대 군사노선'을 선포했고, 박정희 정권은 국제적 반공 태세를 강화하기 위한 것이라면서 1965년 1월부터 베트남 파병(처음엔 비전투원)을 시작했다. '남조선 해방'을 부르짖는 북한과 '승공통일'을 내세운 남한 간의 군사적 대결은 시간문제처럼 보였다.

이 무렵인 1971년 2월 7일 통일사회당은 대통령후보 김철의 이름으로 「국민에게 드림」이라는 성명을 발표한 바 있다. 이 성명은 미·소·중·일 간의 상관관계로 보아 중·소가 김일성의 남침을 지원하리라고는 생각할 수 없다는 전제에서 한국의 자력에 의한 침략 저지책을 제안했다. 즉 한국군이 북의 어떤 침공도 물리칠 만큼 강화되고, 북의 내부 교란공작에 의해서는 우리 국민이 공산화되지 않는다는 것을 북측이 확신할 때에는 그들의 태도는 변화할 수밖에 없다는 것이다.

북의 태도가 그렇게 간단하게 변할 것인가 하는 것은 의문이었지만, 통일사회당은 여기서 다른 나라의 일부 사회주의자들처럼 무조건적인 평화주의자(pacifist)는 아님을 입증하였다. 이 성명은 민족 통일, 민주화, 경제의 자주화, 한국 경제의 타락과 저질성, 사회보장제, 선거제도의 개혁까지를 모두 망라하여 논한 일종의 대통령 출마 정견 발표였다. 그러나 김철 씨는 자기가 대통령에 당선되리라고 믿을 만큼 몽롱하지는 않았다. 그는 대통령선거전을 통하여 당의 존재를 널리 알리자는 데 출마의 목적을 두었다. 그러나 야당 후보의 단일화로 정권교체를 실현해야 한다는 국민의 여론이 드높아지자, 이에 호응하여 1971년 4월 24일 후보를 사퇴했다(「대통령후보 사퇴 선언」).

1970년대에 들어서면서 남북 간의 냉전은 계속 상승하고 있었지만, 미·소, 미·중의 관계에는 큰 변화가 일어나고 있었다. 1969년 1월에 출범한 미국의 닉슨 행정부는 악몽 같은 베트남전쟁에서 빠져나오기 위하여 대외정책의 일대 전환을 계획했다. 그리하여 1970년대의 미국의 외교정책으로 발표된 것이 '닉슨 독트린'이었다. 닉슨은 중국과의 화해를 모색하기 위하여 1971년 7월 헨리 키신저를 비밀리에 북경에 파견했고, 다음 해 2월에는 그 자신이 미국 대통령으로서는 최초로 중국을 방문했다. 이로써 양국의 오랜 적대 관계는 해소되기 시작했고, 국제관계의 구조에는 일대 변동이 일어났다.

이러한 정세 속에서 박정희 정부는 1970년 8월 15일 광복절 기념사에서 남북 간의 긴장 완화 없이는 평화통일은 불가능하다고 하고, 북한의 유엔 가입을 반대하지 않겠다는 의사를 밝혔다. 그리고 1971년 8월 12일에는 대한적십자사 최두선 총재의 극적인 남북 이산가족 찾기의 대북 제안이 있었고, 1972년 7월 4일에는 돌연 '남북공동성명'이 발표되어 세계를 놀라게 하였다. 한반도에는 획기적인 변화가 찾아오는 듯이 보였다. 아직 '7·4 남북공동성명'이 나오기 이전이었던 1971년 8월 14일 통일사회당은 김철 위원장의 이름으로 낸 「내외의 사태 발전에 대한 우리의 견지와 태도」라는 성명서에서 급변하는 국제 정세에 대처할 여러 관점들을 피력하였다.

이 성명은 정부의 태도 변화를 환영하면서도 한 걸음 더 나아가 1) 국가보안법·반공법을 폐기하고, 반국가적·반민주적 활동을 단속하는 '간첩 침투·파괴활동 방지법'으로 이를 대체할 것, 2) 북한이 유엔의 한국 문제 토의에 참가하거나 한국의 우방들과 접촉하는 것을 막지 말 것, 3) 북한에 대하여 '북괴'라고 부르는 대신 '북한 정권'으로 부르도록 할 것 등을 제안했다. 또한 이 성명은 북한이 제의하는 남북정당사회단체회의에 선뜻 응해야 한다고 하였다. 이 문서에서 주목을 끄는 부분은 동북아시아에서 긴장이 완화되고 있는 국제 환경 속에서 민족 통일을 위하여 한국이 갖추어야 할 태세를 제창한 대목이었다.

그 요점은 1) 민족 통일 운동을 줄기차게 추진하는 동시에 주변 정세의 획기적 전환기에 "우리 민족이 공산주의자들에게 휘말리지 않고 통일을 성취할 수 있는 여건"을 마련할 것, 2) 한국 경제가 "일본 경제에로의 편입을 스스로 초래하게 될 국가정책을 지양하고", 일본에 의지하지 않고도 국가의 안전보장을 유지할 수 있는 대외정책을 수립할 것, 3) "두려움 없이 자신 있는 자세로 민족 통일에 임할 수 있도록" 내정 개혁을 단행할 것 등이었다. 요컨대 박 정권은 경제 건설과 안보에서 대일 의존의 자세를 버리고, 민족적 내정 개혁을 단행하여 공산주의자들의 책동에 좌우되지 않는 통일 정책을 자신 있게 추진해야 한다는 것이었다.

통일사회당은 민족 통일 문제에 관하여 빈번히 그 견해를 제시했다. 그 핵심은 바로 '민족 이성(民族理性)'이 가리키는 '통일 지향적 체제 개혁', 즉 첫째는 내정의 '민주화', 둘째는 대외 종속을 역전시키는 '자주화', 셋째는 계층 간의 부와 소득의 격차를 좁히는 '사회화'였다 (「제2차 당 재건대회 선언」). 이러한 정책 노선의 기조는 사회당, 사회민주당을 통하여 일관되게 견지되어 왔다. 그리고 이러한 입장에서 수많은 전투적 당 문서의 발표로써 군사독재의 비정에 도전했던 것이다.

민주적 사회주의의 깃발을 내걸고 5·16 이후의 폭풍 속에서 투쟁해야 했던 통일사회당·사회당·사회민주당의 행적은 지극히 험난한 길이었다. 그것을 추적할 수 있는 기록이 『당산 김철 전집』 5권에 수집된 당 문건들이다. 이것들을 일별하면 통일사회당·사회당·사회민주당은 민주적 사회주의 정당으로서 초지일관, 당당하게 정도를 걸어왔음을 엿볼 수 있다. 그러나 정당의 존재는 그것이 견지해 온 도덕적

순수성이나 정당성에 의하여서만 평가되는 것이 아니다. 권력에의 접근이란 면에서는 한국의 민주적 사회주의정당들은 여태까지 실패했다는 점을 숨길 필요가 없다.

민주적 사회주의를 표방하는 정치세력들이 실패한 첫째 원인은 물론 역대 독재정권의 탄압에 있었다. 보수 야당들도 탄압의 대상이 되었지만, '민주적'이라는 본질적 규정의 첨부에도 불구하고 '사회주의'를 내거는 한 어떤 정당도 일단은 공산주의 정당의 동류, 또는 '사촌' 심지어는 '형제'라는 의혹을 받고 특별한 단속의 대상이 되었다. 국토의 분단, 6·25 남침 전쟁, 김일성의 스탈린주의적 독재가 그런 분위기 조성에 크게 기여했던 것이다. 따라서 민주적 사회주의 편에 서야 했을 근로대중, 서민층, 지식인들이 좀처럼 지지와 성원을 보내려 하지 않았다.

다음으로 민주적 사회주의정당은 시간을 두고 국민 대중 속에서 자기를 선전하고 민주적 사회주의가 무엇인지를 모르는 사람들을 교육하면서 그 정치적 기반을 닦을 수 있는 기회가 없었다. 4·19 이전에도, 5·16 이후에도 정치사찰, 계엄령, 정변, 긴급조치법, 정보정치 등은 민주적 사회주의가 싹틀 만하면 그 순을 잘라버리곤 했다. 선진적 민주주의 나라라고 해서 과거에 그런 시련이 없었던 것은 아니지만, 국토가 양분되고 국제적 냉전의 초점이 되고, 대내적으로는 정치와 사회가 극심하게 흔들리고 있던 변동기의 한국에서는 더욱 그러했다.

끝으로 통일사회당·사회당·사회민주당이 국민 일반의 지지를 끌어내기가 어려웠던 데는 특별한 이유가 있었다. 군사정권을 끝장내려고 열망해 온 국민 일반의 판단은 그래도 기반이 넓고 원내에서 상당한 세력을 가지고 있던 보수정당에 표를 던져야 한다는 데로 쏠리고 있었다. 이들은 군소정당의 난립이 반정부 세력을 분열시켜 군사통치를 영구화하지 않나 하고 겁을 먹고 있었으며, 소수파 진보정당에는 거의 기대를 걸지 않고 보다 큰 정당을 선택했다.

그런 유권자층은 정당의 이념이나 정책에는 관심이 없었다. 정치적 민주화, 군정의 종식이 우선이었다. 그렇기 때문에 민주적 사회주의 정당이 선거를 통하여 세력을 확대한다는 것은 아주 어렵게 되어 있었다. 이것은 그 당시의 상황 조건이 만들어낸 비극이었다. 그리하여 『당산 김철 전집』 5권에 수록된 민주사회주의의 주장, 항의, 절규, 호소 등은 광야에서 외치는 외로운 선구자의 메아리 없는 아우성처럼 되고 말았다. 그렇다고 이것들의 가치가 소멸한 것은 아니다.

모든 정치적 문서들은 필경은 한 시대의 어떤 집단의 목소리이며, 그런 것으로서의 의미와 가치를 지니고 미래를 제시해 준다. 한국의 민주적 사회주의정당으로 한 역사적 시기를 구획했던 통일사회당·사회당·사회민주당은 권력의 장악이라는 궁극의 목표에는 도달하지 못한 채 일단 막을 내렸다. 그러나 무릇 사회주의정당에서 궁극의 목표에 못지않게 중요한 것은 운동 자체이다. 『당산 김철 전집』 5권에 수록된 사료들은 진보주의 정당이 나아갈 길을 가리켜주는 동시에, 파묻힐 뻔했던 한국 정당사의 한 단면도를 밝혀주는 소중한 역할을 할 것이다.

한국 정치사에서
이토록 청빈했기에 아름다운 정치인은 별로 없다.
정치는 곧 부패의 재생산 행위로 인식되는,
악취 나는 우리 정치 풍토에서는
그의 삶 자체가 신선한 향기라 하겠다.
—한완상, 전 상지대학교 총장

주석

제1부 김철의 사회민주주의 사상과 실천

1 김철 사상의 현재적 의미

1) 김철, 「장 내각의 중대 책임」, 『당산 김철 전집(堂山金哲全集)』(이하 『전집』) 4권, 32쪽.

2) 김철, 「통일사회당의 역사적 임무」, 『전집』 1권, 285쪽.

3) 김철, 「혁신정당은 가능한가: 대중의 요구를 반영할 정치 노선은?」, 『전집』 1권, 230쪽.

4) 김철, 「새 역사의 구상」, 『전집』 1권, 138쪽.

5) 앞의 책, 135쪽.

6) 김철, 「국제사회주의운동의 역사와 현실」, 『전집』 1권, 359~360쪽.

7) Janos Kornai, *The Economics of Shortage*, Amsterdam: North-Holland 1980; Janos Kornai, *The Socialist System: The Political Economy of Communism*, Harvard University Press 1992, 228~261쪽.

8) Janos Kornai, "The soft budget constraint", *Kyklos* 39, 1986.

9) 연성 예산 제약 개념은 코르나이에 의해서 유명해진 개념이지만, 개념적으로 가구의 소비와 관련된 미시경제학에서 유래한 개념이다. 코르나이는 거시경제 분석에 이 개념을 적용하면서, 사회주의 경제체제나 혼합경제 체제의 기업조직의 행태를 분석하는 데 사용하고 있다.

10) 김철, 「새 역사의 구상」, 『전집』 1권, 139쪽.

11) Adam Przeworksi, *Capitalism and Social Democracy*, Cambridge: Cambridge University Press 1985; Adam Przeworski and John Sprague, *Paper Stones: A History of Electoral Socialism*, Chicago: University of Chicago Press 1986.

12) Vladimir Lenin, *Imperialism, the Highest Stage of Capitalism*, London: Penguin Classics 2000, 37~38쪽.

13) 김철, 「민주적 사회주의: 반공과 '점진적 개혁'의 길」, 『전집』 1권, 327~332쪽.

14) 1960년대 제3세계 비동맹 운동이 활발하게 전개될 시기에 제3세계 지역의 역사와 특수성에 근거한 사회주의에 관한 논의가 폭발적으로 등장하였다. 세네갈의 셍고르 (Leopold Sengor)의 아프리카 사회주의와 이집트 나세르의 이슬람 사회주의, 아르헨티나의 페론주의 등 제3세계 사회주의가 대두되었다. 제3세계 사회주의에 관한 자세한 내용은 다음을 참조할 것. Friedland and Rosberg, *African Socialism*, Stanford: Stanford

University Press 1964와 Peter Wordley, *The Third World*, London: Weidenfeld and Nicholson 1965 참조.

15) 김철, 「대일(對日) 문화 정책의 구상」, 『전집』 4권, 33쪽.

16) 김철, 「통일사회당의 역사적 임무」, 『전집』 1권, 285쪽.

17) 최일남, 「민족주의 떠난 사회주의 용납 못해: 최일남이 만난 사람」, 『전집』 4권, 202쪽.

18) 김철, 「떳떳한 민족으로 살자: 우리는 왜 통일사회당에 뭉치는가」, 『전집』 1권, 270~271쪽.

19) 김철, 「민주적 사회주의」, 『전집』 1권, 323~337쪽.

20) 김철, 「떳떳한 민족으로 살자」, 『전집』 1권, 268쪽.

21) 앞의 책, 271쪽.

22) 김철, 「새 역사의 구상」, 『전집』 1권, 204쪽.

23) 앞의 책, 141쪽.

24) 앞의 책, 204~205쪽.

25) 앞의 책, 204쪽.

26) 김철, 「변모하는 80년대의 서구사회주의: 1984년 유럽 여행 비망록」, 『전집』 1권, 373~374쪽.

27) 스웨덴 임금노동자 기금에 대한 논의는 신정완의 『복지자본주의냐 민주적 사회주의냐: 임노동자기금 논쟁과 스웨덴 사회민주주의』(사회평론, 2012)를 볼 것.

28) 김철, 「새 역사의 구상」, 『전집』 1권, 141~142쪽.

29) 김철, 「민주적 사회주의」, 『전집』 1권, 337쪽.

30) 김철, 「새 역사의 구상」, 『전집』 1권, 129쪽.

31) 김철, 「혁신정당은 가능한가」, 『전집』 1권, 236쪽.

32) 앞의 책, 231쪽.

33) 김철, 「1987년 대선과 사회민주주의자의 입장」, 『전집』 1권, 318쪽.

34) 김철, 「혁신정당은 가능한가」, 『전집』 1권, 227쪽.

35) 김철, 「새 역사의 구상」, 『전집』 1권, 188~189쪽.

36) 김철, 「혁신정당은 가능한가」, 『전집』 1권, 228쪽.

37) 앞의 책, 229쪽.

38) 앞의 책, 232~233쪽.

39) 앞의 책, 235쪽.

40) 앞의 책, 236쪽.

41) 앞의 책, 235~236쪽.

42) 사회민주주의에 대한 이러한 견해는 대표적으로 셰리 버먼(Sheri Berman)에 의해서 잘 제시되었다. 셰리 버먼(김유진 역), 『정치가 우선한다: 사회민주주의와 20세기 유럽의 형

성』, 후마니타스 2010.
43) 사회주의인터내셔널(SI)은 1951년 독일 '프랑크푸르트선언'을 기점으로 유럽의 노동
당, 민주사회당과 사회당 등 사회주의 정당들의 조직으로, 김철은 1961년에 일본 사회
당과 민주사회당을 통하여 이 조직을 통한 국제 연대 활동을 모색하였고, 1962년 노르
웨이 오슬로 SI 이사회에 참석하였다.

2 당산 김철의 생애와 혁신운동

1) 김철의 본명은 김용련(金溶鍊)인데, 해방 후 '족청(族靑)'과 관련을 맺으면서 김철로 개
명했다. 당산(堂山)이라는 아호는 1950-60년대 초 《사상계》 등에 기고할 때 사용하던
펜네임이다. 이밖에 오세창(吳世昌) 선생이 해방 직후 글을 써주면서 혜경(慧鏡)이라는
이름을 준 적이 있는데, 김철은 '예술가적'인 느낌이 풍겨 자기에게는 걸맞지 않는 것 같
다고 겸양하였다(「뉴스의 인물: 사회민주당 위원장 김철」, 『전집』 4권, 261쪽).
2) 최일남, 「민족주의 떠난 사회주의 용납 못해: 최일남이 만난 사람」, 『전집』 4권, 204∼
205쪽.
3) 앞의 책, 202쪽.
4) 당산 부부의 결혼에 관해서는 「혁신계 정통성 지켜온 전 사회민주당 위원장 김철·윤초
옥 부부: 정치적 역경과 고초로 점철된 외로운 한평생」, 『전집』 4권, 229∼239쪽 참조.
5) 이영근, 「진보당 조직에 이르기까지」, 《통일조선신문》, 제426∼428호, 1969. 7. 26∼28.
6) 최일남, 「민족주의 떠난 사회주의 용납 못해: 최일남이 만난 사람」, 『전집』 4권, 203쪽.
7) 신현상은 독립운동가이자 무정부주의자이며 해방 후 백범의 비서실장을 거쳐 이범석
장군의 민족청년단 비서실장을 지낸 인물이라고 당산 자신이 소개하고 있다(앞의 책,
200쪽).
8) 김철, 「한국 혁신정당운동과 나」, 『전집』 1권, 292쪽.
9) 앞의 책, 292쪽.
10) 앞의 책, 293쪽.
11) 이때 혁신계가 얻은 의석수는 사회대중당이 민의원 4석, 참의원 1석, 한국사회당이 민의
원 1석, 참의원 1석, 한국사회당과 혁신동지총연맹의 공동 추천으로 참의원 1석이었다.
12) 김철, 「통일사회당이 걷는 길」, 『전집』 1권, 253쪽.
13) 통일사회당의 결성 과정에서 의견을 달리하는 세력은 사회당, 사회대중당, 혁신당으
로 갈려나갔다. 이 중 사회당은 통일사회당과 이데올로기가 맞지 않은 극좌파였고, 사
회대중당과 혁신당은 이데올로기의 차이라기보다는 복잡한 인간관계 때문에 생긴 차
이점이 더 컸다. 이 시기에 모든 진보정당의 대변지로서 발행된 《민족일보》 지상에서

사회당과 통일사회당은 극명한 견해 차이를 보이는 사설을 서로 실었고, 이 상황에서 통일사회당은 당의 입장에 공감하는 당원이나 적절한 인물로부터 기부를 받아 신문의 운영을 전적으로 맡을 것인가, 아니면 신문에서 완전히 손을 뗄 것인가에 대해 심각하게 논의하던 중, 갑작스런 군사정권의 출현으로 상황이 급변하게 된다(「'통일사회당 사건'에 대한 보고서: 재판기록 요지와 김철의 해설」, 『전집』 4권, 340~341쪽).

14) 통일사회당의 경우 1961년 12월에야 기소가 결정되는데, 그것은 이른바 '혁명 검찰국'에 의해 진행된 공개 재판 기간의 마지막 날이었고, 다른 대부분의 진보적 인사들은 이미 재판을 받은 뒤였다. 군사정권이 통일사회당만은 기소할 것을 망설였던 이유는 좀 더 세밀히 분석될 필요가 있다(앞의 책, 338~339쪽).

15) 그의 첫 유럽 기행에 관해서는 김철, 「한국 혁신정당운동과 나」, 『전집』 1권, 297~299쪽 참조.

16) 김철, 「세계여행을 다녀와서」, 「세계 여행기」, 「사막에서 기적을 찾는 역사」, 「은발의 다빗 벤구리온」 등, 『전집』 4권에 수록.

17) 김철, 「한국 혁신정당운동과 나」, 『전집』 1권, 300쪽.

18) 초기의 체제는 대표위원에 김성숙(金星淑), 김성숙(金成淑), 간사장(사무총장)에 구익균, 조직위원장 안필수로 하였고, 김철은 대변인을 맡았다. 그러나 출범한 지 몇 달도 안 되어 김성숙(金星淑)이 윤보선의 신한당으로 빠져나가 실망을 안겨주었다(앞의 책, 302~303쪽).

19) 김한길, 「김한길이 말하는 나의 아버지 김철」, 『전집』 4권, 272쪽.

20) 김철, 「새 역사의 구상」, 『전집』 1권, 61~221쪽에 수록.

21) 김철, 「혁신정당은 가능한가」, 『전집』 1권, 225~238쪽.

22) 김철, 「일본사회당의 대한(對韓) 정책: 한일협정에 반대하는 자세는 어디에서 오나」, 『전집』 2권, 403~417쪽.

23) 김철, 「60년대 후기의 민족적 과제: 냉전 속에서 국가 이익을 찾는 세계와 한국」, 『전집』 1권, 239~251쪽.

24) 김철, 「세계 사회주의정당들의 새 동향」, 『전집』 1권, 338~346쪽.

25) 김철, 「국제사회주의운동의 역사와 현실」, 『전집』 1권, 347~364쪽.

26) 최일남, 앞의 책, 214쪽. 김한길, 앞의 책, 272~273쪽.

27) 김철, 「내외의 사태 발전에 대한 우리의 견지와 태도」, 『전집』 5권, 116~121쪽.

28) 김철, 「김철 고문 납치기도사건에 관하여」, 『전집』 5권, 146~147쪽.

29) 서명 인사 명단은 다음과 같다. 윤보선, 백낙준, 이인, 김홍일, 유진오, 정일형, 정화암 (원로) / 김재호, 안재환, 유석현(독립투사) / 진헌식, 송진백, 황호현(제헌의원) / 윤형중, 함세웅, 신현봉, 김택암, 안충석, 양홍, 이창복, 박상래(가톨릭) / 김재준, 함석헌, 강산명, 강원룡, 김관석, 윤반웅, 조향록, 이상린, 박창균, 강기철, 계훈제(기독교) / 법정(불교) /

이희승, 정석해, 이동화, 전경연, 박봉근, 서남동, 문동환, 안병무(학계) / 이헌구, 김정환, 박연희, 김규동, 백낙청, 고은, 김윤수, 김병걸, 홍사중(문인) / 천관우, 이영희, 장용학, 김용구, 부완혁, 임재경(언론인) / 이병린, 홍성우, 황인철, 한승헌, 박경규(법조인) / 이태영, 공덕귀, 이우정, 김정례(여성계) / 김영삼, 양일동, 고흥문, 윤제술, 김철(정치인).

30) 김한길, 앞의 책, 277~279쪽.

31) 「위기에 직면한 통일사회당」, 『전집』 4권, 246쪽.

32) 김철, 「도쿄 SI 지도자 회의 연설문」, 『전집』 4권, 302~307쪽.

33) 김철, 「한국 혁신정당운동과 나」, 『전집』 1권, 308쪽. 김한길, 앞의 책, 274쪽.

34) 김철, 「1978년 일기」·「1979년 일기」, 『전집』 3권, 23~433쪽.

35) 김한길, 앞의 책, 281쪽.

36) 앞의 책, 280쪽 참고.

37) 김철, 「한국혁신정당운동과 나」, 『전집』 1권, 309쪽.

38) 최일남, 「민족주의 떠난 사회주의 용납 못해: 최일남이 만난 사람」, 『전집』 4권, 217쪽. 김철, 「브뤼셀 SI 이사회 연설문: 오늘의 한국 사회민주주의」, 『전집』 4권, 298쪽.

39) 「뉴스의 인물: 사회민주당 위원장 김철」, 『전집』 4권, 260쪽.

40) 김한길, 앞의 책, 280~281쪽.

41) 김철, 「한국혁신정당운동과 나」, 『전집』 1권, 309쪽. 「민사당·사회당 통합 이뤄질까」, 『전집』 4권, 249쪽.

42) 사회당 창당준비위원회, 「새로운 사회주의정당 창당에 관한 정황 보고」, 『전집』 4권, 355쪽. 사회당, 「사회당과 민사당의 성격에 관하여」, 『전집』 5권, 257~263쪽.

43) 사회당 창당준비위원회, 「사회당 창당 경과보고」, 『전집』 4권, 359~360쪽. 그러나 김철은 뒷날 "운동과 당을 재건하려는 저의 노력은 1983년까지 이렇다 할 결실을 맺지 못하였습니다"라고 술회한 적이 있다(김철, 「사회민주당의 오늘과 내일」, 『전집』 4권, 375쪽).

44) 김철, 「한국혁신정당운동과 나」, 『전집』 1권, 310쪽.

45) 「민사당·사회당 통합 이뤄질까」, 『전집』 4권, 250쪽.

46) 김철, 앞의 책, 310~311쪽.

47) 최일남, 앞의 책, 193~194쪽.

48) 김철, 「사회민주당의 오늘과 내일」, 『전집』 4권, 375쪽.

49) 김철은 한때 고정훈을 '사이비 사회주의정당과 그 지도자'라고 매우 비판적이었으나, 고정훈이 1985년 2월 선거에서 참패한 후 '아주 감동적인 회개 성명을 발표'하자, 이 공개적인 선언을 '용기 있는 행위'로 평가하고 '진심으로 경의를 표'한다고 했다(김철, 앞의 책, 376쪽).

50) 앞의 책, 376쪽.

51) 앞의 책, 376쪽. 「민주화 투사는 사회주의자」, 『전집』 4권, 185쪽.

52) 김철, 「SI 사무총장 배내넨에게」, 『전집』 4권, 372쪽.

53) 「혁신계 정통성 지켜온 전 사회민주당 위원장 김철·윤초옥 부부」, 『전집』 4권, 234쪽.

3 김철의 경제·노동 사상

1) 당산 김철 선생은 1926년 7월 함경도 아오지에서 출생, 경성고보를 졸업, 항일청년서 클인 조선청년도 활동, 1946년 이범석 장군의 조선민족청년단 가입 활동, 1947년 간디 청년협회 결성, 1949년 도일 언론 활동, 1952년 말 자유당 활동, 1957년 민주혁신당 창당 대변인, 1960년 한국사회당 대변인, 1961년 통일사회당 국제국장, 1962년 노르웨이 오슬로 SI 참석, 1964년 벨기에 브뤼셀 SI 참여, 1965년 통일사회당 재창당, 인도 봄베이 아시아 청년사회주의지도자 회의 참여, 1966년 스웨덴 스톡홀름 SI 및 오스트리아 빈 국제사회주의청년연맹 참여, 1970년 말 통일사회당 대선후보, 1971년 대선후보로 서독, 스웨덴, 오스트리아 순방, 1972년 싱가포르 아시아 사회당대회 및 오스트리아 SI 참석, 1974년 영국 SI 참석, 1975년 긴급조치 9호 위반으로 징역 2년 실형 투옥, 1977년 말 일본 도쿄 SI 참석, 스페인 마드리드 SI 참석, 1981년 사회당 창당, 1983년 사회민주 문화연구소 창립, 1984년 스웨덴, 핀란드, 프랑스, 미국, 일본 방문, 1985년 사회민주당 창당, 오스트리아 빈 SI 참석, 1986년 페루 리마 SI 참석, 1992년 중국, 소련, 동구, 서구, 중동 순방 등, 한국의 청년운동, 언론운동, 진보혁신 정당운동과 국제사회주의 운동에 적극 참여했으며, 1994년 8월 별세했다.

2) 최일남, 「민족주의 떠난 사회주의 용납 못해: 최일남이 만난 사람」, 『전집』 4권, 219쪽.

3) 여기서 나는 『분노하라』(돌베개 2011)란 책을 쓴 스테판 에셀(1917~2013)과 (2014년 10월 1일, 고려대 세종캠퍼스에서) 〈저항하라〉라는 특강을 한 정 살렘(Jean Salem) 교수(1952~)를 떠올린다. 에셀은 1939년부터 1945년의 제2차 세계대전 동안 나치 히틀러 세력에 대항하여 프랑스 '레지스탕스' 운동 및 '해방' 운동에 참여한 경험을 토대로, 무관심을 떨치고 "분노의 동기"를 갖는 것이 인간으로서의 책임이라 했다. 소르본대의 정 살렘 교수는, 프랑스 식민지였던 알제리 해방 운동에 참여하기도 했고, 어린 나이에 68운동에 참여한 경험도 있다. 그는 올바른 저항을 위해서는 '기억의 정치'가 중요하다며, 프랑스의 경우, 1789년 프랑스 대혁명, 1871년 파리코뮌, 1936년 인민전선, 1968년 68혁명이라는 기억이 시민적 저항의 에너지로 작용한다고 했다. 나는 이들의 이야기가 모두 김철 선생의 '역사적 진실'과 맥을 같이한다고 본다.

4) 몽양 여운형(1886~1947)은 일제하 독립운동에 이어 1944년 8월엔 건국동맹을 결성했고, 1945년 8월 15일엔 건국준비위원회를 결성했다. 미군이 군정을 위해 인천에 들어오기 직전 1945년 9월 6일, 인민공화국을 선포했다(이승만 주석, 여운형 부주석). 10월 10일

에 아놀드 군정장관이 "남한엔 미군정이라는 단 하나의 정부만 있을 뿐"이라 발표할 때까지 인민공화국은 약 석 달간 민중 자치를 구현했다(역사학연구소,『한국 근현대사』, 서해문집 2004 참조).

5) 김철,「민족학생운동의 이념」,『전집』 1권, 406쪽.

6) 김철,「신생국의 리더십」,『전집』 1권, 328~329쪽.

7) 통일사회당,「강령」,『전집』 5권, 31쪽.

8) 김철,「새 역사의 구상」,『전집』 1권, 204쪽.

9) 통일사회당,「강령」,『전집』 5권, 36쪽.

10) 김철, 앞의 책, 204쪽.

11) 김철,「떳떳한 민족으로 살자」,『전집』 1권, 271쪽.

12) 빌리 브란트는 1961~1988년에 독일 사민당을 이끌었다. 특히 그는 1970년 폴란드 바르샤바 전쟁희생자 비석 앞에서 무릎을 꿇고 나치 만행에 대한 '역사적 책임'에 대해 사죄를 하는 등, 동독과 공산주의 국가들과의 평화적 소통을 강화한 '동방정책' 덕에 1971년 노벨평화상을 받았다.

13) 김철,「1978년 일기」,『전집』 3권, 37쪽.

14) 김철,「1979년 일기」,『전집』 3권, 292쪽.

15) 일기의 경우, 아쉽게도 1978·1979·1983년 등 3년 치밖에 없다(『전집』 3권 참조).

16) 박현채,『민족경제론』, 한길사 1980.

17) 김철,「1978년 일기」,『전집』 3권, 68쪽.

18) 김철,「메모랜덤」,『전집』 4권, 347쪽.

19) 김철,「1987년 메이데이 메시지」,『전집』 4권, 550쪽.

20) 통일사회당,「강령」,『전집』 5권, 36쪽.

21) 앞의 책, 60쪽.

22) 사회당,「정책」,『전집』 5권, 227~229쪽.

23) 김철,「민주적 사회주의」,『전집』 1권, 334~335쪽.

24) 김철,「1979년 일기」,『전집』 3권, 248쪽.

25) 김철,「새 역사의 구상」,『전집』 4권, 110쪽.

26) 앞의 책, 111쪽.

27) 앞의 책, 112쪽.

28) 김철,「민주적 사회주의」,『전집』 1권, 324쪽.

29) 앞의 책, 324쪽.

30) 사회당,「노동절 메시지」,『전집』 5권, 275쪽.

31) 김철,「민주적 사회주의」,『전집』 1권, 325쪽.

32) '코리아게이트'라 불리는 박동선 사건은, 1976년 10월에 폭로된 정치 스캔들로, 한국

중앙정보부가 박동선을 통해 30여 미국 정치인들에게 85만 달러의 뇌물(1972년 닉슨 후보에겐 2.5만 달러 뇌물)을 주어 미국 정부의 한국 관련 정책에 영향을 끼치려 한 사건이다(『시사상식사전』 참조).

33) 「김철 씨의 연설 요지」, 『전집』 4권, 386~387쪽.

34) 김철, 「1978년 일기」, 『전집』 3권, 45쪽.

35) 앞의 책, 220쪽.

36) 김한길, 「김한길이 말하는 나의 아버지 김철」, 『전집』 4권, 265쪽.

37) 김철, 「5·16 후의 경제」, 『전집』 4권, 112쪽.

38) 앞의 책, 113쪽.

39) 안필수, 「노동절 메시지: 700만 근로자에게 드림」, 『전집』 5권, 171~172쪽.

40) 《프레시안》, 2014. 9. 15.

41) 조현숙, 「100대 기업 사내 유보금 1000조 돌파… 10년새 395조 늘었다」, 《중앙일보》, 2023. 10. 4.

42) 정석우, 「지난해 가계 실질소득, 글로벌 금융위기 이후 첫 감소」, 《조선일보》, 2024. 6. 10.

43) 김재성·전선규, 「한국 행복 순위, OECD 회원국 중 최하위권」, 《동아일보》, 2023. 4. 5.

44) 나는 이를 경영 현상이나 경제 현상을 바라보는 '3S 파이 이론'이라 부른다(졸저, 『자본주의와 노사관계』, 한울 2014 참조).

45) 최일남, 앞의 책, 221~222쪽.

46) 김철, 「1978년 일기」, 『전집』 3권, 219쪽.

47) 《프레시안》, 2014. 9. 4.

48) 「진보 이념 토대로 농어민 이익 신장에 초점」, 『전집』 4권, 179쪽.

49) 최일남, 앞의 책, 194쪽.

50) 당산 김철 선생은 1971년 대통령선거 출마 때, "자신의 이름으로는 부동산을 갖지 않겠다"고 공약을 한 바 있기도 하다. 최일남, 앞의 책, 224쪽.

51) 김철, 「김철 위원장 연두 기자회견」, 『전집』 5권, 363쪽.

52) 《뉴시스》, 2014. 9. 21.

53) 연합인포맥스, 2014. 8. 20. 국내 가구의 자가 점유율은 53.8%로 미국(67.4%), 영국(65%), 일본(62.1%), 네덜란드(57.0%)보다 낮고, 전월세 세입자 비율이 약 42%(738만 가구)인데(《비즈니스워치》, 2014. 3. 26), 전체 임차가구의 81%에 이르는 630만 가구가 비공식 민간 전·월세 시장에 의존한다.

54) 2013년 말 기준 국내총생산(GDP) 대비 가계 부채비율이 90% 이상으로 "아시아 최고"라는 알리안츠의 「글로벌 부(富) 보고서」는 한국의 가계부채가 언제 터질지 모르는 뇌관에 비유되기도 한다(《세계일보》, 2014. 9. 26).

55) 안옥희, 「100대 그룹 자산, 3,027조 원… GDP 추월」, 《한경비즈니스》, 2024. 5. 27.

56) 「피케티와의 대담」, 《경향신문》, 2014. 9. 21.

57) 강수돌·이정환, 『한국경제의 배신』, 굿모닝미디어 2013.

58) 김철, 「민족운동의 제창」, 『전집』 1권, 470쪽.

59) 통일사회당, 「강령」, 『전집』 5권, 56쪽.

60) 통일사회당, 「정책」, 『전집』 5권, 61쪽.

61) 사회당, 「정책」, 『전집』 5권, 229쪽.

62) 김철, 「떳떳한 민족으로 살자」, 『전집』 1권, 273쪽.

63) 사회민주당, 「강령」, 『전집』 5권, 289~290쪽.

64) 앞의 책, 300쪽.

65) 김철, 앞의 책, 272쪽.

66) 앞의 책, 273쪽.

67) 김철, 「전 체제 부패화를 눈에 보면서」, 『전집』 5권, 97~98쪽.

68) 김철, 「1978년 일기」, 『전집』 3권, 32쪽.

69) 안필수, 「노동절 메시지」, 『전집』 5권, 172쪽.

70) 김철, 「진보 이념 토대로 농어민 이익 신장에 초점」, 『전집』 4권, 179쪽.

71) 앞의 책, 179~180쪽.

72) 최일남, 앞의 책, 192쪽.

73) 실제로 당산은 1970~1971년의 대선후보 활동이나 1974년 민주회복국민회의 활동 등으로 정권의 눈엣가시 같은 존재였기에 1975년에 긴급조치 9호 위반으로 구속되어 2년간 옥고를 치렀다.

74) 앞의 책, 206쪽.

75) 김철, 「1979년 일기」, 『전집』 3권, 253쪽.

76) 정효순 씨(1926년생)는 평생 통일운동 덕에 옥고도 몇 번 치렀다. 처음 감옥에 들어간 것은 '긴급조치 9호 위반'으로 대통령 모독죄였다. 통일주체국민회의에서 대통령이 선출되는 걸 사석에서 "이런 선거가 어디 있냐, 99% 다 찬성하는 선거는 없다"고 한 말 때문이었다. 재판 과정에선 검찰이 정씨를 죽산 조봉암(국가보안법 위반으로 처형)을 지지한 것으로 옭아매 '빨갱이'란 혐의를 씌웠다. 대전서 5년을 선고받고 서울로 올라가 윤길중 변호사의 변론으로 1년 6개월 형을 받았다. 통일운동, 민가협, 범민련, 민족문제연구소 고문 등 활동을 했고, 2003년엔 "남북이 하나라는 걸 젊은이들에게 알리고자" 사재를 털어 '민족자주통일비'를 대전 인근 만인산에 세웠다(《오마이뉴스》, 2005. 5. 4).

77) 김철, 앞의 책, 161쪽.

78) 강원도 황지(태백) 탄광의 광부 부인 항의시위로서, 노조 선거에서 부정부패가 판을 치자 광부 부인들조차 항의 시위를 벌였다(안필수, 「노동절 메시지」, 『전집』 5권, 174쪽). 이

에 대해 김철 위원장 이름으로 통사당 성명을 발표했다(앞의 책, 176쪽). 그 이후 1980년 4월에는 사북탄광에서 유사한 노조위원장 부정선거 문제를 계기로 그간의 열악한 노동·생활조건에 불만이던 노동자들이 항쟁을 시작했다(안필수, 「사북노동분규에 대한 성명」, 『전집』5권, 213쪽). "광부들이 거주하는 사택촌은 마치 집단수용소를 연상케 한다. 1가구당 주거면적은 5, 6평 정도로 방 2개 부엌 1칸이 딸려 있다. 화장실은 30~40세대씩이 불결한 재래식 공동변소를 사용해야 하고 수도 또한 공동 수도에 의존하고 있다. (…) 이런 상황에서 노조지부장 선거에 부정시비가 휘둘렸고 막장의 분노가 폭발하며 사북항쟁이 발생하고 만 것이다." 황인호, 「사북사태 진상보고서」에서 재인용(「내국인 카지노 탄생의 비화」, 《뉴시스》, 2014. 1. 17).

79) 김철, 앞의 책, 47쪽.

80) 김철, 「새 역사의 구상」, 『전집』1권, 123쪽.

81) 이 사건이 '동일방직 똥물 테러'다. 즉, 1978년 야간 근무를 마친 여성 노동자들이 노조 지도부 선거에 투표하려고 노조 사무실로 가자, 구사대로 동원된 남성 노동자들이 느닷없이 여성 노조원의 얼굴과 몸에 똥을 끼얹고 코와 입에도 똥을 쑤셔 넣은 사건이다(안필수, 「노동절 메시지」, 『전집』5권, 175·181쪽). 이후 20대 여성 노조원 124명이 대량 해고됐다. (동일방직에서는 1972년 처음 민주여성 노동자 중심의 새 집행부가 섰고 1976년까지 민주노조였다.) '진실·화해를 위한 과거사정리위원회'는 2010년 6월, 동일방직 똥물 테러와 노조 와해, 대량 해고의 배후에 당시 중앙정보부가 개입했다고 결론 내렸다. '똥물 테러' 이후 회사가 '해고자 복직과 구속자 석방'이라는 노조 요구를 수용했으나, 중앙정보부 지시로 124명이 해고된 셈이다. 그런데, 이에 대해 당시 노동자 11명이 낸 손해배상 상고심에서 '국가가 각 1천만 원의 배상금을 지급'하도록 한 원심을 최근에 대법원이 취소시키고 소를 각하하고 말았다(《프레시안》, 2014. 8. 3).

82) 김철, 「1978년 일기」, 『전집』3권, 51쪽.

83) 브루스 커밍스, 『한국 전쟁의 기원』, 일월서각 1986 참조.

84) 한국노총(FKTU)의 어용성에 반발한 민주노동자 운동은 큰 것만 해도, 1970년 전태일 분신, 1972년 동일방직 최초 민주 여성지부장 탄생, 1978년 동일방직 똥물사건, 1979년 YH무역, 1980년 사북 탄광, 1985년 대우자동차 및 구로동맹파업, 1987년 여름의 '노동자 대투쟁' 등을 들 수 있다. 그 조직적 결실로 1991년 전노협(전국노동조합협의회), 1993년 전노대(전국노조대표자회의), 그리고 마침내 1995년에 민주노총(KCTU)이 설립되어 오늘에 이른다(이원보, 『한국노동운동사 100년의 기록』, 한국노동사회연구소 2013 참조).

85) 권두영(1929~1993) 선생은 1965년에 (고대) 노동문제연구소를 설립한 김윤환, 김낙중 선생과 함께 산업민주주의에 큰 관심을 보였으며, 1989년부턴 공동으로 평화통일연구소를 운영하다가 1992년(대선 직전)에 '중부지역당' 사건에 연루돼 옥고 중 사망했다(《한겨레》, 1993. 1. 15. 《오마이뉴스》, 2007. 4. 19. 노중선 4월 혁명회 상임의장 인터뷰 중).

86) 김철, 앞의 책, 73쪽. 한편, 한국노총은 1985년 2월 전국대의원대회에서 자율적, 민주적 전환을 결의함으로써 내부 혁신 가능성을 보였다(사회민주당, 「노동절 메시지」, 『전집』 5권, 339쪽 참조).

87) 안필수, 「노동절 메시지」, 『전집』 5권, 177~178쪽.

88) 사회민주당, 「메이데이 100주년 기념 메시지」, 『전집』 5권, 367쪽.

89) 김철, 「1979년 일기」, 『전집』 3권, 292쪽.

90) 앞의 책, 294~295쪽. 그 뒤 약 20년이 지나 이 예측은 맞아들었다. 즉, 노동당(토니 블레어)의 재집권이 1997년에야 이뤄졌기에(1997~2010), 그 전에 작고한 당산 선생은 자신의 예측을 확인할 순 없었다.

91) 앞의 책, 304쪽.

92) 로데지아는 현재의 남부아프리카에 위치한 잠비아(북부 로데지아, 독일령)와 짐바브웨(남부 로데지아, 영국령)를 일컫는다. 나딘 고디머(1923~2014)의 『로데지아 발 기차』는 영국 제국주의와 아프리카 식민지 사이의 모순을 나무 조각상을 거래하는 여행자 부부와 행상인의 관계 속에서 담담히 보여준다.

93) 김철, 앞의 책, 318쪽.

94) 앞의 책, 274쪽.

95) 최일남, 앞의 책, 206쪽.

96) 김철, 앞의 책, 34쪽.

97) 물론 이 합작은 성사되지 못했다. 오히려, 독일 폭스바겐사가 나중에 1987년 이후 활성화된 현대자동차 민주노조운동을 보고선, 당시 합작을 하지 않기로 한 것을 천만다행이라 생각했을지 모른다.

98) 앞의 책, 291쪽.

99) YH 여성노동자 투쟁은 가발수출업체인 YH무역의 1979년 3월 회사폐업 조치(장용호 회장이 재산을 외국에 빼돌렸다고 함. 안필수, 「정부는 노동 정책을 근본적으로 전환하라」, 『전집』 5권, 201쪽)에 항의, 4월부터 농성에 돌입, 8월 9~11일 사이엔 야당 신민당사에서 농성을 벌였던 사건이다(안필수, 「YH사태에 대한 성명」, 『전집』 5권, 192쪽). 경찰이 강제해산하는 과정에서 김경숙 씨가 추락사했다. 이후 김영삼 의원 제명 파동과 부마민중항쟁, 10·26 사태로 이어지는 박정희 정권 종말의 도화선이 되었다. 2014년, 한국여성노동자회는 여성 노동운동에 기여한 이에게 '김경숙 상'을 주기로 했다(《경향신문》, 1978. 8. 17. 《한겨레》, 2014. 8. 11).

100) 김철, 「1979년 일기」, 『전집』 3권, 299~300쪽.

101) 앞의 책, 309쪽.

102) 앞의 책, 376쪽.

103) 앞의 책, 376~377쪽.

104) 안필수, 「YH사태에 대한 성명」, 『전집』 5권, 193쪽.

105) 김철, 「1979년 일기」, 『전집』 3권, 383쪽.

106) 물론 나는 1961년생으로, 어렴풋하게나마 1960-70년대의 척박했던 삶에 대한 기억을 갖고 있다.

107) '강자 동일시'란, 감당이 어려운 거듭된 폭력의 결과, 트라우마에 시달리는 희생자들이 일종의 생존전략으로 강자에 자발적 복종을 하는 것이다. 졸저, 『강자 동일시』, 사무사책방 2021 및 졸저, 『팔꿈치 사회』, 갈라파고스 2013 참조.

108) OECD의 한 보고서에 따르면, 20세기 중반까지 줄어들었던 세계적 빈부격차가 1980년대 신자유주의 세계화 이후로 급증했다. 예컨대, 2000년의 평균 수명은 70세로, 1880년의 30세에 비해 두 배 이상 늘었고, 문자 독해율은 1820년의 20%보다 4배인 80%로 늘었으나, 소득 불평등은 오히려 180년 전인 1820년의 수준으로 후퇴했다(*The National*, 2014. 10. 3). 또, H. P. 마르틴과 H. 슈만의 『세계화의 덫』(1997)에 따르면 358명의 세계적 초특급 부자들의 재산을 모두 합치면 당시 지구촌 인구의 약 절반에 해당하는 25억 명의 재산을 합친 것에 맞먹는다고 했다. 그런데 이 수치는 15년이 흐른 뒤 더욱 악화했다. 즉, 국제빈민구호단체인 영국의 옥스팜 보고서에 따르면, 2013년 '포브스' 선정 세계 최고 부자 85명이 가진 재산이 약 1,800조 원에 달해 빈민층 35억 명이 가진 재산과 비슷한 규모이다(《경향신문》, 2014. 1. 21). 요컨대, 신자유주의 세계화는 갈수록 불평등을 가속화한다.

109) 차베스와 민중의 힘과 관련, 원영수, 「차베스와 볼리바리안 혁명」, 《참세상》, 2013. 3. 7 참조.

110) 이에 대해선, 해리 클리버, 『사빠띠스따』, 갈무리 1998 참조.

111) 물론 이것조차 절로 되는 건 없다. 이남곡 선생의 말처럼 의식, 조직, 경제의 3차원이 잘 결합되어야 성공할 수 있다(「'자유노동'과 '마을지갑'을 함께 꿈꾼다」, 《프레시안》, 2014. 10. 2).

112) 졸저, 『살림의 경제학』, 인물과사상사 2009 참조.

113) '온생명'은 장회익 교수의 개념이다. 장회익, 『생명을 어떻게 이해할까?』, 한울 2014.

114) 데이비드 맥낼리(강수돌·김낙중 역), 『글로벌 슬럼프』, 그린비 2011, 375쪽.

115) 김한길, 앞의 책, 263쪽.

116) 앞의 책, 264쪽.

117) 진노 나오히코의 『인간 회복의 경제학』(북포스 2007)에는 인구 900만의 스웨덴의 경우, 비정부기구(NGO)가 15만 개나 되고, 학습 서클은 30만 개, 각종 지역개발그룹도 4천여 개나 된다고 한다. 또, 인구 500만밖에 되지 않는 핀란드에 시민 토론 동아리 등 비영리 조직(NPO)이 6~7만 개나 있다고 한다. 요컨대, 선진 복지사회의 밑바탕에는 광범위한 풀뿌리 운동이 꿈틀거리고 있는 것이다.

118) 졸저, 『중독 공화국』, 세창미디어 2021 참조.

119) 1894년 6월, 전주를 점령한 동학농민군 지도자 전봉준이 관군과의 휴전조건으로 제시한 정치개혁안이 '폐정개혁 12개조'다. 그것은 ① 동학교도와 정부 간 숙원을 없애고 공동으로 서정(庶政)에 협력할 것, ② 탐관오리의 죄상을 자세히 조사 처리할 것, ③ 횡포한 부호를 엄중 처벌할 것, ④ 불량한 유림과 양반을 징벌할 것, ⑤ 노비문서를 불태울 것, ⑥ 칠반천인(七班賤人)의 대우를 개선하고 백정의 머리에 쓰게 한 평양립(平壤笠)을 폐지할 것, ⑦ 청상과부의 재혼을 허가할 것, ⑧ 무명의 잡부금을 일절 폐지할 것, ⑨ 관리 채용에 있어 지벌(地閥)을 타파하고 인재를 등용할 것, ⑩ 일본과 상통하는 자를 엄벌할 것, ⑪ 공사채(公私債)를 막론하고 기왕의 것은 모두 면제할 것, ⑫ 토지는 균등하게 분작(分作)하게 할 것 등이다. 동학은 이를 위해 전라도 53개 군에 집강소(執綱所)라는 일종의 민정기관을 설치했다. 동학의 폐정개혁 12개 조항은 그 직후부터 추진된 갑오개혁(甲午改革)으로 계급타파·인재등용·과부재혼·노예폐지, 탐관오리의 처벌, 천민차별의 철폐 등 일부가 수용되었다(역사학연구소, 앞의 책 참고).

120) 데이비드 맥낼리, 앞의 책, 315~316쪽.

121) S. 에셀 역시 『분노하라』(39쪽)에서 이렇게 말한다. "창조, 그것은 저항이며, 저항, 그것은 창조다."

122) 데이비드 맥낼리, 앞의 책, 314쪽 재인용.

4 한국의 민족적 사회민주주의자 김철

1) 정통 마르크스주의의 대표적인 이론가로 독일 사회민주당과 제2인터내셔널이 분열했을 때 개량주의를 내세웠다. 베른슈타인과 함께 '에어푸르트 강령'을 작성했다.

2) 에두아르트 베른슈타인은 독일 수정주의적 마르크스주의를 발전시킨 사회민주주의 이론적 창시자이다. 그는 마르크스주의의 핵심 사상인 역사 유물론과 계급투쟁을 비판하였다. 대표적인 마르크스 수정주의자로 평가받고 있다.

3) 어네스트 겔너(최한우 역), 『민족과 민족주의』, 한반도국제대학원대학교 2009, 1쪽.

4) K. Marx and F. Engels, *Communist Manifesto*, New York: International Publisher 1968, 28쪽.

5) V. I. 레닌(남상일 역), 『제국주의론』, 백산서당 1988, 109~117쪽.

6) 김철, 「통일사회당의 역사적 임무」, 『전집』 1권, 278~290쪽.

7) 양우정, 「일민주의 이론적 전개」, 『이대통령건국정치이념』, 연합신문사 1949, 63쪽.

8) 안호상, 『안호상 회고록』, 민족문화출판사 1996, 13쪽.

9) 최일남, 「민족주의 떠난 사회주의 용납 못해」, 『전집』 4권, 188~225쪽.

10) 양호민, 『사회민주주의』, 종로서적 1985, 5~7쪽.

11) 사회주의인터내셔널이 채택한 「프랑크푸르트선언」의 특징은 첫째로 사회주의의 이념을 휴머니즘의 전통에다 두면서 역사 발전의 필연적 법칙을 주장하는 변증법적 유물론 내지는 유물사관을 거부하고 있는 데서 볼 수 있다. 둘째로는 좌·우의 모든 형태의 독재를 배격하고 인간의 자유와 존엄성을 수용하기 위해서는 정치적 민주주의가 "필수 불가결한 것"임을 강조하고 그러한 조건을 견지함으로써만 경제적·사회적 민주주의를 발전시킬 수 있다고 주장한다. 따라서 '선언'은 언론, 결사, 집회의 자유를 최대한 보장함은 물론 야당이 존재할 권리를 특히 강조하면서 "자유 없는 사회주의는 있을 수 없다. 사회주의는 민주주의를 통해서만 민주주의는 사회주의를 통해서만 완전히 실현된다"라는 확신을 천명하고 있다. 셋째로 자본주의적 사유재산에 대한 불가침을 원칙으로 하는 자유경제를 반대하고 필요한 주요 산업의 공유와 사회주의적 계획화를 제창한다. 끝으로 '선언'은 세계평화를 강력히 제창하고 있다.

12) "사회민주주의를 비롯한 온갖 기회주의는 일찍이 제국주의와 반동들이 사회변혁 운동을 내부로부터 와해하기 위하여 이용하여 온 반동적 사조이다. 제국주의자들과 반동들은 마르크스·레닌주의를 정면으로 비방 중상하고 혁명적 노동운동을 가혹하게 탄압하는 것과 함께 마르크스·레닌주의의 혁명적 진수를 거세하기 위하여 노동운동의 상층과 변혁 운동의 타락 분자, 변절자들을 매수 이용하였다"(강철진, 「사회주의 승리의 합법칙성론」, 『사회주의사회연구』, 주체정치학연구학회, 1991, 272쪽).

13) 노태구, 『통일과 인간중심의 정치학』, 부코 2020, 146~157쪽.

5 김철의 한반도 통일관

1) 『당산 김철 전집』 전5권, 해냄출판사 2000.

2) 『당산 김철 전집』 3권 「1979년 일기」에서 사용한 용어로서 그의 통일관 내부의 중요 개념이다. "누가 과연 '민족적 차원'에 설 수 있을 것인가. (…) 내가 참으로 민족적 차원에 확고히 선다고 하더라도 그것을 남북의 지배 권력에게 받아들이게 하는 일이 또한 어려운 일이 아니겠는가. 필경 우리의 민족 통일은 많은 희생을 요구할 것 같다."

3) 1960년 이후 통일사회당의 문헌에 김철이 표기한 술어로서, '민주사회주의', '사회민주주의'와 같은 의미이나 1980년 사회당 이후부터는 사회민주주의를 주로 사용했다.

4) 김철은 1948년 8월 족청의 청년부장으로 있을 때 그의 첫 저작으로 민족의 당면 과업의 수행서인 『민족학생운동의 이념』을 출간했다. 그의 나이 만 22세였다. 그가 당시 사회적으로 주목을 받고 있는 거대 조직인 족청의 이념서를 집필할 수 있었던 것은 족청내에서 탁월한 이론과 현실인식으로 그것을 철기 이범석의 총애를 한 몸에 받았기 때문에 가

능했다. 실제로 이범석은 장준하와 김철을 가장 아꼈다고 한다(서영훈, 『평화의 계단』, 백산서당 2002, 32~33쪽).

5) 김철은 1949년 초여름 도일하여 도쿄대 이케가미 교수 밑에서 연구생 자격으로 역사철학을 연구했으나 정치판에 휩쓸려 얼마 있지 못했다. 박열 단장과 이강훈 부단장의 재일본대한민국민단이 이승만과 김구 지지파로 나뉘었고, 정부수립 직후인지라 이승만 지지파가 득세하다가 나중에는 김구의 남북통일 지지파가 우세했다. 김철은 남북통일 지지파에 끼어 민단의 기관지인 《민주신문》의 편집장이 되었다(최일남, 「민주주의 떠난 사회주의 용납 못해」, 『전집』 4권, 200쪽). 이후 《요미우리신문》의 서울특파원 자격으로 1950년 5월 10일 제헌국회의원 선거 취재차 일시 귀국했다가 한국전쟁이 터져 1951년 도일하여 《신세계신문》 논설위원으로 활동하다 1952년 12월 다시 귀국했을 때 자유당 창당 과정에 있었고 이때 자유당에 입당하여 선전부 차장까지 오르게 되었다. 그를 가입시킨 세력은 이범석의 자유당 원외정당을 주도하고 있는 족청계이고, 뜻하지 않게 기상관계로 일본과 한국으로 오가며 체류하는 짧은 기간에 이루어졌다.

6) 1961년 일본 방문 중 5·16으로 망명 생활을 보내면서 사회주의인터내셔널(SI)과 밀접한 유대를 가지며 구미에서 열린 1962년 6월의 오슬로대회 등 여러 국제대회에 참석하여 투옥 인사들의 석방 운동을 전개했다. 5·16으로 통일사회당이 해산 당했으나 1963년 암스테르담 대회에서 그 운동의 실체가 존속되고 있다는 인정을 받아 통일사회당을 SI 옵서버 회원으로 가입시켰다. 1964년 브뤼셀 SI 백년제에 참가했고, 1966년 초여름 스톡홀름 대회 참석, 1969년 6월 영국 대회에서 김철이 박 정권의 출국금지로 참석할 수 없는 상태에서도 이례적으로 통일사회당의 SI 정회원 가입이 승인되었다. 1980년 계엄령으로 통일사회당이 해산되기 전까지 활발한 국제 연대로 이어졌다.

7) 김철, 「통일을 지향하는 정치」, 『전집』 1권, 425~426쪽.

8) 김철, 「1979년 일기」, 『전집』 3권, 256쪽.

9) 앞의 책, 400쪽.

10) 김철, 「1978년 일기」, 『전집』 3권, 105쪽. "특히 한국에서 민주적 사회주의가 민족 통일과 관련되는 의의에 대해서는 전혀 언급하지도 못했다. 내가 좀 당황한 탓도 있지."

11) 백낙청, 「인간해방과 민족문화운동」, 《창작과비평》 50호, 1978 겨울호.

12) 김철, 앞의 책, 266쪽. "1979년 3월 1일 '제2의 3·1 선언'을 구상하고 작성했다. 그리고 그 선언의 이름을 '79 민족선언'으로 하는 것이 좋겠다는 생각을 가지고 있었다. 모든 정당, 사회단체와 영향력 있는 인사들이 함께 협의하여 선언하는 것을 준비했는데, 윤보선, 함석헌, 김대중 3인이 공동으로 성명하는 일이 확실한 이상 그들과 별도로 '선언'을 하는 것이 되어서는 좋지 않고 그들이 자기들이 계획하고 있는 성명 이외의 다른 많은 사람들과 함께하는 '선언'에 쾌히 서명할 것 같지 않기 때문에 각계 인사들이 '선언'을 공동으로 하는 것은 그만두자고 했다."

13) 앞의 책, 295쪽.

14) 안필수, 「광복절 기념사」, 『전집』 5권, 185쪽. "우리는 민주회복을 위해 나서서 싸우는 모든 사람들과 광범하게 연대하는 데에 성의를 다할 것이며, 민중의 시대를 가져올 민족 역사의 선구자로 자처하는 우리는 이에 따른 책임과 아울러 필요한 희생을 감당할 각오가 되어 있다. 우리는 해방 34돌의 무게를 통감하면서 이 말을 하는 것이며 각계 각층의 민주회복 지향 세력에게 1년 후의 해방 35돌을 기어이 '좌절의 날'이 아니라 '영광의 날'로 맞이할 수 있도록 공동 투쟁할 것을 간곡히 호소하여 마지않는 바이다."

15) 최일남, 앞의 책, 188~225쪽.

16) 김철, 「민족학생운동의 이념」, 『전집』 1권, 404쪽. "물론 카이로, 포츠담의 연합국 선언에 의하면 우리 민족은 적당한 시기에 반드시 독립되게끔 공약되었으니, 이것은(북위 38도선을 경계로 하는 미소연합군 군대의 분할 주둔과 함께 양분되어 각각 미·소 양국의 통치권 하에 들어가게 된 것-필자 주) 일시적 조치라고 할 것이다. 그럼에도 불구하고 문제는 다만 '해방'의 역사적 감격을 맞은 지 2년 8개월이 경과한 오늘날까지 엄연히 남북 조선에 미·소 양군이 주둔하고 있고, 미·소 양 군정이 실질적으로 존속하여 왔다는 사실. (…) 다만 우리 민족에게 있어서 가장 엄중한 명제는 미·소 양국의 의도나 시책의 내용 그것이 아니라, 실로 (그로 인해) 우리의 민족 사회가 이미 일으킨 본질적 분화 그것이다."

17) 앞의 책, 403~404쪽. "결국 압제의 지배는 면할 수 없다는 낙백한 단념 (…) 자포자기적인 심정으로 다만 압제자에 대한 원한과 증오가 응결."

18) 앞의 책, 408쪽. "우리는 일찍이 얄타 비밀협정으로 북은 소련의, 남은 미국의 세력권에 각각 편입되었던바, 이제 남조선은 미군정의 영도로 선거를 시행하였고 정부를 만들어 독립을 선언할 날을 목전에 바라볼 수 있게 되었으며, 북조선도 약간 절차는 달리할지 모르나 역시 미구에 독립을 선언할 것으로 보인다. 더 말할 것도 없이 이는 불순한 '해방'의 결과를 '독립'으로 결산하는 것이며, 맹랑한 '해방'의 나무에 피어난 죄악의 꽃들로 하여금 드디어 불행한 '독립'의 열매를 맺게 됨을 면키 어렵게 하는 것. 그리하여 우리 민족은 단순히 남과 북에 거처를 달리 하였다는 이유로써 서로가 정당히 독립하였다고 주장하는, 불화하는 두 정권하의 백성으로 나뉠 것이니, 이로써 양 세력권에 의한 가장 잔인한 우리의 분열은 실질에서뿐 아니라 그 필요한 형식까지 갖추게 되는 것."

19) 최일남, 앞의 책, 413쪽.

20) 김철, 「한국의 장래」, 『전집』 1권, 439쪽. "미국은 소련과 달라 한국에 대해 아무런 명확한 정치 프로그램을 가지고 있지 않았다고밖에 생각할 수 없다. (…) 미군 당국은 한때 좌우 진영 속의 중도적인 사람들을 고무시켜 좌우합작운동을 시도하기도 하고 이 방향에 따라 민정장관을 임명하고, 입법의원을 만들기도 했지만, 모두가 중도에서 끝나버렸다. 미국은 확고한 방침을 갖고 있지 않았기 때문이다. 그때마다 이승만 박사나 경찰책임자인 조병옥 박사 등의 노여움을 샀을 뿐이고, 미소공동위원회가 결렬되니 마침

내 미국은 한국 문제를 유엔에 상정키로."

21) 앞의 책, 437쪽.

22) 앞의 책, 439쪽.

23) 심지연, 「분단구조의 역사적 기원과 형성」, 『남북한관계론』, 한울 2001, 37쪽. 심지연, 『남북한 통일 방안의 전개와 수렴』, 돌베개 2001, 31쪽.

24) 김철, 「민족학생운동의 이념」, 『전집』 1권, 408~409쪽.

25) 앞의 책, 418~419쪽.

26) 족청의 활동이 정치활동으로 전개되어 족청계 인사들로 원내 교두보를 형성했고 이 것은 이범석을 대한민국의 초대 국무총리로 만드는 동력이 되었다. 이에 대하여 김철 은 "민족청년단의 영광인 동시에 자기모순의 표징이며 또한 비운의 씨앗이기도 했다" (김철, 「민족청년단」, 『전집』 1권, 509쪽)고 술회했다.

27) 족청의 교육 프로그램의 강사진에는 당시 저명인사들이 총망라되었다. "특강으로 백 범, 해공, 소앙 등이 매기 한 번씩 초빙되었다. 공산당에서 전향한 조봉암 등 쟁쟁한 인 사들이 교단에 섰으므로 훈련생들은 대학에 들어온 것보다 더 흐뭇한 보람을 느꼈다" 고 조봉암의 강의에 만족감을 나타냈다(김철, 「민족청년단」, 『전집』 1권, 495쪽). 조봉암의 정치노선이 김철에게 미쳤을 영향을 예상할 수 있다. 김철의 조봉암에 대한 존경은 조 봉암 사후 매년 7월 31일 그의 기일에 묘소를 참배한 것과 필자에게 그가 가장 존경했 던 여운형의 노선을 이은 이는 조봉암이라고 증언한 것으로도 확인할 수 있다.

28) 김철, 「통일을 지향하는 정치」, 『전집』 1권, 422~424쪽.

29) 이승만은 북진통일만이 공산세력을 축출하고 통일을 성취하는 유일한 방도라는 것이 고, 조병옥도 역시 미국이며 일본 등의 역사적 사실까지 들어가며 무력에 의한 통일만 이 가능하다고 주장했다. 민주당의 정일형은 이와는 반대로 통일을 위해서는 국제연합 에서 결의된 노선을 좇아야 한다고 했고, 민주당 대변인인 조재천은 평화적인 방법과 무력적인 방법, 즉 화전 양상의 방법을 예상할 수 있으니만치 그 두 가지에 대비해야 된다는 것이 민주당의 정책이라고 설명했고, 민주혁신당은 강령에서 '민주적·평화적 방식에 의한-민주주의의 승리를 확보할 수 있는-조국통일을 완수하자'고 하였고 구체 적으로는 유엔 감시하 자유선거가 실시되기 위한 몇 가지 전제 조건을 규정하고 있다. 진보당은 평화통일이 유일한 방도라고 주장하고 조봉암은 "유엔의 결의와 같이 우리 대한민국이 북한 괴뢰와 동등한 위치에 서서 동일한 시간에 선거가 실시된다는 것은 좀 불유쾌하기는 하지만 기왕에도 유엔 감시하에서 몇 번씩이나 선거를 해왔으니 또 한 번 한다고 해서 그렇게 나쁠 것도 없는 것 같다"고 말했다(김철, 「통일을 지향하는 정 치」, 『전집』 1권, 422~424쪽).

30) 앞의 책, 426쪽.

31) 조봉암(1898~1959). 김철은 족청이 공식적으로 해산되는 1949년 1월 직전까지 족청

의 청년 대표로서 족청계 국회 교섭단체인 청구회 사무실에 자주 다녔다. 당시 조봉암은 새로운 정당을 구상하고 있었는데 이범석의 정치세력과 연대를 모색했다. 이때 조봉암을 만났는데 그에 대해 "인간적인 매력에 감동을 받았고, 민족운동의 방향에서 여운형, 조소앙 선생과 같이 매우 중요시되어야 할 사람으로 보았다"고 했다(최일남, 앞의 책, 412쪽).

32) 조봉암, 「평화통일에의 길」, 『죽산 조봉암 전집』 1권, 세명서관 1999, 438~442쪽. 조봉암은 5가지 통일안(1안 유엔 감시하 북한만의 선거, 2안 협상에 의한 방법으로 연립정부안과 남북양국회의 대표에 의한 전국위원회안, 3안 중립화에 의한 방안, 4안 국가연합에 의한 방안, 5안 유엔 감시하에 남북통일 총선거에 의한 방안) 중에서, 1안은 대한민국에서 주장하는 안, 2안은 이북 괴뢰가 낸 안, 3·4안은 중립국 측으로서 낸 안, 5안은 유엔총회 결의안이라고 하면서 이들을 평가하기를, 2·4안은 대한민국과 이북 괴뢰를 동일 정부로 인정하는 데서부터 논의된 것이기 때문에 우리 대한민국으로서는 전혀 상대할 수 없는 안이고, 3안 중립화에 의한 안은 관념적 유희이고, 1안은 마땅히 유엔에 향하여 싸울 수 있는 안이나 소련 측에서 반대하고 국제적 편협된 것이라고 인정된 안이고, 선거 결과 이북 괴뢰들의 대표자만 선출될 것이라고 부정적인 평가했고, 5안이 북한에게만 맡겨서 하는 것보다 더 좋은 결과를 초래하리라는 것도 고려되므로 가장 받아들일 수 있는 안이라고 평가했다.

33) 「대법원 판결문 이유」, 『죽산 조봉암 전집』 6권, 165쪽. "진보당의 강령·정책은 헌법에 위반된다 할 수 없고 평화통일에 관한 주장 역시 헌법 14조 언론자유의 한계를 일탈하지 않은 한, 차를 위법이라 할 수 없는 것이므로 평화통일론이 논죄의 대상이 되는 경우는 북한 괴뢰집단이나 이에 부수하는 결사 또는 집단을 위하거나 또는 이와 상통하여 차를 주장하는 경우에 한정될 것이다. (…) 평화통일에 관한 주장 역시 언론자유의 한계를 일탈하였다고 볼 수 없다고 봄이 명백."

34) 박명림, 「한국민주주의와 제3의 길: 민주주의, 사회적 시장경제, 그리고 평화통일의 결합」, 『죽산 조봉암 전집』 6권, 세명서관 1999, 148쪽.

35) 김철, 앞의 책, 429쪽.

36) 1956년 8월 30일 당중앙위원회 제3기 8월 전원회의에서 최창익, 박창옥, 윤동흠 등이 김일성 노선을 비판하기 시작했다. 이에 대해 김일성을 중심으로 한 빨치산파들은 대대적인 역공을 취했는데 최창익이 북한의 공산주의 체제를 포기하고 중립화에 기초한 정치체제로 전환할 것을 요구했다고 비난했다. 이 사건으로 연안파들은 권력에서 축출되고 김일성 등 빨치산파의 권력을 공고화하는 결정적인 계기가 되었다.

37) 김철, 앞의 책, 430쪽.

38) 앞의 책, 433쪽.

39) 박명림, 앞의 책, 145쪽.

40) 심지연, 앞의 책, 52쪽.

41) 박명림, 앞의 책, 149쪽.

42) 심지연, 앞의 책, 55쪽.

43) 김철, 「새로운 한국의 방향」, 『전집』 4권, 175쪽.

44) 김철, 「'통일사회당 사건'에 대한 보고서: 재판 기록 요지와 김철의 해설」, 『전집』 4권, 312~343쪽.

45) 김철, 「한국혁신정당운동과 나」, 『전집』 1권, 296쪽. "통일사회당에 참가하지 않은 일부 혁신계 인사들은 민족자주통일협의회를 중심으로 움직이고 있었고 당내에도 따로 중립화통일촉진연맹을 만들어 그 기세에 대항하려는 부산한 움직임이 일어났으나 나는 관여하지 않고 추이를 관망하면서 교원노조운동과 각 대학의 민족통일연맹을 포함한 청년학생운동 쪽에 관심."

46) 김철, 「'통일사회당 사건'에 대한 보고서」, 『전집』 4권, 333쪽.

47) 김철, 「시련에 처한 한국의 정치 정세」, 『전집』 4권, 161쪽.

48) 김철, 「새로운 한국의 방향」, 『전집』 4권, 176쪽.

49) 김철, 「새 역사의 구상」, 『전집』 1권, 61~221쪽.

50) 김철, 「통일을 지향하는 정치」, 『전집』 1권, 422~424쪽.

51) 김철, 「새 역사의 구상」, 『전집』 1권, 201~202쪽. "이 부서는 통일에 관한 적극적인 주장을 공산당이 마음대로 제기하는 것을 방임하여 온 우리의 떳떳치 못한 종래의 태도를 지양하고 국내 체제 및 국제정치상의 입장을 포함하는 통일국가의 전 체제와 통일 방법에 관하여 제 원칙을 규정한 통일 기본 정책이며 공산당에 의한 수시의 구체적인 대남 제안에도 응수하고 이와 관련 없이도 북한에서의 사태 발전에 비추어 시의에 적절하다고 판단되는 대결 제안 등을 국민에게 설명하는 동시에 북한 동포들에게 알리며 나아가서 세계를 향하여서도 밝히는 과업을 주관. (…) 모든 중대한 결정은 국민적 일치가 가능한 한도에서 머물게 될 것이나 우리의 기본정책이 통일국가의 민주체제 밑에서의 공산당의 난동이라든가 통일국가의 국방적 보장을 받는 중립적 지위 등의 핵심 문제에 관하여 명확하여야만 호소력이 클 것."

52) 김철, 「브뤼셀 SI 이사회 연설문: 오늘의 한국 사회민주주의」, 『전집』 4권, 294쪽.

53) 앞의 책, 295쪽.

54) 앞의 책, 291쪽.

55) 김철, 「혁신정당은 가능한가: 대중의 요구를 반영할 정치 노선은?」, 『전집』 1권, 229쪽.

56) 김철, 「일본의 동지들에게」, 『전집』 4권, 453쪽. "'당신들은 무슨 요술로 통일을 이루었느냐'는 김철의 물음에, 오스트리아 피타만 부수상은 자기가 영도하는 사회당과 반대당인 국민당은 30여 년 전에는 빈의 거리에 기관총을 걸어놓고 내전까지 벌인 사이지만 그 결과 초래한 것이 히틀러의 지배였다는 것을 서로 깨닫게 되었고 제2차 세계

대전 후 국토가 미영불소 4개국에 점령당하게 되었을 때, 2대 정당이 전통적인 구적 관계를 벗어나지 못하면 나라가 냉전의 희생이 되기 쉽고, 자칫 하면 소련의 후원을 받는 공산당에게 기회를 주어 히틀러 지배의 쓰라린 비극을 되풀이할 가능성이 있기 때문에 2대 정당이 손을 잡아 연립정권을 세우고, 중립정책으로 4개국과 절충하여, 마침내 통일을 이룩한 것을 들을 수 있었다고 말했다."

57) 통일사회당, 「8·15 25주년에 즈음한 제2해방 투쟁선언」, 『전집』 5권, 95~97쪽.

58) 김철, 「민주적 사회주의: 반공과 '점진적 개혁'의 길」, 『전집』 1권, 337쪽.

59) 김철, 「세계 사회주의정당들의 새 동향」, 『전집』 1권, 340쪽.

60) 김철, 「국제사회주의운동의 역사와 현실」, 『전집』 1권, 358쪽.

61) 김철, 「떳떳한 민족으로 살자」, 『전집』 1권, 265쪽.

62) 앞의 책, 270쪽.

63) 김철, 「한국혁신정당운동과 나」, 『전집』 1권, 305쪽.

64) 통일사회당, 「주한미군 감축 문제에 관한 성명」, 『전집』 5권, 91~94쪽.

65) 1925년 10월 16일 스위스 로카르노에서 폴란드, 영국, 프랑스, 독일, 이탈리아, 벨기에, 체코슬로바키아의 7개국이 유럽의 안전보장을 위해 체결한 8개의 협정의 총칭. 이 조약으로 독일과 프랑스, 독일과 벨기에 국경(즉 독일의 서부국경)의 현상 유지가 보장되고 베르사유체제가 정착하였다. 이 조약은 제1차 세계대전 후 배상 문제와 프랑스와 벨기에 양군에 의한 루르 점령 등에 의해 긴장 상태에 있던 독일의 서부 국경지대의 안전에 관심을 갖는 영국, 프랑스, 이탈리아, 독일이 외교협상을 거친 결과 전기의 7개국 간에 합의되었다.

66) 김철, 「국민에게 드림」, 『전집』 5권, 108쪽.

67) 《로동신문》, 1971. 4. 13일자 수록(심지연, 앞의 책, 60쪽에서 재인용).

68) 김철, 「대통령후보 사퇴 선언」, 『전집』 5권, 112쪽.

69) 김대중, 『공화국연합제』, 학민사 1991, 94쪽.

70) 김철, 「전국 텔레비전 선거방송」, 『전집』 5권, 116쪽.

71) 김철, 「내외의 사태 발전에 대한 우리의 견지와 태도」, 『전집』 5권, 119~121쪽. 그는 당시 《뉴욕 타임스》의 레스틴 부사장과의 인터뷰에서 한국 문제에 관한 주은래의 발언을 통해 그들은 자국의 이익을 위하여 한반도에서의 긴장 완화를 바라고 있다는 것을 나타내고 있다고 전제하고, 그러나 긴장의 완화가 남북 두 국가로의 분단의 고정화에 그칠 수도 있으며 긴장 완화의 새로운 조건 속에서 화해를 통해 민족의 통일을 성취할 수 있느냐 없느냐는 민족의 주체적 의지에 달렸다고 지적했다. 그는 이러한 긴장 완화 국면에 대응하는 국가정책의 전환을 제시했다. 첫째 국가보안법과 반공법을 폐기하고 반국가적·반민주적 활동을 단속하는 '간첩·침투·파괴 방지법'으로 대체할 것, 둘째 북한정권이 유엔의 한국 문제 토의에 참가한다든가 대한민국의 우방 국가들과 접촉하

는 것을 구태여 막으려고 하지 말 것, 셋째 북한의 현실적 존재를 인정하여 이것을 '북괴'라고 부르는 대신 '북한 정권'이라고 불러주도록 할 것 등이 그것이다. 그는 또 민주공화당을 포함한 남한의 정당, 사회단체 등과 북한 공산체제하의 정당, 사회단체와의 회담을 갖자는 북의 제의에 선뜻 응할 것을 주장했다. 그 밖에 중·소와 외교관계 수립, 남북 간 종전 선언, 한반도에서의 평화 보장을 위한 4국 조약의 체결 등의 기존의 통일정책을 강조했고, 우리의 보다 근본적인 주체적 태세의 수립을 위하여 민족 통일을 주도적으로 추진하기 위하여 각 정당, 사회단체와 각계각층을 망라한 거족적 협의체를 구성하는 것이 시급하다며 이를 제안했다. 그리고 그는 통일 추진에 도움이 된다면 해외 우당 정부 지도자들의 직간접의 알선을 통하여 평양이나 북경 또는 모스크바라도 가서 담판하고 설득을 벌일 용의가 있다고 밝혔다.

72) 김철, 「국민에게 드림」, 『전집』 5권, 108쪽.

73) 이어 당의 통일 정책에서는 이미 언급한 바 있는 1. 남북대화의 다변화, 2. 남북 간 인적·문화적·경제적 교류 단행과 확대, 3. 국보법 반공법 폐지, 북한 반체제분자 처벌법 폐지, 4. 남북 상호 감군, 민병 및 학생 군사훈련 폐지, 5. 비동맹중립 한민족 통일 추진, 6. 민족 통일 첫 단계로서의 연합국가제 검토 등을 제시했는데, 1~4는 김철이 이전부터 주장한 내용을 당의 정책으로 수용한 것들이고, 5의 비동맹중립 한민족 통일 방안은 5·16 쿠데타 이전의 해체된 통일사회당의 비공식당론으로 이해되어 왔는데 이때에 와서야 비로소 당의 공식 정책으로 처음으로 채택된 것이다.

74) 연합국가는 중앙 조직이 완전한 국제법상의 능력을 갖되 극히 제한된 범위 내에서 지방에게도 국제법상의 능력이 인정되는 경우가 있다는 점에서 통상적인 국가나 국가연합과 구별된다. 연합국가는 대외적으로 하나의 국가로 인정되지만 남북연합(국가연합)은 각기 독자적인 국가로서 국제법상 단일국가로 인정되지 않는다. 각 구성국은 국제법상으로 평등한 국가이며, 연합에 위임한 권한을 제외하고는 대외적으로나 대내적으로나 원칙적으로 독립성을 갖는다. 단 연합과 각 구성국과의 관계는 개별적인 조약으로 결정되며 그 예가 항상 인정되는 것은 아니다. 김대중의 3단계 통일 방안의 1단계인 남북 연합은 국가연합이고 북한의 고려연방제는 연합국가이다. 낮은 단계의 연방제는 연합국가 형태 중 중앙 조직의 권력이 약화되고 지방정부의 권한이 큰 경우를 말한다. 통일사회당의 연합국가제의 검토라는 당 정책은 북한의 낮은 단계의 연방제와 유사한 개념이다. 실제로 1985년 사회민주당의 통일 정책으로 '느슨한 연방제'를 제안했고, 북의 김일성은 1991년 신년사에서 '느슨한 형태의 연방제'를 제안하여 사실상 김철의 제안을 수용했다. 이후 2000년 6·15 남북정상회담에서 김일성과 김대중 사이에 합의한 남북공동선언 2항의 "남측의 연합 제안과 북측의 낮은 단계의 연방 제안이 서로 공통성이 있다고 인정"한 의견 접근도 김철의 '느슨한 연방제' 제안이 그 계기가 된다.

75) 외교 국방 정책은 1. 정병주의, 2. 병역의무 연한 단축, 3. 평화조약 체결과 유엔군사령

부 해체, 4. 중·소 및 모든 공산국과의 외교관계 수립, 5. 외국과의 모든 불평등조약 협정 계약 개정, 6. 제3세력권 외교 강화, 7. 국제노동기구 즉시 가입 등인데 1·2항은 이미 상호 감축을 제시한 통일 정책을 뒷받침하는 것이고, 특기할 것은 3항의 평화조약 체결과 유엔군사령부 해체다. 유엔군사령부가 해체되고 한미연합사령부로 전시작전권이 이양된 것은 이후 1975년 11월 18일 유엔총회에서 주한유엔군사령부의 존치에 대한 서방측안과 공산측안 모두 통과되는 기이한 사태가 발생하는 등의 논란이 있었고, 1978년 11월 한미연합사가 창설되고 한국군에 대한 작전지휘권이 유엔군사령부에서 한미연합사령부로 이관되었다.

76) 통일사회당 창당대회, 「제2차 당 재건대회 선언」, 『전집』 5권, 124~127쪽.

77) 김철, 「내외의 사태 발전에 대한 우리의 견지와 태도」, 『전집』 5권, 116~121쪽.

78) 통일사회당 창당대회, 「전위원장 김철 동지 자격 회복 요구 결의」, 『전집』 5권, 127~128쪽.

79) 안필수, 「당 재건을 마치고 당 운동의 기조 등에 관하여」, 『전집』 5권, 128~132쪽.

80) 안필수, 「중대한 국면에 이른 국가의 현상에 처하여」, 『전집』 5권, 134~139쪽. "과감한 개혁을 통하여 국민의 사회경제적 평등을 실현하여 국가의 안정된 민주적 발전을 추진하고 나아가 비동맹·중립의 원칙하에 민족 통일을 성취하려는 통일사회당의 노선은 오늘의 역사적 현실에 있어서의 정당한 민족노선이며 이는 또한 영국 노동당, 서독 사회민주당, 오스트리아 사회당, 스웨덴 사회민주당, 프랑스 사회당, 오스트레일리아 노동당, 포르투갈 사회당 등을 비롯하여 세계 60여 개국에서 거대한 정치적 영향력을 가지고 그 국제정치에서의 역할을 날로 증대시켜 가고 있는 세계 민주사회주의 세력의 전폭적인 지지를 받고 있다"고 사회주의인터내셔널(SI)이라는 국제적 정치세력과의 연대를 통한 사회민주주의와 비동맹·중립 노선의 현실적 의의를 재차 강조했다.

81) 통일사회당, 「통일사회당 개헌 요강」, 『전집』 5권, 143~144쪽.

82) 통일사회당, 「북한 공산주의자들의 '터널' 구축에 관하여」, 『전집』 5권, 144~145쪽.

83) 통일사회당, 「포드 대통령 방한에 즈음하여」, 『전집』 5권, 145~146쪽.

84) 김철, 「1979년 일기」, 『전집』 3권, 354쪽. "7·4 남북공동성명 7주년 (…) 남북의 지배권력이 통일보다는 각기의 권력 체제를 강화하는 데에 급급하여 남북대화가 제대로 진행되지 못하는 것 (…) 긴급조치를 선포해서 헌법을 휴지화하여 법의 지배를 파기할 수 있는 '유신헌법'이라는 것이 강행된 것인데 이때 북은 북대로 역시 개헌 작업을 해서 김일성의 지위와 권한을 더욱 강화하면서 남에서의 사태 발전에 대해서도 비난 없이 '양해'하는 것같이 보였던 것. 우리는 이 모든 것을 잊을 수가 없다."

85) 김철, 「민주 발전과 민족 통일에의 길」, 『전집』 1권, 479쪽.

86) 윤보선 외, 「민주회복국민선언」, 『전집』 4권 533~536쪽.

87) 김철, 「통일사회당의 역사적 임무」, 『전집』 1권, 281쪽.

88) 앞의 책, 284쪽. "민족 성원의 자유와 복지를 떠나서 어디에 민족이 있다는 것인가. (…) 가차 없는 세계사적 현실의 요청으로 민족적 주체성을 주장하는 민족주의는 민족사회의 내부 체제에 있어서는 민족주의와 사회주의를 예상하는 것은 당연."

89) 앞의 책, 286쪽.

90) 앞의 책, 289쪽.

91) 통일사회당, 「주한미군 감축 문제에 관한 성명」, 『전집』 5권, 91~92쪽.

92) 안필수, 「지상군 철수에 관한 성명」, 『전집』 5권, 150~153쪽.

93) 안필수, 「광복절 기념사」, 『전집』 5권, 154~156쪽.

94) 김철, 「도쿄 SI 지도자 회의 연설문」, 『전집』 4권, 304쪽. "미지상군의 철수는 마침내 남한의 국민들이 자신의 운명을 지배할 주인이 바로 자기들임을 인식하게 되면 머지않은 장래에 새로운 시대가 열릴 징조가 나타나게 될 것입니다. 미지상군의 한국으로부터의 철수 계획은 남북한, 미국, 소련, 중공 및 일본을 포함하는 국제관계에 평화를 바라는 미국의 의지로 반영될 것이고, 한반도를 둘러싼 지역적 평화구조를 상당히 진전시킬 것입니다. 그러한 국제정세는 서울과 평양 사이의 긴장도 완화시킬 수 있습니다."

95) 「김철 씨의 연설 요지」, 『전집』 4권, 386쪽. 김철의 이러한 입장은 서독 대표의 자국 체험에 의한 의견과 일치한다. 그러나 한국에서 외국군이 철수해야 한다는 통일 우선의 입장으로 나뉜 형태가 되었지만 동 회의에서는 특별한 의견 집약이 되지 못했다. "'통일, 통일 하지만 역으로 분쟁을 일으켜서는 안 될 것이다. 현재의 평화를 유지하는 것이 중요하다'는 서독 대표의 자국 체험에 의한 의견과 '조선반도 문제의 해결 없이는 아시아의 장래는 없다. 남북의 평화통일은 필요하다. 한국에서 외국 군대가 철수하지 않으면 군사대결은 끝나지 않는다'(포라스 말타 노동당 대표)는 '통일 우선'의 의견이 나와 두 개로 갈린 형태가 되었지만 동 회의로서는 특별한 의견 집약이 이루어지지 않았다 (「한국에 논의가 집중: 김철 씨 일본 사회당·민사당을 은근히 비판」, 『전집』 4권, 387~388쪽)."

96) 「김철 씨의 연설 요지」, 『전집』 4권, 385쪽. "남북통일에 관해서는 '무엇보다 통일이 필요하고, 부분적인 개혁으로는 아무것도 할 수가 없다'는 의견과, '우선 군비확장, 무력충돌의 위험을 제거해야 한다'라고 현재의 독일처럼 분단 상태로라도 관계개선책을 생각해야 한다는 의견으로 나누어졌다. 의장을 맡은 미테랑은 '통일이 중요하기는 하지만 평화 쪽이 한층 더 중요하다'고 정리."

97) 「아직도 도착하지 않은 초대장: 한국 사회주의자의 탄식」, 『전집』 4권, 398~399쪽.

98) 안필수, 「3·1절 기념사」, 『전집』 5권, 168~170쪽.

99) 통일사회당 정치위원회, 「남북대화 재개에 대한 성명」, 『전집』 5권, 190~192쪽.

100) 김철, 「민주발전과 민족 통일에의 길」, 『전집』 1권, 473쪽.

101) 김철, 「떳떳한 민족의 시대를 열자」, 『전집』 4권, 496쪽.

102) 김철, 「민주발전과 민족 통일에의 길」, 『전집』 1권, 474쪽.

103) 심지연, 앞의 책, 77쪽.

104) 김일성, 「조선로동당 제6차 대회에서 한 중앙위원회 사업 통화보고」, 『김일성 저작집』 35, 조선로동당출판사 1987, 347쪽.

105) 안필수, 「1980년 연두 소신표명」, 『전집』 5권, 210쪽.

106) 사회당, 「사회당 정책」, 『전집』 5권, 225~227쪽. "오늘날 우리 외교의 주안점은 국가 안전보장 환경의 강화, 자립적·평화적 민족 통일에의 국제여론의 동원, 대외 경제 활동의 확장 등에 두어야 한다"고 총론하고, 세부 항목으로는 "1) 비동맹중립의 원칙을 고수하면서, 미국, 일본 등 우방과의 자주적 외교 관계를 유지한다. 2) 국제 민주사회주의 세력과의 긴밀한 정치적·경제적 협력을 통해 국제 사회에서의 한반도의 지위 향상을 꾀한다. 3) 제3세계 민중의 반제국·반식민·민족해방투쟁을 지지 성원하며, 제3세계와의 정신적·경제적 연대를 강화하여 비동맹 외교를 확대해 나간다"고 명시했다.

107) 통일사회당, 「제2차 당 재건대회 선언」, 『전집』 5권, 126쪽. "우리가 살고 있는 남(南)의 사회에 조금도 약점이 없으면서 남의 사회가 진심으로 남북 공동의 것인 전체 민족의 영광을 가져올 통일을 바란다는 것을 보여줄 때 우리는 북도 남과 이러한 뜻을 같이하게 되기를 기대할 만하다. 북이 남한 사회의 약점을 파고들 기회를 엿볼 수 있다고 판단할 동안은 통일을 위한 대화에 진지하게 임하기를 희망한다는 것이 어리석은 일이기 때문이다. 민족 통일에의 결정적인 전진을 가능하게 할 차원을 이와 같이 설정할 때 우리는 무엇보다도 통일지향적 체제 개혁을 추구하지 않을 수 없다. 이의 첫째는 국민의 의사에 따라 정치적 결정이 내려지는 민주화요, 그 둘째는 우리 국민의 민주적 역량으로 대외종속화 과정을 역전시키는 자주화요, 그 셋째가 국민경제의 자주적 태세 속에서 여러 계층간의 부와 소득의 격차를 좁히는 사회화이다."

108) 사회당 창당대회, 「사회당 창당선언문」, 『전집』 5권, 252쪽.

109) 사회당 창당대회, 「사회당 창낭에 스음한 메시지」, 『전집』 5권, 254쪽.

110) 김철, 「단식에 동참하면서」, 『전집』 4권, 537~540쪽. "나는 입법회의에도 적을 두었던 사람으로 그 책임을 통감하는 터이지만 다만 이 시간까지 민주적 사회주의자로서의 길에 충실하려고 있는 힘을 다하여 왔다. 나는 일신을 돌보지 않으며 앞으로도 결코 민주적 사회주의의 대의에서 벗어나지 않을 것이다. 오직 민중의 행복이 나의 소망이요, 민족의 통일이 나의 염원이다. 또한 나는 무서운 핵무기로 이 땅을 허허로운 쑥밭으로 만들지 않도록 하는 것이 오늘의 우리 세대의 민족사의 엄숙한 요청임을 알고 있을 따름이다."

111) 김철, 「단식을 끝내며」, 『전집』 4권, 544쪽. "특히 우리는 핵무기의 사용으로 남북 어느 쪽이든 우리 동포가 떼죽음을 당하는 것을 원치 않는다. 우리의 동맹국이라고 할지라도 어떠한 경우에도 우리 국민의 동의 없이 이 땅에 핵무기를 사용할 수 없다."

112) 김한길, 앞의 책, 280쪽.

113) 김철, 「변모하는 80년대의 서구사회주의: 1984년 유럽 여행 비망록」, 『전집』 1권, 387쪽.

114) 사회민주당, 「강령」, 『전집』 5권, 285~315쪽.

115) 이것은 통일사회당(1973년) 통일 정책에서 제시한 연합국가제의 연장으로서 1991년 신년사에서 김일성이 제안한 '느슨한 형태의 연방제'와 비슷한 개념이다.

116) 이 선언은 통일외교정책의 기본방향 제시한 획기적 대북 협력 조치로 평가된다. 또 노태우는 1989년 9월 11일 한민족공동체 통일 방안을 제시했다. 노태우는 통일을 촉진하는 과정을 제도화하기 위해 남북이 연합하는 기구를 설치하자고 했는데, 이러한 남북연합 체제 아래에서 민족공동체로 발전하게 된다고 하고, 이것은 통일국가로 가는 중간 과정의 과도적 통일체라고 주장했다. 이는 방법론적인 면에서 1민족 2체제를 거쳐 1민족 1체제로 가는 통일 과정을 기능주의적으로 접근이지만, 최종적인 목표를 1국가 1체제로 하고 있어 흡수통일을 전제로 하고 있다. 이 선언이 이후 남북대화의 촉매가 되어, 소련과는 1990년에 중국과는 1992년에 수교하게 되는 결과를 가져왔다.

117) 심지연, 앞의 책, 89~90쪽.

118) 김철, 「문익환 목사 방북에 대한 성명」, 『전집』 4권, 557쪽.

119) 문익환 목사는 북한의 조국평화통일위원회 위원장인 허담과 1989년 4월 2일 인민문화궁전에서 기자회견을 열어 '자주적 평화통일과 관련된 원칙적 문제 9개 항'이란 제목의 합의 서명을 발표했는데, 주요 내용은 자주·평화·민족대단결의 3대 원칙에 기초한 통일 문제 해결, 정치군사회담 진전을 통해 남북의 정치군사적 대결 상태 해소와 동시에 다방면의 교류 접촉 실현, 연방제 방식의 통일, 팀스피릿 훈련 반대 등이다. 이 사건으로 문익환 목사는 지령 수수, 잠입, 탈출 혐의가 인정되어 징역 7년을 선고받고 복역하다가 1993년 3월 6일 새로 취임한 김영삼 대통령에 의해 사면되었다.

120) 김철, 「새 역사의 구상」, 『전집』 1권, 202쪽.

121) 김철, 「통일을 지향하는 정치」, 『전집』 1권, 425쪽.

122) 「독일 통일의 설계자 에곤 바르에게서 배운 교훈: 에곤 바르-임동원 대담」, 《프레시안》, 2011. 4. 7. 에곤 바르는 "개성 공단 같은 경제공동체를 만들고 북한 인프라에 투자하는 과정을 거친다면 통일비용을 훨씬 줄일 수 있을 거"라며, "그 점에서 개성 공단을 높이 평가했다. 에곤 바르는 '우리는 그런 생각까지는 못했다'고 덧붙였다."
「유인경이 만난 사람」, 《주간경향》, 2013. 8. 6. 정동영은 "독일 통일의 설계자로 1970년 동서독 정상회담 당시 연방장관을 지낸 에곤 바르 박사를 만났다. 그는 한국의 통일 모델은 독일도 베트남도 아니고 한국형 모델 즉 개성 공단 모델이라며 개성 공단을 따라가다 보면 경제통합, 경제 통일이 먼저 올 것이고, 그 끝에 통일이 기다리고 있을 것이라고 했다"고 증언했다.

123) 1997년 전국민주노동조합총연맹(민주노총)을 기반으로 창당한 국민승리21의 전신으로, 2000년 1월 30일 창당했다. 2002년 12월 19일 치러진 제16대 대선에서 권영길

후보가 출마하여 3.9%의 지지율로 3위를 차지했다. 2004년 4월 15일 치러진 제17대 총선에서 총 10석을 차지하였으며, 2007년 제17대 대선에서 권영길이 다시 출마하여 3.0%의 득표율로 5위에 그쳤다. 2008년 2월 대선 패배에 따른 책임론과 당내 갈등으로 민중민주 계열의 노회찬·심상정 등이 탈당하여 진보신당을 창당하여 분당되었고, 같은 해 4월 9일 치러진 제18대 총선에서 총 5석을 차지하는데 그쳤다. 이후 2011년 12월 5일 국민참여당, 진보신당 탈당파와 합당하여 통합진보당이 출범함으로서 해산하였다.

124) 스웨덴의 복지 모델이 지금과 같은 무한경쟁의 국제질서에서도 그대로 유지될 수 있을지는 의문이다. 또한 중국의 시장사회주의가 일정한 성과를 거두고 있지만 역시 비효율성과 빈부의 격차를 양산하는 부작용도 있다. 우리의 '제3의 길' 실험도 과정에서 부딪히는 수많은 위험 요소들이 있을 것이다. 북한도 사회민주주의에 대하여 비판적이다. 김정일은 사회민주주의의 반동성과 허황성은 이미 역사에 의해 여지없이 폭로됐다고 하면서, "사회민주주의가 실현됐다고 말하는 사람들이 있지만, 그런 나라란 다름 아닌 부익부 빈익빈의 자본주의사회이며 거기에는 부르주아민주주의가 지배하고 있다. 오늘 세계에는 자본주의냐, 사회주의냐, 이 두 길밖에 없다. '제3의 길'이란 있을 수 없고 사회민주주의의 길이란 자본주의의 길이라고 주장한다(김정일, 「사회주의의 사상적 기초에 관한 몇 가지 문제에 대하여」, 『김정일 선집』 10, 조선로동당출판사 1997).

125) 임현진, 『21세기 통일한국을 향한 모색』, 서울대학교출판부 2005, 175쪽.

6 김철과 사회주의인터내셔널

1) 김철, 「혁신정당은 가능한가: 대중의 요구를 반영할 정치 노선은?」, 『전집』 1권, 225쪽.

2) 김철, 「떳떳한 민족으로 살자」, 『전집』 1권, 265쪽.

3) 앞의 책, 266쪽.

4) 김철, 「새 역사의 구상」, 『전집』 1권, 68쪽.

5) 앞의 책, 70쪽.

6) 김철, 「떳떳한 민족으로 살자」, 『전집』 1권, 265쪽.

7) 당시 김철은 국제회의에 참석하기 위해 동지들과 유럽 정당들의 경제적 지원을 전폭적으로 받았으며 이를 위해 대단한 활약을 하였다.

8) 1973년 스웨덴 정부 장학생으로 초청되어 유학하던 필자는 당시 통사당의 국제 대변인으로 활약하였으며, 1980년 스페인 마드리드에서의 제15회 SI총회에는 김철 대표와 함께 통사당 당원으로 참석하였다. 이후 SI 이사회, 대표단 회의, 아태총회, 그리고 SI Women 결의회 등에 수차례 참석하였으며 SI와의 연대 활동을 대변한 바 있다.

9) https://www.marxists.org/glossary/events/i/n.htm

수록 문헌 출처

제1부 김철의 사회민주주의 사상과 실천

1. 김철 사상의 현재적 의미(신광영): 2000년 6월 9일 '한국 사회민주주의 운동과 김철'이
   라는 제하에 개최된 〈『당산 김철 전집』 출간 기념 학술 심포지엄〉 발표문을 수정·보완
   한 글.

2. 당산 김철의 생애와 혁신운동(이만열): 2014년 11월 20일에 개최된 〈당산 김철 선생
   서거 20주년 기념 학술 심포지엄〉 발표문을 수정·보완한 글.

3. 김철의 경제·노동 사상(강수돌): 2014년 11월 20일에 개최된 〈당산 김철 선생 서거
   20주년 기념 학술 심포지엄〉 발표문을 상당 부분 수정·보완한 글.

4. 한국의 민족적 사회민주주의자 김철(윤기종): 2021년 6월 출판된 경남대학교 대학원
   박사학위논문 『한국의 민족적 사회민주주의에 관한 연구』를 토대로 작성한 글.

5. 김철의 한반도 통일관(홍을표): 2014년 11월 20일에 개최된 〈당산 김철 선생 서거 20주
   년 기념 학술 심포지엄〉 발표문을 수정·보완한 글.

6. 김철과 사회주의인터내셔널(신필균): 2014년 11월 20일에 개최된 〈당산 김철 선생 서
   거 20주년 기념 학술 심포지엄〉 발표문을 수정·보완한 글.

7. 스웨덴 기자가 본 김철과 한국 사회주의운동(에바 헤른벡): 2014년 11월 20일에 개최
   된 〈당산 김철 선생 서거 20주년 기념 학술 심포지엄〉 발표문을 정리한 글.

제2부 시대적 증인이 바라본 김철

1. 투철한 사회주의자 김철(임종철): 『당산 김철 전집』 제1권 '민족의 현실과 사회민주주
   의'의 해제.

2. 선구적인 일본 현대사 연구(지명관): 『당산 김철 전집』 제2권 '일본 정치와 사회주의운 동'의 해제.

3. 유신체제 말기 한 사회민주주의자의 육필 증언(이만열): 『당산 김철 전집』 제3권 '일 기'의 해제.

4. 민족적 민주사회주의자로 일관했던 김철 선생(한완상): 『당산 김철 전집』 제4권 '한국 사회민주주의의 정초'의 해제.

5. 군사독재하 한국 사회민주주의의 도전과 시련의 기록(양호민): 『당산 김철 전집』 제5권 '당 관계 문헌'의 해제.

필자 소개(원고순)

신광영

중앙대학교 사회학과 명예교수. 불평등, 노동과 복지를 비교사회학적인 관점에서 연구하고 있다. 현 동아시아사회학회 회장이며, 한국사회학회 회장, 비판사회학회 회장, 스칸디나비아학회 회장을 역임했다.

저서로『계급과 노동운동의 사회학』,『동아시아의 산업화와 민주화』,『한국의 계급과 불평등』,『한국 사회 불평등 연구』,『스웨덴 사회민주주의』,『성공의 덫에 빠진 대한민국』(공저),『교육, 젠더와 사회이동』(공저) 등이 있다.

이만열

서울대학교 사학과를 졸업했고 동 대학원에서 석사·박사학위를 받았으며 미국 프린스턴신학교 객원연구원으로 있었다. 숙명여자대학교 교수, 한국기독교역사연구소 소장 및 이사장, 한국기독자교수협의회 회장, 희년선교회 대표, 함석헌학회 회장, 김교신선생기념사업회 이사장, 상지대학교 이사장, 국사편찬위원회 위원장 등을 역임했다. 현재 시민모임 독립의 대표로 있다.

저서로는『한국기독교와 역사의식』,『한국기독교와 민족통일운동』,『삼국시대사』,『단재 신채호의 역사학 연구』,『한국 근현대 역사학의 흐름』,『한국기독교의료사』 등이 있으며, 산문집으로『한 시골뜨기가 눈떠가는 이야기』,『역사의 길, 현실의 길』 등이 있다.『당산 김철 전집』의 간행위원장으로 봉사했다.

강수돌

고려대학교 명예교수. 서울대학교 경영학과에서 학사·석사 공부를 했고, 독일 브레멘대학교에서 노사관계 분야로 박사학위를 받았다. 한국노동연구원을 거쳐 고려대에서 인사·조직·노사 분야를 가르쳤다. 미국 위스콘신대학교, 캐나다 토론토대학교, 독일 베를린대학교, 스웨덴 칼스타드대학교에서 객원교수로 연구했으며, 조치원 신안리 마을 이장도 했다. 누구나 인간다운 삶을 살기 위해선 '교육-노동-경제-생태' 문제를 패키지로 풀어야 한다는 소신을 갖고 산다.

저서로는 『강수돌 교수의 '나부터' 교육혁명』, 『잘 산다는 것』, 『살림의 경제학』, 『자본주의와 노사관계』 등이 있으며, 옮긴 책으로는 『더 나은 세상을 여는 대안 경영』, 『파국이 온다』 등이 있다.

윤기종

1954년 충남 논산에서 태어나 1981년부터 43년 이상 안산에서 살고 있다. 한국중립화추진시민연대 공동 대표이며, (사)한겨레평화통일포럼, YMCA, NCCK, 안산희망재단, 6.15안산본부, 4.16안산시민연대, 통일의병, (사)남북민간교류협의회 등을 통해 사회운동, 시민운동, 통일운동에 꾸준히 힘을 보태왔다. 북한대학원대학교에서 북한경제를 전공하여 석사학위를, 경남대학교 대학원에서 정치학 박사학위를 받았다.

남북이 서로 모순된 체제를 극복하고 화해와 협력으로 마침내 하나 되는 꿈, 통일된 조국이 세계에 우뚝 서는 꿈, 사람이 하늘이고 시민이 주인인 나라를 완성하는 꿈을 실현하기 위해 다양한 시민사회 활동에 참여하고 있다.

홍을표

서울대학교 사범대 역사교육과를 졸업하고, 대진대학교 대학원에서 동농 이해조의 교육사상 연구로 박사학위를 받았다. 대진대학교 교육대학원에서 강의했으며 동농이해조선생기념사업회 초대 회장을 역임했다. 그 후 가천대학교 사회복지학과 교수와 동 대학의 생명과나눔센터장을 역임했다. 1970년대 후반 약 2년간의 통일사회당 활동이 계기가 되어 김철 선생과 인연을 맺은 바 있다. 『당산 김철 전집』의 편집위원으로 활동했다.

저서로는 『김대중의 생각』, 『이해조 문학산책』, 논문으로는 「'자유종'과 '은세계' 비교」, 「이해조 '윤리학'의 교육사상적 이해」 등이 있다.

신필균

사무금융우분투재단 이사장. 이화여자대학교 문리대를 졸업했고, 스웨덴 정부 장학생으로 스톡홀름대학교에서 사회학 석사를 마쳤다. 스웨덴 사회보험청 책임연구원, 스톡홀름 광역시의회 전문위원 등을 역임했다. 한국 크리스찬아카데미 사회교육원 원장, 지구를위한세계운동 한국본부장, 대통령비서실 민정2비서관, 시민사회 비서관, 한국장애인고용공단 이사장, 사회복지공동모금회 사무총장, 복지국가여성연대 대표 등을 지냈다. 통일사회당 국제대변인(부장)으로 활동했다.

저서로 『복지국가 스웨덴』, 『어떤 복지국가인가?』(공저) 등이 있다.

에바 헤른벡(Eva Hernbäck)

스웨덴의 유력 일간지 《다겐스 뉘헤테르(Dagens Nyheter)》의 기자.

임종철

서울대학교 상과대학, 동 대학원 경제학과 졸업. 서울대학교 사회과학대학 교수. 한국노동경제학회장, 한국사회과학연구협의회장 역임.

저서로는 『한국경제와 근대화이념』, 『한국의 노동경제』, 『경제학개론』 등이 있다.

지명관

서울대학교 종교학과 졸업, 동 대학원 종교철학 박사과정 수료. 덕성여자대학교 교수와 《사상계》의 주간으로 반독재 민주화 운동을 펼치다 1972년 일본으로 건너감. 1974~1993년 일본 도쿄여자대학교의 교수로 재직, 일본을 거점으로 국제적인 연대 운동을 통해 한국의 민주화 투쟁을 세계에 알림. 1993년 귀국해 한림대학교 석좌교수와 일본학연구소 소장, 한일문화교류회의 위원장, KBS 이사장 등을 역임.

저서로는 『아시아 종교와 복음의 논리』, 『한국 현대사와 교회사』, 『한국문화사』, 『저고리와 요로이』, 『한일 관계사 연구』, 『경계를 넘는 여행자』, 『한국으로부터의 통신』, 『나의 정치 일기』 등이 있다.

한완상

서울대학교 사회학과 졸업, 미국 에모리대학교 사회학 박사. 해직 교수 시절 미국의 유니온 신학교(뉴욕)에서 신학 공부. 서울대학교 문리과대학 교수, 한국사회학회 회장, 부총리 겸 통일원 장관, 종합유선방송위원회 위원장, 방송통신대학교 총장, 상지대학교 총장, 부총리 겸 교육인적자원부 장관, 대한적십자사 총재 등을 역임.

저서로는 『지식인과 허위의식』, 『민중과 지식인』, 『민중사회학』, 『한국 현실 한국 사회학』, 『한완상의 다시 한국의 지식인에게』, 『우아한 패배』, 『바보 예수』, 『사자가 소처럼 여물을 먹고』 등이 있다.

양호민

일본 주오대학 법학과 졸업, 서울대학교 문리과대학 정치학과 졸업. 대구대학 교수, 서울대학교 법과대학 교수, 중앙대학교 대학원 교수, 《사상계》 주간, KBS 이사, 한림대학교 한림과학원 석좌교수, 방송위원회 위원 역임.

저서로는 『38선에서 휴전선으로』, 『민족통합의 역사와 과제』(공저), 『격랑에 휩쓸려간 나날들』, 『한국민족주의와 민주주의의 시련』, 『한반도의 격동 1세기 반』 등이 있다.

김철과 한국의 사회민주주의

초판 1쇄 2024년 8월 11일

지은이 | 이만열 외 지음
펴낸이 | 송영석

주간 | 이혜진
편집장 | 박신애 **기획편집** | 최예은 · 조아혜 · 정엄지
디자인 | 박윤정 · 유보람
마케팅 | 김유종 · 한승민
관리 | 송우석 · 전지연 · 채경민

펴낸곳 | (株)해냄출판사
등록번호 | 제10-229호
등록일자 | 1988년 5월 11일(설립일자 | 1983년 6월 24일)

04042 서울시 마포구 잔다리로 30 해냄빌딩 5 · 6층
대표전화 | 326-1600 **팩스** | 326-1624
홈페이지 | www.hainaim.com

ISBN 979-11-6714-085-2